CONGRÈS
DES
SOCIÉTÉS DE SECOURS MUTUELS
DU MIDI
ET DU SUD DE LA FRANCE

Deuxième

Congrès Mutualiste

Languedocien

tenu à Montpellier

MONTPELLIER

GUSTAVE FIRMIN ET MONTANE

DEUXIÈME
CONGRÈS MUTUALISTE LANGUEDOCIEN

MONTPELLIER. — IMP. GUSTAVE FIRMIN ET MONTANE

M. Paul DESCHANEL

(DE L'ACADÉMIE FRANÇAISE)

PRÉSIDENT DE LA CHAMBRE DES DÉPUTÉS
PRÉSIDENT D'HONNEUR DU CONGRÈS MUTUALISTE DE MONTPELLIER

CONGRÈS DES SOCIÉTÉS DE SECOURS MUTUELS

DU MIDI ET DU SUD DE LA FRANCE

DEUXIÈME

CONGRÈS MUTUALISTE LANGUEDOCIEN

TENU A MONTPELLIER

SOUS LA PRÉSIDENCE D'HONNEUR

DE

M. PAUL DESCHANEL

PRÉSIDENT DE LA CHAMBRE DES DÉPUTÉS

MEMBRE DE L'ACADÉMIE FRANÇAISE

MONTPELLIER

IMPRIMERIE GUSTAVE FIRMIN ET MONTANE

RUE FERDINAND-FABRE ET QUAI DU VERDANSON

1900

CONGRÈS DES SOCIÉTÉS DE SECOURS MUTUELS

DU MIDI ET DU SUD DE LA FRANCE

DEUXIÈME

CONGRÈS MUTUALISTE LANGUEDOCIEN

TENU A MONTPELLIER

SOUS LA PRÉSIDENCE D'HONNEUR

DE

M. Paul DESCHANEL

PRÉSIDENT DE LA CHAMBRE DES DÉPUTÉS

MEMBRE DE L'ACADÉMIE FRANÇAISE

MONTPELLIER

IMPRIMERIE Gustave FIRMIN et MONTANE

RUE FERDINAND-FABRE ET QUAI DU VERDANSON

1900

AVANT-PROPOS

Il n'est guère l'usage de faire précéder un Compte rendu comme celui-ci d'un avant-propos. Le Comité d'organisation du Congrès régional de Montpellier tient cependant à témoigner, en tête de ce volume, toute sa reconnaissance à ceux qui ont si puissamment contribué à en assurer le succès : à M. Paul Deschanel, l'éminent Président de la Chambre des députés, qui a bien voulu en accepter le haut patronage, et est venu porter aux Mutualistes du Midi l'appui de sa parole éloquente et convaincue; au Conseil municipal de Montpellier et au Conseil général de l'Hérault ; à M. le Préfet de l'Hérault ; à M. le Général en chef du XVIᵉ corps d'armée ; à la Municipalité de Montpellier ; à M. le Recteur de l'Université ; à la Presse locale et régionale, et à tous ceux qui ont prêté au Comité, avec tant de bienveillance, leur concours financier ou leur aide morale.

Qu'il lui soit aussi permis d'exprimer l'ardent désir que le Congrès régional de Montpellier ne reste pas une tentative isolée; mais que des réunions analogues se multiplient dans toutes les parties de la France, amenant la formation d'Unions et de Fédérations et créant entre tous, les mutualistes, participants et honoraires, ce lien d'amour et de fraternité qui devrait unir entre eux tous les citoyens d'une même Patrie.

Pour le Comité d'organisation :

Le Président :

Charles WARNERY.

DEUXIÈME

CONGRÈS MUTUALISTE LANGUEDOCIEN

TENU A MONTPELLIER

Les 20, 21, 22 et 23 Avril 1900

PREMIÈRE PARTIE

ORGANISATION DU CONGRÈS

La Fédération régionale des Sociétés de secours mutuels du Midi, dont le siège est à Nimes, ayant décidé, à l'occasion de son Assemblée générale du 9 avril 1899, que l'Assemblée plénière des Sociétés composant la Fédération aurait lieu en 1900 à Montpellier, MM. Charles Warnery et N. de Casamajor prirent l'initiative de la convocation à adresser aux Membres des bureaux des Sociétés de secours mutuels dont le siège est à Montpellier pour leur faire part de cette décision et pour leur demander s'il ne conviendrait pas, à cette occasion, de réunir en congrès toutes les Sociétés de secours mutuels du IXme collège électoral, tel qu'il est défini dans le décret du 21 mars 1899.

La première réunion des Membres des bureaux des Sociétés de secours mutuels de Montpellier eut lieu le 22 juin 1899. Elle admit en principe la réunion d'un Congrès en 1900 et décida la constitution d'un comité d'organisation où seraient représentées toutes les Sociétés de Montpellier, proportionnellement à leur importance. Mission fut donnée à MM. Charles Warnery et de Casamajor de notifier cette décision aux trente Sociétés de la ville, de provoquer la réunion de tous les délégués dans le plus bref délai possible, et d'élaborer à grands traits un programme.

C'est pour obéir à ce désir que MM. Charles Warnery et de Casamajor convoquèrent l'Assemblée générale du 7 août 1899, où se firent représenter les Sociétés suivantes :

La Société des Commis et Employés, de Montpellier.
La Savoisienne.
Les Agents de la Gare de Montpellier.
La Fraternelle des garçons limonadiers, restaurateurs, etc.,
   de Montpellier.
La Pioche.
Le Foyer Cordial.
La Fédération Mutuelle de l'Hérault.
La Lodévoise.
La Persévérance, de Marsillargues.
La Fraternelle, de Puisserguier.
Les Employés et Secrétaires de Mairie de l'Hérault.
Les Médecins de l'Hérault.
Les Enfants du Gard.
La Famille Montpelliéraine.
Saint-Roch, de Montpellier.
L'Avenir, de Montpellier.
Les Anciens Militaires (Saint-Martin).
Les Instituteurs et Institutrices de l'Hérault.
Les Facteurs des Postes et Télégraphes.
Le Foyer Montpelliérain.
Les Sauveteurs Languedociens.
La Société des Patrons Coiffeurs.

Les Femmes protestantes.
Sainte-Marie, Dames de Cette.
L'Union Corse.
La Protestante.
Les Ouvriers Tonneliers et Foudriers.
Les Anciens Sous-Officiers.
L'Aveyronnaise.
Les Anianais.
Les Tonneliers

Nous ne pouvons mieux faire que de reproduire ci-après le procès-verbal de cette importante réunion.

ASSEMBLÉE GÉNÉRALE

DES DÉLÉGUÉS DES SOCIÉTÉS DE SECOURS MUTUELS DE MONTPELLIER DU 7 AOUT 1899

PROCÈS-VERBAL

L'an 1899 et le lundi 7 août, à huit heures et demie du soir, les délégués des Sociétés de secours mutuels de Montpellier, convoqués individuellement par lettre et collectivement par une insertion dans les journaux locaux, se sont réunis en Assemblée générale dans la salle du Conseil Municipal de la Mairie de Montpellier, sous la présidence de M. Charles Warnery, président provisoire, délégué dans ces fonctions par les membres des bureaux des Sociétés de secours mutuels, réunis en Assemblée générale le 22 juin précédent.

L'Assemblée étant en nombre pour délibérer, M. le Président déclare la séance ouverte, et donne lecture des lettres des membres ci-après, qui se sont fait excuser :

MM. Dubarry, Allier, Crouzet, Colombier.

Il remercie ensuite les membres des Sociétés de Secours mutuels et les délégués présents pour l'empressement qu'ils ont mis à accepter l'idée de l'organisation d'un Congrès régional de la Mutualité à Montpellier qui, grâce à l'accord qui existe entre toutes les Sociétés de la ville, pourra être très brillant et donner les meilleurs résultats au point de vue mutualiste.

Il ajoute que, pour satisfaire les désirs exprimés par les Présidents des Sociétés et pour éviter une séance trop longue, le bureau provisoire a préparé, à grands traits, un programme de travail pour le Comité définitif, qui pourra d'ailleurs être revisé et complété par les commissions qui seront nommées tout à l'heure en séance.

Il estime qu'étant donné le travail que nécessitera l'organisation d'un pareil Congrès, le bureau définitif pourrait comprendre un président, cinq vice-présidents, un secrétaire général, un secrétaire général adjoint, deux trésoriers, dont un adjoint, cinq secrétaires. Sur les cinq vice-présidents et les cinq secrétaires, quatre présideraient ou rempliraient les fonctions de secrétaire dans chacune des commissions à constituer, afin de maintenir autant que possible l'unité d'action et de programme, le cinquième assurerait le service en cas d'absence du président ; enfin, les commissions désigneraient elles-mêmes leur vice-président et leur rapporteur. Pour le moment, la constitution de quatre commissions suffirait, savoir :

1° *Une commission des finances,* chargée d'étudier les voies et les moyens pour constituer un budget assez important destiné à couvrir les dépenses du Congrès.

2° *Une commission* chargée d'étudier :

1° Le programme technique des questions à soumettre aux délibérations du Congrès ;

2° Les concours à demander aux Mutualistes pratiquants de Paris, Bordeaux, Lyon, Marseille, ainsi qu'aux personnalités de notre région ;

3° L'organisation des conférences pendant la durée du Congrès ;

4° Elle serait aussi chargée de faire le dépouillement et l'examen des questions déjà traitées et des méthodos appliquées dans les précédents Congrès nationaux ou régionaux (Bordeaux, Saint-Etienne, Reims, Nimes), afin de faire profiter nos Sociétés de toutes les améliorations consacrées par l'expérience ;

5° De demander au Ministère de l'Intérieur tous documents intéressants sur les Sociétés de secours mutuels, etc., etc.

3° *Une troisième commission,* désignée sous la dénomination de *Commission des réunions et des fêtes,* qui pourrait être chargée d'étudier les voies et les moyens pour donner au Congrès toute l'ampleur et le relief qu'il comporte, étant données les ressources qu'offre la ville de Montpellier ; elle aurait, en outre, la mission de visiter et d'arrêter les salles où pourraient se tenir les séances des commissions et les assemblées générales.

4° Enfin *une quatrième commission,* dite de propagande et de réception, qui pourrait être chargée de l'étude des voies et moyens à mettre en œuvre pour obtenir l'adhésion de toutes les Sociétés autorisées ou approuvées comprises dans le IXme collège électoral tel qu'il est défini par le décret du 24 mars 1899 : (réunions dans les chefs-lieux, conférences, démarches, etc...) ; de la rédaction des circulaires à adresser à toutes les Sociétés pour les renseigner sur les hôtels recommandés, sur les dépenses qui pourraient incomber aux délégués venant à Montpellier, sur les réductions à obtenir sur les voies ferrées, etc... ; elle serait, en outre, chargée d'organiser la réception des délégués à la gare de Montpellier, dans les hôtels, aux réunions, etc., etc.

Tout ce travail, étant donné le grand nombre de délégués présents, pourrait être fait dès ce soir, ce qui permettrait au comité définitif de se mettre à l'œuvre et de demander les subventions nécessaires pour l'organisation de ce Congrès.

Il en est ainsi décidé par l'Assemblée générale.

M. le Président annonce que la mission du bureau provisoire est terminée ; il demande, en conséquence, que l'Assemblée générale veuille bien désigner un président et deux assesseurs qui présideront à l'élection des membres du bureau définitif et des commissaires.

L'Assemblée décide de maintenir le bureau provisoire pour présider à l'élection du bureau définitif, en lui adjoignant MM. Reversat, président de la Société des Commis et Employés, et Jacques, secrétaire du Foyer Montpelliérain.

Le scrutin secret est ouvert pour la nomination d'un président ; il donne les résultats suivants :

Nombre de votants : 31. Ont obtenu :

M. Charles Warnery. .   .   30 voix, élu.
Bulletin blanc .   .   .   .   .   1 —

Après une discussion sur la nécessité de nommer des membres actifs et assidus aux réunions préparatoires, le scrutin est successivement ouvert pour les autres membres du bureau.

Le dépouillement donne les résultats ci-après :

1° *Vice-Présidents*

Nombre de votants : 31. Ont obtenu :

MM. Dubarry. . . . 31 voix, élu.
Yon . . . . . 30 — —
Reversat. . . . 30 — —
Guibal . . . . 30 — —
Deville . . . . 29 — —
Bénézet . . . . 3 —
De Casamajor. . 1 —
Portier . . . . 1 —

2° *Secrétaire Général*

Nombre de votants : 33. Ont obtenu :

MM. De Casamajor. . 31 voix, élu.
Guiral . . . . 1 —
Bulletin blanc . . 1 —

3° *Secrétaire Général adjoint*

Ont obtenu :

MM. Ravier . . . . 28 voix, élu.
Navas . . . . 2 —
Abadie . . . . 1 —
Bénézet . . . . 1 —

4° *Trésorier et Trésorier adjoint*

Au moment du vote, un membre demande si, pour le trésorier, on peut désigner un membre pris en dehors des délégués ; il en est ainsi décidé.

Le scrutin aussitôt ouvert donne les résultats suivants:

Nombre de votants : 32. Ont obtenu pour l'emploi de trésorier :

M. Marc-Bazille . . 31 voix, élu.

Trésorier adjoint :

MM. Crouzet . . . . 30 voix, élu.
Lacombe . . . 1 —

5° *Secrétaires*

Nombre de votants : 32. Ont obtenu :

MM. Bénézet	30 voix, élu.
Revial	31 — —
Abadie	31 — —
Zuccarelli . . .	31 — —
Fages. . . .	25 — —
Divers	8 —

M. le Président proclame les résultats complets du scrutin et annonce que le bureau définitif se trouve ainsi constitué :

MM. Charles Warnery, président.
    Dubarry, Yon, Reversat, Guibal, Deville, vice-présidents ;
    de Casamajor, secrétaire général ;
    Ravier, secrétaire général adjoint ;
    Marc-Bazille et Crouzet, trésorier et trésorier adjoint.

Sont adjoints aux membres du bureau :

MM. Albagnac, conseiller municipal, président de la Fédération mutuelle de l'Hérault ;
    Allier, conseiller municipal, président de la Société de secours mutuels Les Enfants du Gard ;
    Lacroix, industriel, délégué départemental de la Fédération régionale du Midi.

M. Charles Warnery remercie, en son nom et au nom des membres du bureau, les délégués de l'honneur qui vient de leur être fait et les assure qu'ils peuvent compter sur leur dévouement le plus absolu.

Les commissions sont ensuite constituées ainsi qu'il suit :

1° *Commission des finances*

Président . . . . MM. Dubarry.
Vice-Président *(à désigner dès la 1re réunion de la commission,.*
Secrétaire. . . . . . . Zuccarelli.
Membre . . . . Dupin.
— . . . . Vernhes.
— . . . . Ravier.
— . . . . Allier.
— . . . . Albagnac.
— . . . . Mathet.
— . . . . Jacques Gabriel.
— . . . . Rousset.
— . . . . Crouzet.

2° *Commission technique*

Président . . . . MM. Yon.
Vice-Président *(à désigner dès la 1re réunion de la commission)*
Secrétaire. . . . . . . Bénézet.
Trésorier . . . . Coulougnan.
Membre . . . . Fournier.
— . . . . Dr Frat.
— . . . . Roger.
— . . . . Bureau.
— . . . . Guiral.
— . . . . Recordon.
— . . . . Aubaressy.
— . . . . Cauquil.
— . . . . Paradis.

3° *Commission des réunions et des fêtes*

Président . . . . MM. le Dr Guibal.
Vice-Président . . . . (à désigner).
Secrétaire. . . . . . . Abadie.
Membre . . . . Chatenet.
— . . . . Fedière.
— . . . . Maitre.
— . . . . Bonnevie.
— . . . . Litrol.

Membre	. . . .	Gleizo.
—	. . . .	Grignard.
—	. . . .	Navas.
—	. . . . . :	Revial.
—	. . . . . .	Imbert.
—	. . . . . .	Chalvet.
— ·	. . . . . .	Colombier.

4° Commission de propagande et de réception

Président	. . . . . .	MM. Deville.
Vice-Président	. . . .	*(à désigner)*.
Secrétaire	. . . . . .	Fages.
Membre	. . . . . .	Portier.
—	. . . . . · ·	Rigal.
—	. . . . . .	Bonfils.
—	. . . . . .	Pasquet.
—	. . . . . .	Randon.
—	. . . . . .	Benel.
—	. . . . . ·	Lacombe.
—	. . . . . .	Fonzes.
—	. . . . . .	Pialat.

Après la proclamation des résultats, M. le Président annonce que les délégués pourront se faire inscrire à plusieurs commissions ; pour cela, il leur suffira de demander leur inscription au Secrétariat général ; quant aux commissions supplémentaires qui seront nécessaires au moment du Congrès, il sera fait appel à toutes les Sociétés de secours mutuels en temps utile.

M. le Président demande l'avis de l'Assemblée sur l'opportunité qu'il y aurait à désigner de suite les Présidents d'honneur du Congrès. Il énumère, à cet effet, les précédents établis à Saint-Étienne et à Reims. Après discussion, l'Assemblée décide d'offrir la présidence d'honneur du Congrès régional, qui prendra le titre de « Deuxième Congrès régional mutualiste languedocien

organisé par les Sociétés de secours mutuels de Montpellier » :

> 1° à M. le Préfet de l'Hérault ;
> 2° à MM. les Députés et Sénateurs ;
> 3° à M. le Président du Conseil général ;
> 4° à M. le Maire et la Municipalité de la ville de
> Montpellier.

Une démarche sera faite par le bureau auprès de ces
Messieurs pour leur faire part de la décision unanime
de l'Assemblée générale des délégués des Sociétés de
secours mutuels de la ville.

M. le Président donne lecture de deux lettres adressées
à M. Reversat, président de la Société des Commis et
Employés, par M. le Président du Conseil général de la
Mutualité de la Haute-Garonne ; ces deux lettres concernent l'organisation du Congrès de Montpellier et de
celui organisé par les Sociétés de secours mutuels de la
Haute-Garonne.

Après discussion, l'Assemblée décide de renvoyer à la
commission technique les propositions du Conseil général
de la Haute-Garonne et nomme, à l'unanimité, membres
d'honneur du Congrès régional de Montpellier, MM. Darquier et Delmas, membres du Conseil supérieur de la
Mutualité de la IXme circonscription.

M. Reversat est prié de vouloir bien porter cette décision à la connaissance de MM. Darquier et Delmas.

Enfin, M. le Président annonce que les Sociétés : La
Famille Montpelliéraine et Les Commis et Employés mettent les salles de leur siège social à la disposition du
Comité pour les réunions préparatoires ; celle de La Famille Montpelliéraine pourrait être utilisée par les commissions ; celle des Commis et Employés pour les réunions

du Comité puisqu'elle est plus spacieuse ; il en est ainsi décidé.

L'Assemblée décide que la constitution du bureau et des commissions sera notifiée à toutes les Sociétés de secours mutuels de Montpellier, ainsi qu'à tous les membres du Comité.

Aucune autre question n'étant à l'ordre du jour, la séance est levée à onze heures et demie du soir.

<table>
<tr><td></td><td>Vu :</td></tr>
<tr><td>Le Secrétaire général,</td><td>Le Président,</td></tr>
<tr><td>N. DE CASAMAJOR.</td><td>Charles WARNERY.</td></tr>
</table>

A la suite de cette importante Assemblée générale, à laquelle avaient adhéré toutes les Sociétés de secours mutuels de Montpellier, à l'exception d'une seule, les commissions se réunirent pour compléter leurs bureaux et échanger leurs vues sur la meilleure méthode de travail à suivre pour mener à bonne fin l'organisation du Congrès régional.

Le 21 août, le travail préparatoire était terminé et le Comité d'organisation se trouvait définitivement constitué ainsi qu'il suit :

Comité d'Honneur

Présidents d'Honneur

MM. Arnaud, préfet de l'Hérault ;
    Laissac, président du Conseil général ;
    Vernière, maire de Montpellier ;
    les Membres de la Municipalité de la Ville de Montpellier ;
    Déandreis, Galtier, Perréal, sénateurs de l'Hérault ;
    Augé, Bénézech, Lafferre, Razimbaud, Salis, Vigné, députés de l'Hérault.

Membres d'Honneur

MM. Lourties, sénateur, ancien ministre ;
    Ch. Prével, sénateur ;
    Ricard, député, ancien ministre ;
    Audiffred, député, premier vice-président du Conseil supérieur
        de la Mutualité ;
    Les Membres du Conseil supérieur de la Mutualité ;
    Faure-Biguet, général en chef, commandant le XVIe corps
        d'armée ;
    Baradat, premier président de la Cour d'appel de Montpellier ;
    De Cabrières, évêque de Montpellier ;
    Cottignies, procureur général près la Cour d'appel de
        Montpellier ;
    Benoist, recteur de l'Académie de Montpellier ;
    Mabilleau, directeur du Musée social de Paris ;
    Darquier, membre du Conseil supérieur de la Mutualité,
        représentant la circonscription de Montpellier (Sociétés
        approuvées) ;
    Delmas, membre du Conseil supérieur de la Mutualité,
        représentant la circonscription de Montpellier (Sociétés
        autorisées) ;
    Marquis, président d'honneur de l'Union des Sociétés de
        l'Hérault ;
    Cairoche, président du Tribunal de Commerce de Montpellier ;
    Leenhardt (Charles), président de la Chambre de Commerce
        de Montpellier ;
    Dizier, président du Consistoire de Montpellier ;
    Dubarry, secrétaire général de la Mairie de Montpellier ;
    Bertranon, avocat, membre du Conseil de la Mutualité
        marseillaise ;
    Coll, président du 1er Congrès languedocien à Toulouse.

Comité d'organisation élu

Président

M. Warnery, négociant, vice-président de la Société de secours
mutuels La Famille Montpelliéraine.

Secrétaire général

M. N. de Casamajor, vice-président de la Société de secours mutuels La Famille Montpelliéraine.

Vice-Présidents

MM. Yon, inspecteur d'Académie, président de la Société de secours mutuels des Instituteurs et Institutrices de l'Hérault ;

Reversat, directeur du Syndicat agricole, président de la Société de secours mutuels des Commis et Employés de Montpellier ;

Guibal, docteur en médecine, membre de la Société des Médecins du département de l'Hérault ;

Bénézet, négociant, président de la Société de secours mutuels Le Foyer cordial et l'Union commerciale, de Montpellier.

Trésorier

M. Marc-Bazille, banquier, président de la Société de secours mutuels La Protestante.

Trésorier-Adjoint

M. Crouzet Pierre, négociant, président de la Société Les Lodévois.

Secrétaire Général adjoint

M. Ravier, comptable, délégué de la Société de secours mutuels des Commis et Employés, de Montpellier.

Secrétaires

MM. Revial, commerçant, vice-président de la Société de secours mutuels La Savoisienne, de Montpellier ;

Abadie, restaurateur, secrétaire de la Société de secours mutuels La Fraternelle, de Montpellier ;

Zuccarelli, secrétaire de la Société de secours mutuels L'Union Corse, de Montpellier ;

Benoit, de la Société de secours mutuels des Employés de la Gare P.-L.-M.

Adjoints au Bureau

MM. Albagnac, conseiller municipal de Montpellier, président du
Bureau départemental de la Fédération régionale du Midi,
trésorier de la Société de secours mutuels des Employés
de la Gare P.-L.-M. ;

Allier, conseiller municipal de Montpellier, président de la
Société de secours mutuels Les Enfants du Gard ;

Lacroix, industriel, délégué départemental de la Fédération
régionale du Midi.

Commission des Finances

MM. Yon, délégué de la Société des Instituteurs et Institutrices,
président ;

Crouzet, délégué de la Société Les Lodévois, vice-président ;

Zuccarelli, délégué de la Société L'Union Corse, secrétaire ;

Dupin, délégué de la Société des Commis et Employés,
membre ;

Vernhes, délégué de la Société La Famille Montpelliéraine,
membre ;

Ravier, délégué de la Société des Commis et Employés,
membre ;

Allier, délégué de la Société Les Enfants du Gard, membre ;

Albagnac, délégué de la Société Les Employés de la Gare
P.-L.-M., membre ;

Mathet, délégué de la Société Saint-Roch, membre ;

Jacques (Gabriel), délégué de la Société Le Foyer Montpelliérain, membre ;

Rousset, délégué de la Société La Pioche, membre.

Commission technique

MM. Warnery, délégué de la Société La Famille Montpelliéraine,
président ;

Aubaressy, délégué de la Société Protestante, vice-président ;

Lacroix, délégué de la Société La Fédération régionale du
Midi, secrétaire ;

Litrol, secrétaire de la Protestante, membre ;

Coudougnan, délégué de la Société La Famille Montpelliéraine, membre ;

MM. Fournier, délégué de la Société La Famille Montpelliéraine,
membre ;

Roger, délégué de la Société La Persévérance, membre ;

Bureau, délégué de la Société La Fraternelle, membre ;

Recordon, délégué de la Société La Savoisienne, membre ;

Cauquil, délégué de la Société La Pioche, membre.

Commission de Propagande

MM. Bénézet, délégué de la Société Le Foyer Cordial, président ;

Grignard, délégué de la Société des Employés du P.-L.-M.,
vice-président ;

Benoit, délégué de la Société des Employés du P.-L.-M.,
secrétaire ;

Portier, délégué de la Société Les Lodévois, membre ;

Rigal, délégué de la Société La Fraternelle, membre ;

Fiole, délégué de la Société L'Aveyronnaise, membre ;

Pasquet, délégué de la Société La Fédération régionale,
membre ;

Combe, délégué de la Société La Fédération régionale,
membre ;

Cros, délégué de la Société L'Aveyronnaise, membre ;

Lacombe, délégué de la Société La Fédération régionale,
membre ;

Fonzes, délégué de la Société des Tonneliers et Foudriers,
membre ;

Michaudel, délégué de la Société des Anciens Militaires,
membre ;

Commission des Fêtes

MM. Reversat, délégué de la Société des Commis et Employés,
président ;

Albagnac, délégué de la Société de la Fédération régionale,
vice-président ;

Allier, délégué de la Société des Enfants du Gard, vice-
président ;

Guiral, délégué de la Société des Commis et Employés,
secrétaire ;

Chatenet, délégué de la Société La Pioche, membre ;

MM. Fédière, délégué de la Société La Famille Montpelliéraine, membre ;

Maitre, délégué de la Société La Savoisienne, membre ;

Bonnevie, délégué de la Société La Savoisienne, membre ;

Gleize, délégué de la Société des Anciens Militaires, membre ;

Sambussy, délégué de la Société L'Avenir, membre ;

Revial, délégué de la Société La Savoisienne, membre ;

Imbert, délégué de la Société des Postes et Télégraphes, membre ;

Chalvet, délégué de la Société L'Avenir, membre ;

Colombier, délégué de la Société des Coiffeurs, membre ;

Abadie, délégué de la Société La Fraternelle, membre ;

Victor Roussel, délégué de la Société Le Foyer Montpelliérain, membre ;

Fernand Robinet, délégué de la Société Le Foyer Montpelliérain, membre.

Depuis le 21 août jusqu'au 31 décembre 1899, le Comité d'organisation a tenu un grand nombre de séances, tant réunions plénières que réunions de bureau ou de commissions ; toutefois, le Comité ayant été avisé qu'un Congrès régional s'organisait à Toulouse pour la fin du mois de septembre et les premiers jours d'octobre, il fut décidé qu'aucune communication relative au Congrès de Montpellier ne serait adressée aux Sociétés du Midi, afin d'éviter toute confusion et pour faciliter l'œuvre de nos amis, de la capitale du Languedoc.

Ce ne fut que le 15 janvier 1900 que le Comité d'organisation se décida à expédier la circulaire suivante à toutes les Sociétés comprises dans le neuvième collège électoral :

Montpellier, le 15 janvier 1900.

Monsieur et Cher Collègue,

Nous avons l'honneur de vous informer qu'un Congrès régional mutualiste se réunira à Montpellier les 20, 21 et 22 avril prochain, pendant les vacances de Pâques.

A cet effet, les Sociétés de secours mutuels de Montpellier, au nombre de 27, se sont réunies en assemblée générale et ont constitué un Comité d'organisation qui est dès aujourd'hui chargé de mener à bonne fin les travaux préliminaires de ce Congrès.

En attendant que les Commissions nommées par cette assemblée générale aient arrêté le programme complet que suivra ce Congrès, nous vous adressons un chaleureux appel pour, dès ce jour, engager votre Société : 1° à adhérer en principe au Congrès régional, où seront admises toutes les Sociétés de secours mutuels de notre région méridionale ; 2° à se mettre en mesure d'envoyer un ou plusieurs délégués au Congrès.

Il importe, en effet, que, par sa représentation, le Congrès régional qui précédera le Congrès mutualiste international qui doit se réunir à Paris en juin 1900, à l'occasion de l'Exposition Universelle, soit une manifestation importante, digne des Sociétés du Midi, si nombreuses et si florissantes ; d'ailleurs, les questions de Mutualité n'avaient jamais autant passionné l'opinion publique, et les résolutions adoptées par le Congrès auront d'autant plus de valeur que le nombre des Sociétés représentées sera plus considérable.

Le Comité d'organisation compte s'assurer dans chaque département le concours de membres correspondants, auxquels les Sociétés pourront demander tous les renseignements utiles. Ces membres correspondants, nous insistons sur ce point, seront tous des Mutualistes pratiquants, connus, dont le dévouement à nos institutions fraternelles est acquis depuis de longues années. Nous comptons beaucoup sur eux pour grouper toutes les bonnes volontés de leur région.

A cet effet, nous serions heureux, Monsieur et cher Collègue, si, dans chaque centre où il existe plusieurs Sociétés de secours mutuels approuvées ou autorisées, quelques collègues voulaient prendre l'initiative d'une réunion préparatoire où seraient désignés les représentants dont nous avons besoin pour assurer les multiples communications que nous aurons à faire à toutes les Sociétés qui voudront bien adhérer à notre œuvre ; cela simplifierait considérablement la besogne du Comité d'initiative.

Inutile d'ajouter que l'accueil le plus fraternel est d'ores et déjà assuré à tous les délégués qui viendront à Montpellier.

Les démarches seront faites pour obtenir, comme aux précédents Congrès, une réduction de 50 % de la part des Compagnies de chemins de fer sur leurs tarifs de transports.

Dans l'espoir que notre appel sera entendu et que nous recevrons bientôt l'adhésion, en principe, de votre Société, vous réservant de donner plus tard le nom de vos délégués, nous vous prions d'agréer, Monsieur et cher Collègue, nos fraternelles salutations.

Pour le Bureau du Comité d'organisation :

<table>
<tr><td>Le Secrétaire Général,
N. DE CASAMAJOR.</td><td>Le Président,
Charles WARNERY.</td></tr>
</table>

Nous donnons ci-après la liste des membres correspondants qui ont bien voulu nous prêter leur bienveillant concours :

Membres correspondants

MM. Marquis, président de la Fédération mutuelle du Midi, à Nimes (Gard) ;

Benoît-Germain, président de l'Union des Sociétés du Gard, à Nimes (Gard) ;

Mary fils, organisateur de la Fédération de l'Ariège, aux Pujols (Ariège) ;

Louches, président de la Société Saint-Pierre, à Carcassonne.

Alieu (François), secrétaire de l'Union Fédérative des Sociétés de secours mutuels de l'Aude, à Carcassonne.

Gayssel, rue du Dix-Août, à Narbonne.

Laurens-Castelet (de), président du Syndicat Agricole, à Castelnaudary ;

Mouly (Léon), président de la Société des Arts et Emplois libéraux, à Rodez ;

Galzin, président de la Société des Arts et Métiers, à Millau ;

Servonin (Francisque), secrétaire-archiviste de l'Union des Sociétés d'Annonay ;

Bertranon, Grand Conseil de la Mutualité des Bouches-du-Rhône, à Marseille ;

Mouné (Jean), secrétaire général de l'Union des Sociétés de la Haute-Garonne, à Toulouse ;

Ferdinand (Henri), président de la Société de secours mutuels des Ouvriers, à Mende ;

Passama, président de la Société Saint-Joseph, à Perpignan :

MM. Pams (Eugène), président de la Société de secours mutuels
La Fraternelle, à Port-Vendres ;
Gasc (L.), président de la Société Saint-Jacques, à Castres ;
Hébrard, président de la Fédération du Tarn-et-Garonne, à
Bagnères-de-Bigorre.
Neyrand, président de la Société La Vivaraise, à Avignon.

Un mois après, le règlement et le programme des questions à soumettre aux délibérations du Congrès étaient arrêtés et adressés à toutes les Sociétés convoquées, avec la circulaire suivante :

Montpellier, le 15 février 1900.

Monsieur et Cher Collègue,

Nous vous confirmons l'envoi de notre première circulaire concernant le Congrès régional de la Mutualité, dont les assises se tiendront à Montpellier, du 20 au 23 avril inclus.

Nous sommes heureux de vous annoncer que cette manifestation mutualiste méridionale est placée sous le haut patronage de M. le Préfet de l'Hérault, de M. le Président du Conseil Général, de MM. les Sénateurs et Députés de l'Hérault, de M. le Maire et la Municipalité de Montpellier, qui ont bien voulu accepter la Présidence d'honneur de ce Congrès.

Il importe donc que, par sa représentation, ce Congrès des Sociétés de secours mutuels du Midi soit digne des grands Congrès et de notre vieille cité.

Beaucoup de Sociétés ont, lors des Congrès nationaux précédents, reculé devant les frais qu'occasionne l'envoi de délégués ; tel n'est pas le cas, en la circonstance, étant donnée la situation de notre ville, qui est un centre universitaire, militaire et commercial très important, avec lequel beaucoup de nos collègues ont des relations suivies. Quoi qu'il en soit, prévenues d'avance, les Sociétés pourront faire porter sur plusieurs exercices annuels les frais relativement peu importants que nécessitera l'envoi de délégués.

Nous vous ferons également remarquer que vous pouvez, vous basant sur les précédents, demander à ce sujet une subvention à votre Conseil Municipal. Ne sera-t-il pas heureux de témoigner l'intérêt qu'il accorde à nos Sociétés de prévoyance, en acceptant les demandes de vos Sociétés? Jamais subvention n'aura été plus utile.

Dans les villes où il existe plusieurs Sociétés mutuelles, si toutes ne pouvaient faire les frais nécessaires à l'envoi d'une délégation personnelle, nous engageons vivement les Présidents à provoquer des réunions plénières pour l'envoi de délégués à frais communs, d'autant moins importants que des concessions sérieuses seront faites par tous les hôtels à tous les mutualistes. Des réductions seront aussi consenties par les compagnies de chemins de fer : ces diverses conditions vous seront adressées en temps utile.

En attendant, nous vous envoyons, sous ce pli, le règlement général du Congrès, ainsi que les questions dont le Comité s'est occupé et qui seront soumises à vos délibérations.

Nous vous engageons vivement à en faire une étude anticipée et approfondie que nous serions heureux de recevoir le plus tôt possible, afin que notre Comité d'organisation puisse, après examen, les soumettre aux Commissions du Congrès.

Il importe, en effet, que tous les mutualistes puissent donner leur avis motivé sur les importantes questions où leurs intérêts sont en jeu.

Toutes les Sociétés de secours mutuels et de retraites, libres ou approuvées, ont donc pour devoir de nous adresser leur adhésion de principe. La somme de 3 francs une fois donnée, ne peut, dans aucun cas, grever le budget social, et il faut que nous ayons le nombre pour démontrer notre force.

Dans l'espoir que notre appel sera entendu, et que nous recevrons bientôt l'adhésion de votre Société, vous réservant de donner plus tard les noms de vos délégués, nous vous adressons, Monsieur et cher Collègue, nos fraternelles salutations.

Pour la Commission d'organisation :

<table>
<tr><td>Le Secrétaire Général,</td><td>Le Président,</td></tr>
<tr><td>N. DE CASAMAJOR.</td><td>Charles WARNERY.</td></tr>
</table>

RÈGLEMENT DU CONGRÈS

I. — Objet du Congrès

Article Premier. — Le Congrès a pour objet, au point de vue exclusivement économique, l'étude des questions qui intéressent les Sociétés de secours mutuels, considérées sous leurs diverses formes, dans leur organisation intérieure et dans leurs rapports entre elles et avec l'État.

Toute discussion politique ou religieuse et toutes personnalités sont interdites.

II. — Composition du Congrès

Art. 2. — Les membres du Comité d'organisation, titulaires ou correspondants sont, de droit, membres du Congrès.

Toutes les personnes s'intéressant au progrès de la Mutualité et qui verseront à la Commission d'organisation une somme minima de 20 francs seront inscrites à titre de membres d'honneur. Elles pourront assister aux assemblées générales du Congrès avec voix consultative. Leurs noms seront inscrits au compte rendu officiel publié à l'issue du Congrès.

Toute Société, tout groupe de Sociétés, ayant un caractère d'institution de prévoyance mutuelle et constitués conformément aux lois françaises, *appartenant à la région du Midi, soit au IXme Collège de la mutualité et départements limitrophes, peuvent adhérer au Congrès.*

Art. 3. — Le nombre des délégués ne peut excéder deux pour les Sociétés comptant moins de 100 membres ; dans les Associations plus nombreuses, il pourra être augmenté d'un délégué pour chaque centaine ou fraction de centaine de membres en plus, sans que le nombre total puisse dépasser cinq.

L'envoi de délégués par une Union, un Comité ou une Fédération, composés d'une façon régulière et permanente, n'infirme en rien, pour chacune des Sociétés qui le composent, le droit qu'elles ont d'envoyer des délégués particuliers.

Art. 4. — Les délégués doivent remettre à la Commission du Congrès :

Un extrait de la délibération prise par l'Association qui les accrédite auprès du Congrès. Cet extrait mentionnera expressément les noms et les qualités des délégués.

Les délégués ne peuvent être remplacés ou suppléés qu'avec l'assentiment du bureau du Congrès.

Art. 5. — Le bureau du Congrès peut autoriser les sections à convoquer les personnes dont la situation et les travaux rendent la présence utile.

Il se réserve le droit absolu de délivrer des cartes d'entrée.

Art. 6. — Chaque Société doit joindre à son adhésion un versement de 3 francs par Société, pour subvenir aux frais du Congrès.

Ce versement est également exigible de toute Société adhérente, alors même qu'elle n'enverrait pas de délégués au Congrès. Tout délégué a droit à sa carte d'entrée, carte qui ne pourra être ni cédée, ni prêtée, sous peine de retrait immédiat et d'annulation.

Chaque Société adhérente a droit au compte rendu du Congrès au prix de 1 fr. 50 l'exemplaire. Le paiement en sera exigible en même temps que la cotisation. Il en sera de même des membres correspondants.

Art. 7. — Les Sociétés adhérentes qui n'auraient pas de délégués peuvent être représentées par des membres d'une Société de secours mutuels. Néanmoins, le vote est personnel, chaque membre du Congrès n'ayant qu'une voix, quel que soit le nombre de Sociétés qu'il représente.

Le vote par procuration et par correspondance n'est pas admis.

III. — Organisation intérieure

Art. 8. — La direction des travaux est confiée à un bureau élu, composé de : un Président, quatre Vice-Présidents, un Secrétaire général, un Secrétaire général adjoint, six Secrétaires, un Trésorier, un Trésorier adjoint et douze Commissaires.

Art. 9. — Les membres du bureau sont élus au scrutin secret, le Président, les Vice-Présidents, les Secrétaires généraux et le Trésorier à la majorité absolue votante ; les autres membres à la majorité relative. En cas d'égalité de suffrages, le plus âgé est proclamé élu.

Art. 10. — Le Congrès se répartit en autant de Commissions qu'il y a de questions à l'ordre du jour, plus une commission chargée de l'examen des vœux. Chaque commission peut se subdiviser en sous-commissions.

Art. 11. — Chaque section, au début de ses travaux, désigne un Président, un Vice-Président, un Secrétaire et, après discussion, un Rapporteur.

Art. 12. — Tous les mémoires et documents doivent être envoyés d'avance au Secrétaire général du Comité d'organisation ; ils seront reçus jusqu'au *25 mars 1900, dernier délai.*

IV. — Ordre des Travaux

Art. 13. — Le Congrès s'ouvrira à *Montpellier, le jeudi soir, 19 avril 1900, et sera clos le lundi suivant.*

Le local du Congrès et les salles des sections seront indiqués sur la carte personnelle de chaque délégué.

Art. 14. — Toutes les mesures d'ordre, tant dans les séances générales qu'à celles des sections, relèvent exclusivement du bureau du Congrès.

Les Membres du Congrès qui désirent prendre la parole dans les séances générales devront se faire inscrire par MM. les Secrétaires et indiquer le sens de leur intervention par la formule *pour* ou *contre*. La parole leur sera accordée dans l'ordre de leur inscription, en faisant alterner autant que possible les opinions contraires.

Art. 15. — Les votes se font à mains levées, ou, s'il y a lieu, par assis ou levé.

Art. 16. — En dehors des questions du programme, les membres du Congrès peuvent toujours formuler des vœux. Ces vœux sont soumis à la section compétente et feront l'objet d'un rapport si la section le juge nécessaire.

Ils devront être envoyés au Secrétaire général du Comité d'organisation, avant le *25 mars 1900.*

Le Comité d'organisation ne retiendra pas pour la discussion ceux qui seront contraires à des votes émis par les Congrès nationaux précédents ; ou ceux qui remettraient en discussion la loi du 1er avril 1898, dont on n'a pas encore pu apprécier les effets.

Art. 17. — Le Comité d'organisation du Congrès reprendra ses fonctions sitôt après la clôture : 1° pour solder les dépenses afférentes au Congrès ; 2° et pour s'occuper de la publication du *Compte rendu.*

V. — Comité technique

Art. 18. — Un comité technique, composé des sommités mutualistes qui voudront bien prêter le concours de leur expérience, siègera pendant toute la durée des travaux.

Ce comité se fera représenter dans chaque commission par au moins un de ses membres.

PROGRAMME

1° Extension de la Mutualité aux femmes et aux membres de la famille

a) Vaut-il mieux créer des Sociétés composées uniquement de femmes ou accepter les femmes dans les Sociétés d'hommes ?

b) Comment organiser les Sociétés de femmes, tant au point de vue de leur administration qu'à celui des services à assurer et des quotités à payer ?

c) Les couches devront-elles être considérées comme une maladie ordinaire et ne devront-elles pas être l'objet d'une indemnité spéciale ?

Quel devrait être le minimum de cette indemnité dans notre région pour qu'elle soit efficace ?

d) Si l'on admet que les enfants doivent participer aux secours pharmaceutiques et médicaux, la quotité payée par le père ou la mère de famille ne doit-elle pas, pour faire ce service, être augmentée d'une somme fixe pour chaque enfant participant à ces secours ?

Quelle devra être par tête d'enfant la quotité à payer ?

2° Mutualité rurale

a) DIFFUSION. — Quels sont les moyens pratiques pour arriver promptement :

1° A répandre les bienfaits de la Mutualité dans les campagnes ?

2° A faire prospérer les Sociétés mutuelles rurales existantes ?

3° A en créer dans les localités où il n'en existe pas encore ?

b) Résultats. — 1° Les Syndicats coopératifs ou professionnels agricoles ont-ils intérêt à aider à cette extension de la Mutualité ?

2° Dans l'affirmative, quel pourrait être leur rôle ?

3° Quels sont les avantages principaux, matériels et moraux, que les particuliers, les communes et l'Etat retireront du développement de cette branche principale de la Mutualité en France ?

3° Mise en subsistance et mutation

a) La mutation étant une question bien distincte de la mise en subsistance et étant données les difficultés que présente la mutation, ne pourrait-on pas appliquer la mise en subsistance à tout sociétaire quittant une ville sans espoir de retour ?

b) Quels seraient les moyens les plus pratiques pour y arriver ?

c) Quel mode de règlement de Société à Société devrait-on admettre ?

d) Ne pourrait-on pas assurer la mise en subsistance d'un sociétaire qui irait s'établir dans une localité n'ayant pas de Société de secours mutuels ?

Soit en ayant des correspondants privés ?

Soit en demandant à l'État de charger de ce service une catégorie de ses fonctionnaires ou de ceux des communes, les secrétaires de mairie, par exemple ?

4° Caisses de réassurances régionales

a) Comment organiser des Caisses régionales d'une façon pratique surtout au point de vue du contrôle ?

b) Quelle cotisation est à adopter dans notre région ?

c) Après combien de mois de maladie, étant donnés les règlements des Sociétés de la région, la Caisse de réassurances devra-t-elle commencer à donner des indemnités ?

d) Cette époque étant fixée, elle ne coïnciderait certainement pas, pour de nombreuses Sociétés, avec celle où elles finissent de donner des secours.

La Caisse de réassurances ne devrait-elle pas se charger des secours pendant cette période intérimaire, moyennant le paiement d'une quotité supplémentaire et quelle devrait être cette quotité compensatrice ?

5° Livret individuel

Est-il préférabl , pour les Sociétés de secours mutuels ayant une caisse de retraites, de les délivrer par la constitution d'un fonds commun à capital aliéné ? ou d'établir des livrets individuels pour chaque sociétaire ? (Versements à effectuer sur ces livrets par la Société à la Caisse nationale de retraites pour la vieillesse).

6° Comptabilité

a) Étudier les moyens de simplifier la comptabilité que les Sociétés de secours sont tenues de fournir à l'État.

Sur ces entrefaites, M. de Casamajor, se trouvant à Paris, fut chargé par le Comité d'organisation de s'entendre avec les représentants de l'Hérault au Parlement et d'inviter M. Paul Deschanel, président de la Chambre des Députés, membre de l'Académie française, et M. Waldeck-Rousseau, président du Conseil. ministre de l'Intérieur et des Cultes.

Les démarches de notre secrétaire général ayant été couronnées de succès, la circulaire suivante fut adressée à toutes les Sociétés de secours mutuels comprises dans le IXme collège électoral :

Montpellier, le 19 mars 1900.

Monsieur et Cher Collègue,

Nous avons la grande satisfaction de vous annoncer que M. Paul Deschanel, président de la Chambre des Députés, a définitivement accepté de venir à Montpellier à l'occasion de la réunion de notre Congrès, dont les assises se tiendront les 20, 21, 22 et 23 avril prochain.

M. le Ministre de l'Intérieur, président du Conseil des Ministres, dont les hautes fonctions ne lui permettent pas de s'engager à l'avance, nous a aussi laissé espérer sa présence.

Il importe donc que cette manifestation mutualiste soit digne

3

de nos Sociétés du Midi et du Sud de la France et des hautes personnalités qui veulent bien nous faire le grand honneur de venir au milieu de nous.

Afin de faciliter au Comité la lourde tâche qu'il a assumée, nous vous engageons donc très vivement, dans le cas où vous n'auriez pas encore envoyé votre bulletin d'adhésion, à nous le faire parvenir d'urgence avec le montant de la cotisation réglementaire.

Il sera bon aussi que vous nous fassiez connaître au plus tôt le nom de vos délégués.

Comptant que vous voudrez bien satisfaire à une demande aussi légitime, pour nous permettre d'assurer le bon fonctionnement de notre organisation, nous vous prions de vouloir bien agréer, Monsieur et cher Collègue, nos fraternelles salutations.

Pour le Comité :

<table>
<tr><td>Le Secrétaire Général,
N. de Casamajor.</td><td>Le Président,
Charles Warnery.</td></tr>
</table>

Enfin, le Comité d'organisation, désireux d'assurer d'une façon aussi complète que possible la partie financière du Congrès, avait adressé une demande de subvention au Conseil général de l'Hérault, lequel vota une somme de 500 francs ; au Conseil municipal de Montpellier, qui accorda 3.000 francs, avec la promesse que la dépense que pourrait occasionner la réception du représentant du Gouvernement serait prise ultérieurement en charge par la ville.

En même temps, la circulaire ci-après était adressée aux personnalités marquantes de Montpellier :

Montpellier, le 20 mars 1900.

Monsieur et Honoré Concitoyen,

Les Sociétés de secours mutuels de Montpellier, représentant plus de 5000 mutualistes, réunissent en Congrès dans notre vieille cité, les 20, 21, 22 et 23 avril prochain, toutes les Sociétés mutuelles de la région méridionale.

Vous trouverez, d'autre part, la composition du Comité d'organisation, le règlement adopté et les premières questions mises à l'étude.

Pour mener à bien la lourde tâche qui lui incombe, l'Assemblée plénière des Sociétés de secours mutuels, conformément aux précédents créés dans les Congrès antérieurs, a décidé le Comité d'organisation à faire appel à la bonne volonté de tous ceux qui s'intéressent au progrès social par le libre développement de l'initiative individuelle et de donner le titre de « *Membre d'honneur* » du Congrès à tous ceux qui lui viendraient en aide par le versement d'une cotisation dont le montant est fixé à 20 francs.

Vous n'ignorez pas, Monsieur et honoré Concitoyen, que la préparation toujours laborieuse d'un Congrès entraîne avec elle d'inévitables dépenses, et nous vous serions obligés de nous apporter votre concours moral et financier.

A moins d'avis contraire de leur part, les noms des donateurs figureront dans le compte rendu qui sera publié à l'issue des travaux.

Nous savons quel intérêt vous avez toujours porté aux associations mutuelles et de prévoyance et nous comptons sur vous pour faciliter notre tâche.

Veuillez agréer, Monsieur et honoré Concitoyen, ce nos remerciements anticipés, l'hommage de nos respectueuses salutations.

Pour le comité :

Le Secrétaire Général,	*Le Président,*
N. DE CASAMAJOR.	Charles WARNERY.

Voici la liste des Membres d'honneur qui se firent inscrire au reçu de cette circulaire :

MM.

Bourgeat, sénateur à La Magistère (Tarn-et-Garonne) .	20 fr.
Escanyé, député des Pyrénées-Orientales	20 »
Rivals, député de l'Aude	20 »
Rignil, propriétaire à Céret (Pyrénées-Orientales) . . .	20 »
Aureau (E.), directeur du Comptoir d'Escompte. . . .	20 »
Andrieu, receveur principal des Postes et Télégraphes .	20 »
Aymard, négociant-fleuriste	20 »

MM.

Astier, président du syndicat de Cournonterral	20 fr.
Barber, directeur de la Société Générale	20 »
Belugou (Louis), administrateur de la Caisse d'épargne .	20 »
Boisrayon, directeur du Crédit Lyonnais	20 »
Baumel (A.), négociant	20 »
Bret (Paul), négociant	20 »
Brenier, directeur des Nouvelles Galeries	100 »
Bort (Gabriel), notaire	20 »
Broumet, négociant	20 »
Crassous, directeur des Salins du Midi.	20 »
Castelnau (Edmond), propriétaire	20 »
Castels (F.), doyen de la Faculté des Lettres.	20 »
Castelnau (M.), banquier	20 »
Coste (Marius), de la maison Coste-Folcher	20 »
Deschanel, architecte.	20 »
Dautheville, professeur à la Faculté des sciences . . .	20 »
Esclavy, de Paris	20 »
Frat, docteur	20 »
Nègre (Félix-Michel), négociant	20 »
Gibert, administrateur de la Caisse d'épargne	20 »
Gariel, directeur du *Petit Méridional*	20 »
Gustave, entrepreneur de travaux publics.	20 »
Gachon, maire de Frontignan	20 »
Guibal, ingénieur en chef des ponts et chaussées . . .	20 »
Huriaux, avocat, conseiller général	20 »
Hortolès, docteur	20 »
Hardion, directeur de la Cie des tramways électriques. .	20 »
Kühnholtz-Lordat, propriétaire	20 »
Leenhardt (Ch.), président de la Chambre de commerce .	20 »
Lichtenstein, négociant	20 »
Laurent (A.), président de la Société d'encouragement à l'Agriculture.	20 »
Leenhardt (Pierre), négociant.	20 »
Labuze, trésorier-payeur général.	20 »
Leenhardt (Ed.), architecte.	20 »
Leenhardt-Pomier, rentier	20 »
Castelnau (M.), administrateur de la Caisse d'épargne. .	20 »
Bazille (Marc), banquier.	20 »
Matte (Louis), manufacturier	20 »
Meymard, négociant	20 »

MM.

Maigron-Bourrely, négociant	20 fr.
Malbec, de Béziers	20 »
Mistral, conseiller d'arrondissement.	20 »
Meynier de Salinelles, banquier	20 »
Marchal, représentant de commerce, conseiller municipal	20 »
Mercié, rédacteur en chef de *la Dépêche*	20 »
Mestre, de Villeneuvette, manufacturier	20 »
Nègre (Louis), conseiller général.	20 »
Noétinger, receveur des Postes	20 »
Pams (Eugène), de Perpignan.	20 »
Robert-Sijas, négociant.	20 »
Roger-Azaïs, rentier	20 »
Salvat (H.), directeur du Crédit Foncier	20 »
Saint-Pierre (Frédéric), conseiller d'arrondissement, à Saint-Georges	20 »
Sahut (Félix), négociant-horticulteur	20 »
Sabatier (Alfred), de Béziers	20 »
Serrou (Louis), négociant, maison du Grand-Saint-Roch.	20 »
Société des Commis et Employés de Marseille	20 »
Sar, directeur de l'Usine à gaz.	20 »
Travers, directeur des Postes et Télégraphes.	20 »
Tissié (Alphonse), rentier	20 »
Teule (François), négociant	20 »
Le vicomte Pierre d'Adhémar, rentier	20 »
Vialette, docteur à Montbazin.	20 »
Villaret, de Clermont.	20 »
L'abbé Emprin, aumônier	20 »
L'Union commerciale de Montpellier	133 »
Lapierre, propriétaire du café de la Rotonde	100 »
Chatelier, propriétaire du café de Montpellier	100 »
Cros et Guibert, propriétaires du café de France . . .	100 »
Garonne, propriétaire du café Riche.	100 »
André, propriétaire du café Landais.	10 »
Belaval, propriétaire du café Américain	10 »
Bezomes, propriétaire de la Brasserie Universelle . . .	10 »
Crassous et Flour, propriétaires de la Brasserie Alsacienne	10 »
Chaptal, propriétaire du débit de la Comédie.	10 »
Pételat, propriétaire du café de la Préfecture.	10 »
Bédaride, propriétaire du café Japonais	5 »
Bécole, propriétaire du café Sabatier	5 »

MM.

Rolland, propriétaire du café des Négociants.	5 fr.
Calvet, propriétaire du café du Brésil	5 »
Maury, propriétaire du café du Commerce	2 »
Montaignac, propriétaire du café des Cariatides	20 »
Cabrol et Michel, propriétaires du café de l'Opéra . . .	20 »
Montcils, propriétaire du café des Célestins	20 »
Brunel, propriétaire du café du Conservatoire	20 »
Martin, propriétaire de la Brasserie Moderne.	40 »
Villeneuve, propriétaire du restaurant Rimbaud. . . .	20 »
Randon, propriétaire de l'hôtel du Midi	50 »
Ode-Viala, propriétaire de l'hôtel de la Métropole . . .	40 »
Gompel, directeur des grands magasins Paris-Montpellier	40 »
Andrieu, propriétaire de l'hôtel Maguelone	20 »
Delmas (Gustave), propriétaire du Grand-Hôtel. . . .	10 »
Brincher, propriétaire de l'hôtel du Tapis-Vert	10 »
Gervais, propriétaire de l'hôtel de la Gare.	10 »
Portier, propriétaire de l'hôtel Sérane	10 »
Thérond, propriétaire de l'hôtel des Gourmets	10 »
Abbal, restaurateur	5 »
Rouger, restaurateur.	5 »
Favier, propriétaire de l'hôtel du Commerce	5 »

ORDRE DU JOUR DES TRAVAUX

L'ordre du jour des travaux fut sommairement fixé de la manière suivante et transmis à toutes les Sociétés adhérentes :

Vendredi 20 Avril 1900

9 heures du matin (Palais de l'Université). — Vérification des pouvoirs ; — Nomination du Bureau du Congrès ; — Constitution des Commissions ; — Installation du Comité technique supérieur.

2 heures du soir (Palais de l'Université). — Réunion des Commissions.

8 heures 1/2 du soir. — Réception par M. le Maire et la Municipalité des Congressistes au Foyer du Grand-Théâtre ; — Vin d'honneur ; — Conférence au Grand-Théâtre par M. Mabilleau, professeur au Collège de France, directeur du Musée social.

Samedi 21 Avril 1900

9 heures du matin et 6 heures du soir (Palais de l'Université). — Réunion des Commissions.

8 heures 1/2 du soir (Salle des Concerts du Grand-Théâtre. — Assemblée générale.

Dimanche 22 Avril 1900

9 heures du matin (Salle des Fêtes du Palais de l'Université). — Assemblée générale.

3 heures du soir (Salle des Concerts du Grand-Théâtre). — Conférence par M. Bonnevay, avocat à la Cour d'appel de Lyon, délégué de la Société de secours mutuels *L'Universelle.*

5 heures du soir. — Grand Concert sur la promenade du Peyrou.

8 heures du soir. — Représentation de gala au Grand-Théâtre.

Lundi 23 Avril 1900

9 heures du matin. — Réunion de tous les Congressistes au Palais de l'Université.

10 heures du matin. — Réception par M. Deschanel, président de la Chambre des députés, membre de l'Académie française, dans les salons de la Préfecture, des Bureaux des Sociétés et des Délégués au Congrès.

2 heures du soir. — Séance de clôture au Grand-Théâtre sous la présidence de M. Deschanel, président de la Chambre des députés, membre de l'Académie française.

4 heures 1/2 du soir. — Fête enfantine au Peyrou ; — Chœur chanté par 600 enfants ; — Musiques militaires et civiles.

7 heures du soir. — Banquet de 1000 couverts sous la présidence de M. Deschanel, président de la Chambre des députés, membre de l'Académie française.

QUESTIONS A L'ORDRE DU JOUR

Première Commission

Extension de la Mutualité aux femmes et aux membres de la famille

a) Vaut-il mieux créer des Sociétés composées uniquement de femmes ou accepter les femmes dans les Sociétés d'hommes ?

b) Comment organiser les Sociétés de femmes tant au point de vue de leur administration qu'à celui des services à assurer et des quotités à payer ?

c) Les couches devront-elles être considérées comme une maladie ordinaire et ne devront-elles pas être l'objet d'une indemnité spéciale ?

Quel devrait-être le minimum de cette indemnité dans notre région pour qu'elle soit efficace ?

d) Si l'on admet que les enfants doivent participer aux secours pharmaceutiques et médicaux, la quotité payée par le père ou par la mère de famille ne doit-elle pas, pour faire ce service, être augmentée d'une somme fixe pour chaque enfant participant à ces secours ?

Quelle devra être, par tête d'enfant, la quotité à payer ?

Deuxième Commission

Mutualité rurale

a) Diffusion. — Quels sont les moyens pratiques pour arriver promptement :

1° A répandre les bienfaits de la mutualité dans les campagnes ?
2° A faire prospérer les Sociétés mutuelles rurales existantes ?
3° A en créer dans les localités où il n'en existe pas encore ?

b) Résultats. — 1° Les syndicats coopératifs ou professionnels agricoles ont-ils intérêt à aider à cette extension de la Mutualité ?
2° Dans l'affirmative, quel pourrait être leur rôle ?
3° Quels sont les avantages principaux, matériels et moraux, que les particuliers, les communes et l'État retireront du développement de cette branche principale de la Mutualité en France ?

Troisième Commission

Mise en subsistance et mutation

a) La mutation étant une question bien distincte de la mise en subsistance et étant données les difficultés que présente la mutation, ne pourrait-on pas appliquer la mise en subsistance à tout sociétaire quittant une ville sans espoir de retour ?

b) Quels seraient les moyens les plus pratiques pour y arrriver ?

c) Quel mode de règlement de Société à Société devrait-on admettre ?

d) Ne pourrait-on pas assurer la mise en subsistance d'un sociétaire qui irait s'établir dans une localité n'ayant pas de Sociétés de secours mutuels :
Soit en ayant des correspondants privés ?
Soit en demandant à l'État de charger de ce service une catégorie de ses fonctionnaires ou de ceux des communes, les secrétaires de mairie, par exemple ?

Quatrième Commission

Caisses de réassurances régionales

a) Comment organiser des Caisses régionales d'une façon pratique, surtout au point de vue du contrôle ?

b) Quelle cotisation est à adopter dans notre région ?

c) Après combien de mois de maladie, étant donnés les règlements des Sociétés de la région, la caisse de réassurance devra-t-elle commencer à donner des indemnités ?

d) Cette époque étant fixée, elle ne coïnciderait certainement pas, pour de nombreuses Sociétés, avec celle où elles finissent de donner des secours.

La Caisse de réassurances ne devrait-elle pas se charger des secours pendant cette période intérimaire, moyennant le paiement d'une quotité supplémentaire, et quelle devrait être cette quotité compensatrice ?

Cinquième Commission

Livret individuel

Est-il préférable pour les Sociétés de secours mutuels ayant une caisse de retraites, de les délivrer par la constitution d'un fonds commun à capital aliéné ? ou d'établir des livrets individuels pour chaque sociétaire ? (Versement à effectuer sur ces livrets par la Société à la Caisse Nationale de Retraites pour la vieillesse).

Sixième Commission

Comptabilité et Vœux

Etudier les moyens de simplifier la comptabilité que les Sociétés de secours sont tenues de fournir à l'État.

Discussion des vœux.

M. le Maire de la ville de Montpellier et M. le Recteur de l'Académie, ayant bien voulu mettre la Salle des Fêtes, celle du Grand-Théâtre, ainsi que le Palais de l'Université à la disposition du Comité d'organisation, il fut décidé que les Commissions siégeraient dans les salles du Palais de l'Université, qui étaient parfaitement aménagées pour cet objet ; quant aux Assemblées générales, il fut admis en principe qu'elles se tiendraient soit dans la magnifique Salle des fêtes du Palais de l'Université, soit au Grand-Théâtre municipal.

Nous ajouterons, enfin, que les efforts du Bureau et du Comité d'organisation furent couronnés d'un succès inespéré, car, le lundi 23 avril 1900, après la vérification complète des pouvoirs, il fut constaté que plus de 600 Sociétés de secours mutuels étaient représentées individuellement par plus de 800 délégués, représentant près de 200,000 mutualistes français.

Telle a été la genèse de ce Congrès, qui a eu tant d'éclat grâce à la bonne volonté de tous ceux qui, ayant à cœur l'amélioration du sort des travailleurs, voient dans la Mutualité un moyen sûr et efficace d'arriver à ce but si désirable.

DEUXIÈME PARTIE

PREMIÈRE JOURNÉE
Jeudi 19 Avril 1900

Punch d'Honneur

En prévision de l'arrivée de nombreux délégués, dès la veille de l'ouverture des travaux du Congrès, le Comité d'organisation avait décidé d'organiser, le jeudi, à huit heures et demie du soir, une première réunion amicale dans les salons du deuxième étage du café de la Rotonde, mis gracieusement à la disposition du bureau du Comité par M. Lapierre, l'aimable propriétaire de cet important établissement.

Le Comité ne s'était pas trompé dans ses prévisions, car, dès neuf heures du soir, les salons étaient insuffisants pour contenir l'affluence des Mutualistes de la région du Midi, venus pour prendre contact avec leurs camarades de la ville. Nous ne pouvons mieux faire que de reproduire ci-après le compte rendu sommaire de cette réunion donné par les journaux locaux :

Jeudi soir, au premier étage du café de la Rotonde, a eu lieu un punch offert par les Mutualistes montpelliérains aux délégués étrangers, sous la présidence de M. Warnery, le distingué président du Comité d'organisation.

Noté au hasard dans l'assistance :

MM. Yon, inspecteur d'Académie ; De Casamajor, le dévoué secrétaire général ; Coll, de Toulouse ; Gasc, de Castres ; Darquier, de Toulouse, **membre du Conseil supérieur de la Mutualité** ; Marquis, de Nimes ; l'abbé Grimaud, d'Avignon ; Duperré, de Paris ; Hébrard, de Montauban ; docteur Gyoux, membre du Conseil supérieur de la Mutualité, de Bordeaux ; Dupré, de Béziers ; Neyrand, d'Avignon ; Delmas, de Toulouse ; Pams, Arqué, Jonquières, Augustin Joué, de Perpignan ; Déthieux et Cornillier, de Lyon ; Limbron, de Marseille ; Marc-Bazille, Reversat, Vernhes, Lacroix, Albagnac, Allier, d'Auteroche, Colombier, Zuccarelli, etc., de Montpellier,

Avaient pris place à la table d'honneur : MM. Darquier et Delmas, de Toulouse, membres du Conseil supérieur de la Mutualité ; Marquis, président de la Fédération du Midi ; docteur Gyoux, de Bordeaux ; Yon, inspecteur d'Académie.

M. de Casamajor présente, à cette réunion amicale, les principaux délégués dont il fait l'éloge. Il signale particulièrement le dévouement de M. Darquier à l'idée de la solidarité.

Le représentant du IX^mo collège au Conseil supérieur remercie chaleureusement. Il salue du fond du cœur des amis venus de très loin affirmer leur foi dans la mutualité.

M. Marquis, de Nimes, président de la Fédération du Midi, se réjouit de se trouver dans ce milieu d'hommes éclairés, pénétrés de justice sociale. Il se réjouit aussi de serrer la main à M. Darquier, son heureux concurrent à l'élection du Conseil supérieur.

M. Léon Dupré, de Béziers, félicité par M. de Casamajor pour ses conférences en faveur de la mutualité scolaire, dit quelques mots de remerciements.

Prennent aussi la parole M. Neyrand, d'Avignon ; Pams, de Perpignan ; Hébrard, de Montauban, etc. ; au punch d'honneur, M. Warnery, lève son verre à l'union des Mutualistes et au succès du Congrès.

En fait, excellente et très cordiale soirée, qui se termine à minuit, en laissant à tous une excellente impression.

La cordialité de cette réunion fait bien augurer du succès du Congrès.

DEUXIÈME JOURNÉE

Vendredi 20 Avril 1900

COMPTE RENDU DES TRAVAUX

Séance plénière du Vendredi matin, 20 Avril 1900

Le vendredi 20 avril, les délégués étaient réunis à 9 heures du matin dans la salle des fêtes du Palais de l'Université pour procéder à la vérification des pouvoirs, nommer le bureau définitif du Congrès, constituer les commissions et procéder à l'installation du Comité technique supérieur.

La première partie du programme, commencée dès 8 heures du matin, fut longue et laborieuse à cause de la grande affluence des délégués. L'examen des procès-verbaux recueillis par le secrétariat général permit de valider les pouvoirs conférés aux délégués par les Sociétés ci-après ; mais il fut décidé que la vérification continuerait les jours suivants au fur et à mesure de l'arrivée des délégués :

Liste des Sociétés représentées

L'Abeille Vigilante, de Marseille ;
Les Agriculteurs, d'Annonay ;
L'Alliance, de Sorède ;
L'Alliance des Cuisiniers, de Nimes ;
Les Amis de la Philanthropie, de Toulouse ;
Les Amis Réunis, de Pérols ;
L'Amitié, de Perpignan ;
Les Anciens Coloniaux, de Perpignan ;
Les Anciens Combattants, de Nimes ;

Les Anciens Militaires, d'Annonay ;
Les Anciens Sous-Officiers, de Toulouse ;
Les Anciens Militaires, de Vaucluse ;
Les Anciens Militaires, de Florac (Lozère) ;
Les Anciens Militaires, d'Avignon ;
Les Anciens Militaires, de Bessèges ;
Les Anciens Militaires, de Castres ;
Les Anciens Militaires, de Lodève ;
Les Anciens Militaires, de Loupian ;
Les Anciens Militaires, de Millau ;
Les Anciens Militaires, de Montpellier ;
Les Anciens Militaires, de Pézenas ;
Les Anciens Militaires (Saint-Vincent), de Villeveyrac ;
Les Anciens Militaires de Terre et de Mer, de Béziers ;
Les Anciens Militaires de Terre et de Mer, de Nîmes ;
Les Anciens Ouvriers de la Grand'Combe, de Nîmes ;
Les Anciens Sapeurs-Pompiers, d'Annonay ;
L'Andréenne, de Saint-André-de-Roquepertuis ;
Les Anduziens, de Nîmes ;
Les Anianais, de Montpellier ;
Les Arts Libéraux, de Rodez ;
Les Arts et Métiers, d'Annonay ;
Les Arts et Métiers, de Millau ;
Les Arts et Métiers, de La Rochelle ;
Les Arts Réunis, d'Annonay ;
L'Assomption, de Montauban (dames) ;
L'Association Corrézienne, de Bordeaux ;
L'Association des Employés de Commerce, de Perpignan ;
L'Association des Musiciens, de Toulouse ;
L'Association fraternelle des Employés des Chemins de fer, de
        Montpellier ;
L'Association fraternelle des Voyageurs de Commerce du Sud-
        Ouest ;
L'Association philanthropique des Ouvriers réunis, de Narbonne ;
L'Assurance mutuelle entre les Fonctionnaires de l'Enseignement,
        de Nîmes ;
L'Amicale des Enfants de l'Hérault, de Toulouse ;
L'Avenir, d'Annonay ;
L'Avenir, de Baixas ;
L'Avenir, de Beaulieu ;

L'Avenir, de Cette ;
L'Avenir, de Claira ;
L'Avenir, de Montpellier ;
L'Avenir, de Muret ;
L'Avenir, de Saint-Gilles ;
L'Avenir, de Ville-sur-Auzon (Vaucluse) ;
L'Avenir du Prolétariat, de Montpellier ;
L'Avenir des Travailleurs, de Lansargues ;
L'Avenir républicain, de Claira ;
L'Aveyronnaise, de Béziers ;
L'Aveyronnaise, de Montpellier.

La Bienfaisance et Prévoyante, d'Annonay ;
La Bienfaitrice, de Carcassonne ;
La Bienfaitrice, de Puisserguier ;
La Biterroise, de Montpellier ;
Le Bon Pasteur, de Pompignan.

La Catalane, de Béziers ;
La Caisse de Réassurance, d'Annonay ;
La Caisse de Réassurance mutuelle, de Toulouse ;
La Caisse de Retraites Picon et Cⁱᵉ, de Marseille ;
La Caisse de Retraites pour la Vieillesse, de Nimes ;
La Caisse de Retraites des Protes et Correcteurs d'Imprimerie,
    de Lyon ;
La Cavé Sainte-Ponaise, de Saint-Pons ;
Le Cercle Fraternel et Philanthropique, de Perpignan ;
La Classe Ouvrière, de Gigean ;
Les Cochers, de Montpellier ;
La Colonie Ardéchoise, de Nimes ;
La Colonie Espagnole, de Béziers ;
Les Commis et Employés, d'Annonay ;
Les Commis et Employés, de Montpellier ;
Les Commis et Employés du Commerce et de l'Industrie, de Cette ;
Le Comité Médical, de Bordeaux ;
La Commune, d'Argelliers (Aude) ;
La Commune (libre), d'Aniane ;
La Commune, d'Andilly ;
La Commune, d'Aulnay ;
La Commune, d'Aigues-Mortes ;
La Commune, d'Argelès-sur-Mer ;
La Commune, des Albères ;
La Commune, de Breuillet ;

La Commune, de Saint-Bauzille-de-la-Silve ;
La Commune, de Brie-sous-Mortagne ;
La Commune, de Beauvoisin ;
La Commune, de Bages (Pyrénées-Orientales) ;
La Commune, de Baixas ;
La Commune, de Bram ;
La Commune, de Bernis (Gard) ;
La Commune, de Caveirac ;
La Commune, de Cercoux ;
La Commune, du Château-d'Oléron ;
La Commune, de Chérac ;
La Commune, de Corneilla-del-Vercol ;
La Commune, de Courthezon (Vaucluse) ;
La Commune, de Couiza (Aude) ;
La Commune, de Crazannes ;
La Commune, de Cournonterral (Hérault) ;
La Commune, de Codognan (Gard) ;
La Commune, de Collioure (Pyrénées-Orientales) ;
La Commune, de Carpentras (Vaucluse) ;
La Commune, de Cuxac (Aude) ;
La Commune, du Caylar (Gard) ;
La Commune, de Clermont-l'Hérault ;
La Commune, des Essards ;
La Commune, d'Esnandes ;
La Commune, de Fontés (Hérault) ;
La Commune, de Fleury-d'Aude ;
La Commune, des Gonds ;
La Commune, de la Garde-de-Monthieu ;
La Commune, de Grabels (Hérault) ;
La Commune, de Générac (Gard) ;
La Commune, de Gigean (Hérault) ;
La Commune, de Grisolles ;
La Commune, de Cémozac ;
La Commune, de Lunel-Viel ;
La Commune, de Llupia (Pyrénées-Orientales) ;
La Commune, de Larroque-des-Albères ;
La Commune, de Lirac ;
La Commune, de Latour-bas-Elne (Pyrénées-Orientales) ;
La Commune, de Lavaur ;
La Commune, de Montgaillard (Ariège) ;

La Commune, de Maureilhan ;
La Commune, de Meschers ;
La Commune, de Montguyon ;
La Commune, de Mudaison (Gard);
La Commune, de Mauguio ;
La Commune, de Montescot (Pyrénées-Orientales) ;
La Commune, de Montolieu (Aude) ;
La Commune, de Montagnac ;
La Commune, de Marcorignan ;
La Commune, de Naucelle ;
La Commune, de Nuaillé-d'Aunès ;
La Commune, de Palau-del-Vidre ;
La Commune, de Port-d'Envaux ;
La Commune, de Puylarroque ;
La Commune, de Prades-le-Lez ;
La Commune, Les Pujols ;
La Commune, de Poussan ;
La Commune, de Portirargues ;
La Commune, de Rivesaltes ;
La Commune, de Rieutord ;
La Commune, de Saint-Louis-Lauréac-le-Grand ;
La Commune, de Saint-Nazaire-d'Aude ;
La Commune, de Saint-Victor ;
La Commune, de Saint-Laurent-d'Aigouze ;
La Commune, de Saint-Germier ;
La Commune, de Saint-Hippolyte-du-Fort ;
La Commune, de Saint-Félieu-d'Avail ;
La Commune, de Saint-Paul-et-Valmale ;
La Commune, de Saint-Pierre-de-Burlats (Tarn) ;
La Commune, de Saint-Germain-de-Calberte ;
La Commune, de Saint-Gilles ;
La Commune, de Saint-Hilaire ;
La Commune, de Saint-Côme-de-Maruéjols ;
La Commune, de Saint-Christol ;
La Commune, de Saint-Pargoire ;
La Commune, de Saint-Mamert ;
La Commune, de Saint-Laurent-de-Cerdans ;
La Commune, de Saint-Agnant ;
La Commune, de Saint-Pierre-d'Oléron ;
La Commune, de Saujon ;

La Commune, de Tonnay-Charente ;
La Commune, de Théza ;
La Commune, d'Uchaud ;
La Commune, de Villemolaque ;
La Commune, de Villebourbon ;
La Commune, de Vauvert ;
La Commune, de Vergèze ;
La Communion Protestante, de Béziers ;
La Concorde, de Port-Vendres ;
Le Conseil général de la Mutualité, de Toulouse.

La Dotation de la Jeunesse de France, de Montpellier.
Le Dépôt des Machines, d'Avignon ;

L'Egalité, de Capestang ;
L'Egalité, d'Ortaffa ;
L'Egalité de Salcilles (Pyrénées-Orientales) ;
L'Egalité, de Tautavel ;
L'Egalité de Toreilles ;
Les Employés de Commerce, de Carcassonne ;
Les Employés de Commerce, de Perpignan ;
Les Employés du Commerce et de l'Industrie, de.Nimes ;
Les Employés du Comptoir national d'escompte, Montpellier ;
Les Employés du Dépôt des Machines, d'Avignon ;
Les Employés de l'Entreprise du Camionnage, de Nimes ;
Les Employés de la Gare P.-L.-M., de Montpellier ;
Les Employés de la Manufacture des Tabacs, de Toulouse ;
Les Employés Municipaux, de Nimes ;
Les Employés de l'Octroi de la ville de Nimes ;
Les Employés et Ouvriers de la Direction d'artillerie, de Toulouse ;
Les Employés réunis, de Béziers ;
L'Emulation chrétienne, de Rouen ;
Les Enfants de l'Ariège, de Béziers ;
Les Enfants des Alpes, de Marseille ;
Les Enfants du Gard, d'Avignon ;
Les Enfants du Gard, de Montpellier ;
Les Enfants du Gard, de Toulouse ;
Les Enfants du Tarn, de Béziers ;
Les Enfants de Saint-Hilaire, d'Auzion ;
Les Enfants de l'Hérault, de Toulouse ;
Les Enfants de l'Ariège, de Cette ;
Les Enfants du Travail, de Montfaucon ;

L'Espérance, de Montpellier (dames);
L'Etoile, de Marseille.

La Fédération des Sociétés de Secours mutuels, de Montauban ;
La Fraternelle, de Neffiach ;
La Fraternelle, d'Ortaffa ;
Les Facteurs, de Montpellier;
La Famille Montpelliéraine, de Montpellier;
La Fédération Mutuelle, de Montpellier ;
La Fédération régionale du Midi, de Nimes;
La Fédération des Sociétés de Tarn-et-Garonne ;
Les Femmes protestantes, de Montpellier ;
La France prévoyante, de Nimes ;
La France prévoyante, de Perpignan ;
Les Francs-Comtois, de Toulon ;
La Fraternelle, d'Aigues-Mortes ;
La Fraternelle, d'Archiac ;
La Fraternelle, d'Azille ;
La Fraternelle Aveyronnaise, d'Avignon ;
La Fraternelle, de Canet ;
La Fraternelle, de Céret ;
La Fraternelle Carpentrassienne, d'Avignon ;
La Fraternelle La Concorde, de Hiers-Brouage ;
La Fraternelle, de Cruzy ;
La Fraternelle, de Fournès ;
La Fraternelle, de Laroque-des-Albères ;
La Fraternelle, de Laudun ;
La Fraternelle, de Lamanère ;
La Fraternelle, de Lespignan ;
La Fraternelle, de Mauguio ;
La Fraternelle, de Montauban ;
La Fraternelle, de Montpellier;
La Fraternelle, d'Opoul ;
La Fraternelle, de Pignan (Hérault);
La Fraternelle, de Pignans (Var) ;
La Fraternelle, de Peyriac-sur-Mer ;
La Fraternelle, de Port-Vendres ;
La Fraternelle, de Puisserguier ;
La Fraternelle du P.-L.-M., de Nimes ;
La Fraternelle du P.-L.-M., de Montpellier ;
La Fraternelle, de Ruoms ;

La Fraternelle, de Saint-Dizier ,
La Fraternelle, de Saint-Félieu-d'Avail ;
La Fraternelle, de Saint-Laurent-des-Arbres ;
La Fraternelle, de Saint-Sauvant ;
La Fraternelle, de Tuchan ;
La Fraternelle, de Villeveyrac ;
La Fraternité, de Bessèges ;
La Fraternité, de Canohès ;
La Fraternité Carolanaise, de Latour-de-Carol ;
La Fraternité, d'Estagel ;
La Fraternité, du Pouget ;
La Fraternité, de Théziers ;
Les Frères d'Armes du Mexique, de Nimes ;
Le Foyer cordial, de Montpellier ;
Le Foyer Montpelliérain, de Montpellier ;

Les Garçons limonadiers, de Nimes ;
Les Gardes champêtres, de Nimes ;
Les Graveurs en tous genres, de Paris ;

L'Harmonie, de Perpignan ;
L'Humanitaire, de Maureillan ;
L'Humanitaire des Sauveteurs, de Marseille ;
L'Humanité, de Perpignan ;
L'Humanité, de Reims ;
L'Humanité, de Saint-Laurent-de-Cerdans ;

L'Imprimerie, de Perpignan :
L'Indépendante, de Ponteilla ;
Les Indépendants, de Nimes ;
L'Indispensable, de Marsillargues ;
Les Instituteurs et Institutrices, de Carcassonne ;
Les Instituteurs et Institutrices, de Mende ;
Les Instituteurs et Institutrices, de Montauban :
Les Instituteurs et Institutrices, de Montpellier ;
Les Instituteurs et Institutrices, de Nimes ;
Les Instituteurs et Institutrices, d'Avignon ;
L'Internationale Russe (Société d'Agriculture) ;

La Jeanne d'Arc, de Foix ;

La Laborieuse, de Saint-Gilles ;
La Légion des Anciens Sous-Officiers, de Toulouse ;

Les Lodévois, de Montpellier ;
Les Lozériens, d'Alais ;

Les Maçons et Travailleurs de pierre réunis, de Narbonne ;
Les Marins de la Flotte, de l'Ile-de-Ré ;
La Maternelle et Filiale, d'Annonay ;
Les Médaillés d'Honneur, de Perpignan ;
Les Mégissiers-Palissonneurs, d'Annonay ;
Les Membres de l'Enseignement (dite Baron Taylor), de Paris ;
La Militaire et Philanthropique, de Nimes ;
La Mutualité agricole, de Montbéqui ;
La Mutualité Bordelaise, de Bordeaux ;
La Mutualité méridionale, de Marseille ;
La Mutualité scolaire, de Béziers ;
La Mutualité scolaire, de Bordeaux ;
La Mutualité scolaire, de Carcassonne ;
La Mutualité scolaire, de Grillon ;
La Mutualité scolaire, de Saint-Laurent-de-Cerdans ;
La Mutualité Toulousaine, de Toulouse ;
La Mutuelle, d'Argelliès ;
La Mutuelle agricole, de Montbéqui ;
La Mutuelle scolaire, de l'arrondissement de Marennes ;
La Mutuelle scolaire, de Bollène ;
La Mutuelle scolaire de l'Ile-de-Ré, de Saint-Martin.

L'Œuvre philanthropique, de Vauvert ;
Les Ouvriers chapeliers, de Nimes ;
Les Ouvriers en chaussures, d'Avignon ;
Les Ouvriers du canton Ouest, de Toulouse ;
Les Ouvriers de la cordonnerie, de Nimes ;
Les Ouvriers gantiers, de Millau ;
Les Ouvriers maçons et tailleurs de pierre, de Nimes ;
Les Ouvriers mégissiers (Saint-Jean), de Graulhet ;
Les Ouvriers réunis, d'Avignon ;
Les Ouvriers réunis de Narbonne ;
Les Ouvriers serruriers, de l'Union de Toulouse ;
Les Ouvriers tailleurs, de Nimes ;
Les Ouvriers tanneurs et corroyeurs, de Nimes ;
Les Ouvriers teinturiers, de Nimes ;
Les Ouvriers tisseurs, de Nimes ;
Les Ouvriers tisseurs (Maison Flaissier), de Nimes ;
Les Ouvriers tisseurs (Maison Saurel), de Nimes ;

Les Ouvriers tonneliers, de Nimes ;
Les Ouvriers tonneliers, de Narbonne ;
Les Ouvriers tonneliers et foudriers, de Montpellier ;
Les Ouvriers de la ville de Mende ;
Les Ouvriers et Ouvrières de la Manufacture des tabacs, de Toulouse;

La Parfaite Union, de Nimes ;
Les Patrons coiffeurs, de Montpellier ;
Les Patrons coiffeurs, de Perpignan ;
La Paysanne, de Connaux ;
La Persévérance de Marsillargues ;
La Philanthropique des Francs-Comtois, de Toulon ;
La Philanthropique, de Grabels ;
La Philanthropique, de Matha ;
La Philanthropique, de Montbazin ;
La Philanthropique, de Pézenas ;
La Philanthropique, de Saint-Pargoire ;
La Philanthropique, de Suigères ;
La Philanthropique, de Vauvert ;
La Philanthropique, de Villeveyrac ;
La Pioche, de Montpellier ;
La Prévoyance, d'Annonay ;
La Prévoyance, de Capestang ;
La Prévoyance, de Congéniès ;
La Prévoyance des deux sexes, de Nimes ;
La Prévoyance des ouvriers, de Toulouse ;
La Prévoyance, de Nimes ;
La Prévoyante des Chemins de fer de l'État, de Nimes ;
La Prévoyante des Ecoles laïques, de Cette ;
La Prévoyante, de Séméac ;
La Prévoyante, de Saint-Laurent-d'Aigouze ;
La Prévoyante, de Privas ;
La Prévoyante, de Matemale ;
La Prévoyante Taillebourgeoise ;
Les Prévoyants, de l'Avenir de Montpellier ;
Les Prévoyants Français, de Montpellier ;
Les Prisonniers de guerre, de Cette ;
Le Progrès mutuel, de Toulon ;
La Protection mutuelle des Voyageurs de commerce, de Paris ;
La Protestante, de Montpellier ;
Les Protes et Correcteurs d'imprimerie, de Perpignan ;

La Réunion Amicale des Enfants de l'Hérault, de Toulouse;
La Ruche Aramonaise, d'Aramon ;
La Ruche, de Saint-Laurent-d'Aigouze;

Les Sapeurs-Pompiers, d'Alais ;
Les Sapeurs-Pompiers, d'Arles;
Les Sapeurs-Pompiers, d'Avignon ;
Les Sapeurs-Pompiers, de Béziers ;
Les Sapeurs-Pompiers, d'Elne ;
Les Sapeurs-Pompiers, d'Ille ;
Les Sapeurs-Pompiers, de Lodève ;
Les Sapeurs-Pompiers, de Nimes ;
Les Sapeurs-Pompiers, de Pertuis ;
Les Sapeurs-Pompiers, de La Rochelle ;
Les Sapeurs-Pompiers, de Saint-Martin-de-Ré ;
Les Sauveteurs Audois, de Carcassonne ;
Les Sauveteurs Avignonnais, d'Avignon ;
Les Sauveteurs Biterrois, de Béziers;
Les Sauveteurs Languedociens de l'Hérault, de Montpellier;
Les Sauveteurs, de Toulon ;
Les Sauveteurs de Vaucluse, d'Avignon ;
Les Sauveteurs de la ville de Cette ;
La Savoisienne, de Montpellier;
La Sécurité des familles, de Saintes;
Les Secrétaires et Employés de Mairie de l'Hérault, de Montpellier;
La Société de l'Assomption, de Montauban;
La Société Carnot, à Mayons, par Confaron;
La Société des Deux Sexes, de Beauvoisin ;
La Société la 230ᵉ du P.-L.-M., de Nimes;
La Société La Famille, de Carcassonne;
La Société générale, de Rivesaltes;
La Société de Montferret, d'Avignon ;
La Société Mixte, de Montauban;
La Société Notre-Dame-des-Anges, de Montauban;
La Société Protestante, de Montauban;
La Société Protestante, de Montauban (dames);
La Société Saint-Alby, d'Aigrefonde ;
La Société Saint-Alby, de Mazamet;
La Société Saint-Ange, d'Avignon;
La Société Saint-Antoine, de Saissac;
La Société Saint-Antoine, des Barthes ;

La Société Saint-Antonin, de Lodève ;
La Société Saint-Baudile, de Montmaur ;
La Société Saint-Baudile, de Nimes ;
La Société Saint-Caprais, de Toulouse ;
La Société Saint-Charlemagne, de l'Union de Toulouse ;
La Société Saint-Crépin, de Narbonne ;
La Société Saint-Eloi, de Six-Fours ;
La Société Saint-Etienne Vigneron, de Coursan ;
La Société Saint-Etienne-Montandron, de Fleury ;
La Société Saint-François, d'Avignon ;
La Société Saint-François-de-Salles, de Jonzac ;
La Société Saint-François-Xavier, de Dieupentale ;
La Société Saint-Germier, de Toulouse (femmes) ;
La Société Saint-Giminien, de Vielmur ;
La Société de Saint-Guiser, de Carcassonne ;
La Société Saint-Isidore, de Toulouse ;
La Société Saint-Jacques, de Castres ;
La Société Saint-Jacques, de Narbonne ;
La Société Saint-Jean-Baptiste, de Marseille ;
La Société Saint-Jean-d'Hiver, de Moissac ;
La Société Saint-Jean-l'Evangéliste, du Tarn-et-Garonne ;
La Société Saint-Jean des Ouvriers mégisseurs, de Graulhet ;
La Société Saint-Joseph, de Cuxac-Cabardès ;
La Société Saint-Joseph, de La Livinière ;
La Société Saint-Joseph, de Magnau-Nogaro ;
La Société Saint-Joseph, de Perpignan ;
La Société Saint-Laurent et Saint-Germain, de Béziers ;
La Société Saint-Lazare, de Quillan ;
La Société Saint-Louis, de Laurac-le-Grand ;
La Société Saint-Lucien, de Carcassonne ;
La Société Saint-Marc, de Villedaigne ;
La Société Saint-Marcellin, de Laure ;
La Société Saint-Martin, de Montauban ;
La Société Saint-Martin de Sainte-Anne, de Gazauban ;
La Société Saint-Michel, d'Espéraza ;
La Société Saint-Michel, de Montréal ;
La Société Saint-Michel, de Verdun ;
La Société Saint-Pierre, de Burlats ;
La Société Saint-Pierre, de Carcassonne ;
La Société Saint-Pierre-ès-liens, de Pérols :.

La Société Saint-Pierre, de Riols ;
La Société Saint-Pierre-et-Saint-Paul, de Montauban ;
La Société Saint-Rémy, de Marseille ;
La Société Saint-Roch, de Baixas ;
La Société Saint-Roch, de Carcassonne ;
La Société Saint-Roch, de Céret ;
La Société Saint-Roch des Minimes, de Toulouse ;
La Société Saint-Roch, de Montpellier ;
La Société Saint-Roch, de Névian ;
La Société Saint-Roch, de Saint-Cernin ;
La Société Saint-Roch, de Saint-Pons ;
La Société Saint-Roch, de Villegailhenc ;
La Société Saint-Sébastien, de Vinça ;
La Société Saint-Stapin, de Dourgne ;
La Société du Saint-Sacrement, de Verdun ;
La Société de Villebourdon, de Montauban ;
La Société Saint-Vincent-de-Paul, de Carmaux ;
La Société Saint-Vincent-de-Paul, de Caussade ;
La Société Saint-Vincent-de-Paul, de Montauban ;
La Société Saint-Vincent-de-Paul, de Valence ;
La Société Sainte-Barbe, de Palavas ;
La Société Sainte-Barbe (poudrerie), de Toulouse ;
La Société Sainte-Baudèle, de Montmaur ;
La Société Sainte-Blandine, d'Albi ;
La Société Sainte-Cécile, de Caunes-Minervois ;
La Société Sainte-Cécile, de Cournonterral ;
La Société Sainte-Croix, de Finhan ;
La Société Saint-Gaudérique, de Claira ;
La Société Saint-Gaudérique, de Villelongue-de-la-Salanque ;
La Société Sainte-Luce, de Toulouse (femmes) ;
La Société Sainte-Madeleine, de Montauban ;
La Société Sainte-Marie, de Cette (femmes) ;
La Société Sainte-Monique, de Montauban (femmes) ;
La Société de Secours et de Retraites du XIXe Arrondissement,
    de Paris ;
La Société de Secours et de Retraites, de Vauvert ;
La Société de Secours et de Retraites, de Générac ;
La Société de Secours Mutuels, d'Aniane ;
La Société de Secours Mutuels, d'Argelès-sur-Mer ;
La Société de Secours Mutuels, d'Aubenas ;

La Société de Secours Mutuels, de Beauvoisin ,
La Société de Secours Mutuels, de Bernis ;
La Société de Secours Mutuels, de Bram ;
La Société de Secours Mutuels, du Cailar (Gard) ;
La Société de Secours Mutuels, de Caveirac ;
La Société de Secours Mutuels, de Codognan ;
La Société de Secours Mutuels, de Corneilla-del-Vercol ,
La Société de Secours Mutuels, de Couiza ;
La Société de Secours Mutuels, de Cournonterral ;
La Société de Secours Mutuels, de Courthézon ;
La Société de Secours Mutuels, de Cuxac ;
La Société de Secours Mutuels, de Dompierre-sur-Mer ;
La Société de Secours Mutuels, de Fleury-d'Aude ;
La Société de Secours Mutuels, de Fontès ;
La Société de Secours Mutuels, de la Jasse, par Chamborigaud ;
La Société de Secours Mutuels, de Latour-bas-Elne ;
La Société de Secours Mutuels, de Lavaur ;
La Société de Secours Mutuels, de Lirac ;
La Société de Secours Mutuels, de Lunel ;
La Société de Secours Mutuels, de Mailhac ;
La Société de Secours Mutuels, de Marcorignan ;
La Société de Secours Mutuels, de Mauguio ;
La Société de Secours Mutuels, de Montagnac ;
La Société de Secours Mutuels, de Montescot ;
La Société de Secours Mutuels, de Montgaillard ;
La Société de Secours Mutuels, de Montolieu ;
La Société de Secours Mutuels, de Mudaison :
La Société de Secours Mutuels, de Naucelle ;
La Société de Secours Mutuels, de Pérignac ;
La Société de Secours Mutuels, de Portiragnes ;
La Société de Secours Mutuels, de Poussan ;
La Société de Secours Mutuels, de Prades-le-Lez ;
La Société de Secours Mutuels, de Port-Vendres ;
La Société de Secours Mutuels, de Palau-del-Vidre ;
La Société de Secours Mutuels, de Saint-Aunès ;
La Société de Secours Mutuels, de Bages ;
La Société de Secours Mutuels, de Saint-Porquier ;
La Société de Secours Mutuels, des Pujols ;
La Société de Secours Mutuels, de Puylarroque ;
La Société de Secours Mutuels, de Saint-Bauzille-de-la-Sylve ;

La Société de Secours Mutuels, de Saint-Christol ;
La Société de Secours Mutuels, de Saint-Côme-et-Maruéjouls ;
La Société de Secours-Mutuels, de Saint-Etienne-de-Coursan ;
La Société de Secours Mutuels, de Saint-Germain-de-Calberte ;
La Société de Secours Mutuels, de Saint-Hilaire-d'Ozillon ;
La Société de Secours Mutuels, de Saint-Laurent-d'Aigouze ;
La Société de Secours Mutuels, de Saint-Laurent-de-Cerdans ;
La Société de Secours Mutuels, de Saint-Mamert ;
La Société de Secours Mutuels, de Saint-Médard, près la Jarrie ;
La Société de Secours Mutuels, de Saint-Nazaire-d'Aude :
La Société de Secours Mutuels, de Saint-Nicolas-de-Charron ;
La Société de Secours Mutuels, de Saint-Paul-et-Valmalle ; •
La Société de Secours Mutuels, de Saint-Victor-la-Coste ;
La Société de Secours Mutuels, d'Uchaud ;
La Société de Secours Mutuels, de Vergèze ;
La Société de Sécours Mutuels de Prévoyance, de Clermont-l'Hé-
    rault ;
La Société Scolaire des Etablissements d'Enseignement public, de
    Lodève ;
La Société Scolaire, de Générac ;
La Société Scolaire, de Saint-Laurent-de-la-Salanque ;
La Société Scolaire, de Roquemaure ;
La Société Scolaire, de Sablet ;
La Société Scolaire, de Saint-Amans-de-Montaigu ;
La Société Scolaire, de Saint-Dizier ;
La Société Scolaire et de Retraites, de Caromb ;
La Société Scolaire et de Retraites, de Carpentras ;
La Société Scolaire et de Retraites, de Beauvoisin ;
La Société Scolaire et de Retraites, de Carpentras ;
La Société Scolaire et de Retraites, de Clermont-l'Hérault ;
La Société Scolaire et de Retraites, de Paris ;
La Société Scolaire et de Retraites, de Vauvert ;
La Société Scolaire et de Retraites, de Malaucène ;
La Société Scolaire et de Retraite, de Mazan ;
La Société Scolaire et de Retraite, de Montpellier ;
La Société Scolaire et de Retraite, de Saint-Pons ;
La Solidarité, de Bessèges :
La Solidarité, de Canohès ;
La Solidarité, de Thézan-les-Béziers ;
La Solidarité, de Cazouls-les-Béziers ;

Le Sou des Tonneliers, de Saintes ;
Les Sous-Agents des Postes et Télégraphes, de Nimes ;
Le Syndicat Agricole, d'Annonay ;
Le Syndicat Agricole, de Castelnaudary ;
Le Syndicat Agricole, de Grisolles ;
Le Syndicat Girondin des Institutions de Prévoyance, de Bordeaux;
Le Syndicat de l'Habillement, de Carcassonne ;
Le Syndicat de l'Habillement, de Montpellier ;

Les Tailleurs d'Habits, de Perpignan ;
Les Tonneliers, de Montpellier ;
Les Tonneliers et Foudriers, de Montpellier ;
Les Travailleurs, de Montauban ;
Les Travailleurs, de Théziers ;
Les Travailleurs, de Carcassonne ;
Les Travailleurs, de Toulouse ;
Les Travailleurs, de Villeveyrac ;
Les Travailleurs du Livre de La Rochelle ;
Les Travailleurs Réunis, de Caderousse ;
Les Travailleurs Réunis, de Saintes ;
Les Travailleurs Syndiqués, de Perpignan ;
Les Travailleurs du Tour de France, de Saintes ;

L'Union, d'Estoher (Pyrénées-Orientales) ;
L'Union, d'Avignon ;
L'Union, de Baho ;
L'Union, de Burie ;
L'Union des Béarnais et Basques, de Bousquat ;
L'Union des Arts et Métiers, de Saint-Martin-de-Ré ;
L'Union des Camionneurs et Cochers, d'Annonay ;
L'Union du Commerce, de Béziers ;
L'Union Commerciale, d'Avignon ;
L'Union Corse, de Montpellier ;
L'Union des Cuisiniers et Garçons d'Hôtel, de Nimes ;
L'Union des Employés, de Narbonne ;
L'Union, de Collioure ;
L'Union Frontignanaise, de Frontignan ;
L'Union des Garçons de Café, de Toulouse ;
L'Union Humanitaire, de Prades (Pyrénées-Orientales) ;
L'Union Libre, de Saintes ;
L'Union Lozérienne, de Nimes ;
L'Union, de Marennes ;

L'Union Militaire, de Nimes ;
L'Union Nationale des Présidents, de Paris ;
L'Union de Neffiac, de Millas ;
L'Union Ouvrière, d'Aiguesvives ;
L'Union, de Pollestres ;
L'Union Philanthropique, de Florensac ;
L'Union des Présidents, d'Annonay ;
L'Union, de Serviès-en-Val ;
L'Union des Sociétés, d'Annonay ;
L'Union des Sociétés du Gard, Nimes ;
L'Union des Sociétés de Secours Mutuels et de Prévoyance, de
        Saintes ;
L'Union, de Saint-Cyprien ;
L'Union, de Siran ;
L'Union des Travailleurs, d'Annonay ;
L'Union des Travailleurs, de Collobrières ;
L'Union des Travailleurs, de Lansargues ;
L'Union des Travailleurs, de Toulouse ;
L'Union des Travailleurs, de Migron ;
L'Union des Travailleurs, de Nimes ;
L'Union Toulousaine, de Toulouse ;
L'Union Vauclusienne, de Nimes ;
L'Union Fraternelle, d'Annonay ;
L'Union Fraternelle des Anciens Sous-Officiers non retraités de
        Toulouse ;
L'Union Fraternelle, de Beauvais-sous-Matha ;
L'Union Fraternelle, de Capestang ;
L'Union Fraternelle, de Capestany ;
L'Union Fraternelle, de Castelsarrazin ;
L'Union Fraternelle, de Corneilla-la-Rivière ;
L'Union Fraternelle, d'Homps ;
L'Union Fraternelle des Ouvriers, de Toulouse ;
L'Union Fraternelle, de Saint-Jean-de-Moissac ;
L'Union Fraternelle, de Saint-Porquier ;
L'Union Fraternelle, de Toulon ;
L'Union Fraternelle des Frères d'Armes, de Toulouse ;
L'Universelle, de Lyon ;

Le Vatel, Société des Cuisiniers, de Marseille ;
Les Vauclusiens, de Nimes ;
La Vigilante, d'Annonay ;

La Vivaraise, d'Alais ;
La Vivaraise, d'Avignon ;
Les Voyageurs de Commerce, de Toulouse ;
La Vraie Amitié, de Capestang ;
Les Vrais Amis Réunis, de Saint-Jean-de-Védas ;

Deuxième Séance plénière du Vendredi 20 avril 1900
11 heures du matin

A 11 heures du matin, tous les délégués présents ayant déposé leurs pouvoirs, M. Charles Warnery, président du Comité d'organisation, ouvre les séances du Congrès en souhaitant la bienvenue à M. le Préfet, à M. le Maire, aux Membres du Conseil supérieur, aux nombreuses personnalités qui l'entourent, ainsi qu'aux délégués. Il demande ensuite à l'Assemblée de vouloir bien procéder à la nomination d'un bureau définitif pour diriger les travaux du Congrès.

Par acclamation, le Congrès est, placé sous le haut patronage de M. Paul Deschanel, président de la Chambre des Députés, membre de l'Académie française.

M. Hébrard propose, comme président effectif du Congrès, M. Darquier, membre du Conseil supérieur de la Mutualité, représentant le IXme collège électoral.

M. Dupré, de Béziers, et M. le Dr Gyoux, membre du Conseil supérieur, combattent cette proposition en faisant remarquer qu'il y a une tradition, dans tous les Congrès, qu'il faut respecter. Ceux qui ont été à la peine, ajoute M. Dupré, doivent être à l'honneur ; il propose, en conséquence, de désigner comme président, M. Ch. Warnery, président du Comité d'organisation.

M. Hébrard est absolument de l'avis de M. Dupré, — il demande pour M. Darquier la présidence d'honneur.

M. Darquier appuie la proposition de M. Dupré, de Béziers.

Sur la proposition de divers membres, sont nommés, par acclamation :

M. Darquier, président d'honneur ;

M. Warnery, président du Congrès ;

M. de Casamajor, secrétaire général.

Les membres du bureau du Comité d'organisation sont, en outre, maintenus dans leurs fonctions.

M. Ch. Warnery dit que le Comité n'a pas voulu désigner de candidats aux diverses fonctions du bureau définitif, voulant laisser à chacun le soin de désigner le candidat de son choix. Il invite, en conséquence, les congressistes à inscrire, sur le tableau noir placé sur l'estrade, les candidats à la vice-présidence, et ouvre le scrutin pour la nomination des six Vice-Présidents.

Pendant la durée du scrutin, M. Marquis, de Nimes, propose comme rapporteur général M. Bertranon, avocat, délégué des Sociétés de Marseille, actuellement absent, mais qui pourra, dès son arrivée, qui est annoncée, se mettre et se tenir au courant des travaux du Congrès.

M. Bourrat, député, délégué de la Société La Solidarité de Canohès, réplique que les travaux du Congrès ont besoin d'être suivis avec une attention constante, et soutient la candidature de M. Lepetit, secrétaire particulier du Président de la Chambre des Députés, délégué de la Société L'Union de Neffiac (Pyrénées-Orientales).

M. Marquis déclare qu'en présence de cette candidature, il se croit autorisé à retirer celle de M. Bertranon.

La parole est ensuite donnée à M. de Casamajor, secrétaire-général, qui donne lecture de la liste des membres du Comité technique supérieur, qui est constitué comme suit :

MM. Bletton, membre du Conseil supérieur de la Mutualité ;
    Cavé, membre du Conseil supérieur de la Mutualité ;
    Darquier, membre du Conseil supérieur de la Mutualité ;
    D' Gyoux, membre du Conseil supérieur de la Mutualité ;

MM. Delmas, membre du Conseil supérieur de la Mutualité ;

Mabillau, directeur du Musée social ;

Bourgeat, sénateur de Tarn-et-Garonne ;

Pourquery de Boisserin, député du Vaucluse ;

Bourrat, député des Pyrénées-Orientales ;

Pams (Jules), député des Pyrénées-Orientales ;

Rivals, député de l'Aude ;

Hébrard, président de la Fédération de Tarn-et-Garonne ;

Coll, président de l'Union des Sociétés de la Haute-Garonne ;

Binet (Jules), président de l'Union des Sociétés d'Annonay ;

Gastin, président de l'Union des Sociétés d'Avignon ;

Neyrand, président de l'Union des Sociétés de Vaucluse ;

L'abbé Grimaud, président des Sourds-Muets et des Sauveteurs d'Avignon ;

Benoit (Germain), président de l'Union des Sociétés du Gard ;

Marquis, président de la Fédération régionale du Midi ;

Bertranon, avocat, délégué de Marseille ;

Bonnevay, avocat à la Cour d'appel de Lyon, délégué de l'Universelle ;

Déthieux, directeur du *Mutualiste Lyonnais ;*

Cornillier, délégué des Sociétés mutuelles de Lyon et collaborateur du *Mutualiste Lyonnais ;*

Lepetit, chef du Secrétariat particulier du Président de la Chambre des députés.

En exécution de l'article 18 du règlement, sont délégués :

à la 1re Commission, MM. Grimaux, Neyrand et Darquier ;

à la 2e Commission, MM. Marquis et Lepetit ;

à la 3e Commission, MM. le Dr Gyoux et Déthieux ;

à la 4e Commission, MM. Bourrat et Coll ;

à la 5e Commission, MM. Mabillau, Hébrard et Cornillier.

La séance est levée à midi et demi et renvoyée à deux heures du soir.

<table>
<tr><td>*Le Secrétaire général,*</td><td>*Le Président,*</td></tr>
<tr><td>N. DE CASAMAJOR.</td><td>Charles WARNERY.</td></tr>
</table>

Troisième Assemblée plénière du Vendredi 20 Avril 1900
(2 heures du soir)

A deux heures du soir, le Congrès étant réuni dans la salle des fêtes du Palais de l'Université, M. Ch. Warnery, président, déclare la séance ouverte et donne la parole à M. de Casamajor, secrétaire général, pour la lecture du procès-verbal de la séance du matin, qui est adopté, sans observations, à l'unanimité.

M. le Secrétaire général donne ensuite lecture des résultats du scrutin pour l'élection des vice-présidents.

Votants : 435 ; majorité : 223. Ont obtenu :

MM. Reversat, président de la Société des Commis et Employés, de Montpellier	275 voix.
Pams (Eugène), président de la Société La Fraternelle, de Port-Vendres.	259 —
Dupré, président de l'Union des Sociétés de Béziers.	251 —
Bourrat, député, délégué de la Société La Solidarité, de Canohès.	250 —
Hébrard, président de la Fédération du Tarn-et-Garonne	241 —
Abbé Grimaud, délégué de la Société des Sauveteurs d'Avignon.	225 —
Marquis.	193 —
Coulazou	187 —
Coll	181 —
Gasc.	161 —
Vieillot.	151 —
Delprat.	150 —
Divers	160 —

En conséquence, M. Ch. Warnery proclame vice-présidents du Congrès : MM. Reversat, Pams (Eugène), Dupré, Bourrat, Hébrard et l'abbé Grimaud.

A la demande de divers membres, sont élus par acclamation :

Secrétaire général adjoint   M. Ravier, délégué de la Société des Commis et Employés de Montpellier.

Trésorier . . . . M. Marc-Bazille, président de la Société La Protestante, de Montpellier.

Secrétaires . . . . MM. Hickel, de Béziers ; Hérail, de Montpellier ; Arqué, de Perpignan ; Jonquière, de Corneilla ; Litrol, de Montpellier ; Alexandre Mary, de Foix.

Le Bureau étant constitué, M. le Président invite les membres élus à prendre la place qui leur est réservée et prononce l'allocution suivante :

MESDAMES,
MESSIEURS,
MES CHERS COLLÈGUES,

Ce n'est pas sans confusion que je me vois appelé à présider vos séances, car je n'ai qu'à jeter les yeux autour de moi pour voir de nombreux Mutualistes qui, par leur expérience et les services qu'ils ont rendus à notre cause, ont d'autres titres que les miens à occuper cette place. Aussi, ne me fais-je aucune illusion sur les motifs qui vous ont guidés. Fidèles à une sorte de tradition de nos Congrès et à un des principes qui sont l'essence même de la Mutualité, la récompense de l'effort, vous avez voulu que ceux qui avaient été à la peine fussent aussi à l'honneur. Je manquerais donc à tous mes devoirs si je ne reportais pas sur tous mes collègues dévoués du Comité d'organisation l'hommage que vous voulez bien me rendre, et en particulier sur M. de Casamajor, notre infatigable secrétaire général, qui, depuis plusieurs semaines, se dépense sans compter, et je vous adresse tant en leur nom qu'au mien, nos remerciements les plus sentis. (*Applaudissements.*)

Nous avons également à vous remercier d'avoir répondu en si grand nombre à notre appel : grâce à votre empressement, notre Congrès sera une des plus importantes manifestations mutualistes qui aient eu lieu depuis bien des années. Le Congrès a réuni en effet, l'adhésion de plus de 600 Sociétés représentant environ 180.000 Mutualistes.

Vous avez d'autant plus de mérite que la question pouvait se poser et s'est posée, en effet : pourquoi multiplier ces réunions? pourquoi ces Congrès régionaux, alors que nous avons déjà nos Congrès nationaux triennaux ?

C'est à cette question que je voudrais essayer de répondre.

Certes, ce n'est pas moi qui oublierai les services rendus par les Congrès nationaux qui ont si puissamment contribué à l'obtention de la loi du 1er avril 1898, ni qui chercherai à rabaisser le rôle qu'ils sont appelés à jouer dans l'avenir ; et le Comité d'organisation, en ne retenant pas les vœux contraires à ceux exprimés dans les Congrès nationaux, a montré qu'il tenait à écarter tout ce qui pourrait diminuer leur prestige ou affaiblir leur autorité.

Mais, Messieurs, *non licet omnibus adire Corinthum*, il n'est pas permis à tout le monde d'aller à Corinthe, et les Congrès nationaux qui entraînent des déplacements lointains et coûteux, ne resteront accessibles qu'à quelques rares privilégiés.

Ce ne sont pas non plus les Congrès nationaux qui pourront grouper les forces d'une région, y réaliser ces unions dont l'autorisation constitue un des principaux bienfaits de la loi du 1er avril 1898 et qui peuvent enfanter de véritables merveilles. Les Congrès régionaux seuls peuvent aspirer à ce but et réaliser l'union des Mutualistes et celle des Sociétés elles-mêmes. (*Très bien ! Très bien !*)

Mais ils ont encore un autre rôle à jouer, plus élevé peut-être, et d'une portée encore plus considérable, puisqu'il dépasse les limites strictes de la Mutualité et touche à la question sociale.

En effet, Messieurs, nous autres Mutualistes, qui ne voulons pas la lutte des classes, que dis-je, qui n'admettons pas l'existence de classes, nous pouvons diviser les hommes en deux catégories : d'une part, ceux qui, luttant péniblement pour gagner le pain de chaque jour, sont à la merci des causes extérieures qui viennent tarir la source de leurs seuls revenus, le travail ; et d'autre part, ceux qui, possédant du superflu, ne connaissent pas ces angoisses. Parmi ces derniers, bien peu sont complètement indifférents aux souffrances des autres ; je n'en veux pour preuve que les innombrables œuvres de charité qui se sont créées et se créent tous les jours. Mais, par contre, nombreux sont ceux qui ne se rendent pas suffisamment compte que, s'ils jouissent en paix de leur situation privilégiée, c'est grâce à notre organisation sociale et que, dès lors, leur intérêt même les rend solidaires de ceux qui, acceptant cet ordre de choses, ne demandent qu'au travail, à la prévoyance et à la fraternité, l'amélioration de leur sort. (*Applaudissements.*) Et c'est ainsi, Messieurs, que nous assistons à cette étrange anomalie de voir de nombreuses personnes qui, disposées à suivre les impulsions de leur cœur quand il leur dicte le soulagement de la misère, tâchent de contribuer à combler ce gouffre, hélas ! insondable, et qui, cependant, méconnaissent souvent le devoir que leur impose la solidarité sociale, de s'intéresser aux efforts de ceux qui luttent pour ne pas s'y laisser choir.

Mais, il faut bien le reconnaître, comment s'y intéresseraient-elles ? Sans point de contact avec nos admirables Sociétés de secours mutuels, c'est à peine si elles en connaissent le but et le fonctionnement. Certains même s'en tiennent éloignés parce qu'ils leur attribuent je ne sais quel rôle politique occulte.

Les Congrès régionaux qui, comme les nôtres, invitent fraternellement tous leurs membres honoraires à participer à leurs travaux et se font connaître du grand public par les comptes-rendus de la presse, aideront à dissiper cette méfiance, et de nombreux indifférents feront, j'en suis convaincu, si ce n'est des Mutualistes, du moins des aides pécuniaires et moraux. (*Applaudissements.*)

Ainsi donc, Messieurs, unir tous les Mutualistes d'une même région en les mettant en présence, en dissipant les défiances et les rivalités de personnes, toujours si humaines, en leur apprenant, en un mot, à se connaître et à s'aimer, et permettre ainsi la création d'œuvres qui, trop lourdes pour les Sociétés isolées, ne peuvent être entreprises que par l'association ; intéresser ceux auxquels notre organisation sociale permet de vivre sans souci du lendemain aux efforts que font pour se mettre à l'abri du besoin ceux pour qui la maladie et le chômage constituent des éventualités terrifiantes ; et faire, pour ainsi dire, des uns et des autres une seule et même famille (*applaudissements*) : voilà, Messieurs, sans parler de l'éducation mutualiste des Sociétés, quel est le but, idéal peut-être, mais noble, à coup sûr, que peuvent et doivent s'assigner les Congrès régionaux. Ne suffit-il pas pour justifier leur réunion et en faire désirer la multiplication ? (*Vifs applaudissements.*)

Et maintenant, Messieurs, nous allons commencer nos travaux. Les questions qui sont au programme sont intéressantes et vous aurez à cœur d'en faire avancer les solutions, surtout de celles qui cherchent à étendre les bienfaits de la Mutualité. Seulement, vous ne m'en voudrez pas, n'est-ce pas, si, selon un usage que l'expérience a montré nécessaire, nous vous prions de vous en tenir strictement aux questions à l'étude, et de ne pas vous égarer dans les chemins de traverse, car notre temps est limité.

Quant à vous recommander la courtoisie dans la discussion, cela me paraît absolument superflu, car je n'oublie pas que je parle à des Mutualistes, qui ne seraient pas dignes de ce nom s'ils n'apportaient pas, dans la défense de leur opinion, toute la conciliation nécessaire et ne regardaient pas leurs contradicteurs non comme des adversaires, mais comme des collaborateurs nécessaires et indispensables.

Aussi, Messieurs, avons-nous la ferme confiance, que dans ces temps troublés où nous vivons, où un véritable vent de désunion semble souffler sur notre cher pays, nous avons la ferme confiance, dis-je, que notre modeste Congrès mutualiste pourra cependant donner un exemple utile : un exemple de concorde et de fraternité. (*Vifs applaudisssements*).

M. Warnery engage ensuite les congressistes à procéder à la formation des commissions et annonce qu'il est saisi à ce sujet de deux propositions sur lesquelles le Congrès va avoir à se prononcer :

La première tend à donner à chaque congressiste, de la manière la plus entière, la liberté de participer aux travaux de la commission qui lui conviendra le mieux ;

La seconde, se basant sur la crainte de voir certaines commissions ne réunir qu'un nombre trop restreint de délégués, tend à les répartir dans les commissions par voie de tirage au sort.

M. le Président dit que le bureau du Comité d'organisation s'était arrêté au premier système parce que cette manière de procéder, qui réserve la liberté de chacun et permet mieux d'utiliser toutes les aptitudes, avait été adoptée dans les précédents Congrès et avait toujours donné d'excellents résultats.

M. Dupré, au nom d'un certain nombre de congressistes, insiste pour l'adoption du deuxième système, qui paraît plus rationnel et offre plus de garanties d'impartialité.

Après délibération, cette dernière proposition est rejetée. Il est décidé, en conséquence, que les délégués s'inscriront, à leur choix, dans les diverses commissions.

Personne ne demandant la parole, M. le Président invite MM. les congressistes à se rendre dans les locaux qui ont été aménagés pour les réunions des Commissions et ajoute que, pour éviter toute perte de temps, deux membres du Comité d'organisation ont été délégués pour présider à la formation des bureaux des commissions et remettre au Président élu tous les documents reçus sur les questions soumises à leur délibération.

C'est en exécution de cette décision que MM. Warnery et Guiral se rendront dans le local où se réunit la première commission ;

MM. de Casamajor et Zuccarelli, dans le local de la deuxième commission ;

MM. Coudougnan et Peissi, dans le local de la troisième commission ;

MM. Bénézech et Litrol, dans le local de la quatrième commission ;

MM. Dupin et Bonnevie, dans le local de la cinquième commission ;

MM. Reversat et Gousty, dans le local de la sixième commission.

L'ordre du jour étant épuisé, la séance est levée à 3 heures du soir et renvoyée à 8 heures et demie du soir.

Le Secrétaire général :　　　*Le Président :*
N. DE CASAMAJOR.　　　CH. WARNERY.

Dès que la séance de l'Assemblée générale a été levée, les commissions se sont aussitôt réunies dans les locaux qui leur avaient été désignés et les délégués ont constitué ainsi qu'il suit leurs bureaux :

Première Commission

Président . . . . . MM. Darquier, membre du Conseil supérieur
de la Mutualité.

Vice-Président . . . . . le chanoine Grimaux, d'Avignon.
Secrétaire-Rapporteur. Neyrand, président de l'Union des Sociétés de Vaucluse.

Deuxième Commission

Président . . . . . . MM. Dupré, président de l'Union des Sociétés de Béziers.
Vice-Président . . . . . . Alexandre Mary, fondateur de la Fédération des Sociétés de l'Ariège.
Secrétaire-Rapporteur. Kruger-Truchaux, président des Sociétés de secours mutuels de Saint-Laurent-d'Aigouze.

Troisième Commission

Président . . . . . . MM. Coudougnan, membre du conseil d'administration de La Famille Montpelliéraine.
Secrétaire . . . . Litrol, délégué de la Société La Protestante.
Rapporteur . . . . Denjean, délégué de la Fédération Toulousaine.

Quatrième Commission

Président . . . . . MM. Bourrat, député des Pyrénés Orientales, délégué de la Société de secours mutuels La Solidarité, de Canohès (Pyrénées-Orientales).
Vice-Président . . . . . Rouvière-Huc, président de la Société La Fraternelle, de Montpellier.
Secrétaire . . . . Albert Gously, délégué de la Fédération mutuelle de l'Hérault.
Rapporteur . . . . le Dr Vialettes, président de la Société philanthropique de Montbazin, président du Crédit agricole et de la Caisse régionale de l'Hérault.

Cinquième Commission

Président . . . . . MM. Eugène Pams, président de l'Union des Sociétés des Pyrénées-Orientales.

Vice-Président . . . , . .   Castets, doyen de la Faculté des Lettres
de l'Université de Montpellier, membre
de l'Association des anciens élèves de
l'École normale supérieure.

Secrétaire . . . .   Assiscle de Jonquières, président de la
Société de secours mutuels de Cor-
neilla-del-Vercol (Pyrénées-Orientales).

Rapporteurs . . . .   Vieillot, directeur de l'École normale de
Montpellier, président de la Société
scolaire de Montpellier ;

—   Alabert, secrétaire de la Société La Fraternelle, de Port-Vendres (Pyrénées-
Orientales).

Sixième Commission

Président . . . . . MM.   Reversat, président de la Société des
commis et employés de Montpellier.

Vice-Président . . . . .   Bonnevie, de la Savoisienne.

Secrétaire-Rapporteur.   Duval, officier d'administration, délégué
de la Société de secours mutuels d'Ai-
gues-Mortes.

—   —   Rouquier.

Comité Technique Supérieur

Président . . . . . . MM.   le Dr Gyoux, membre du Conseil supérieur de la Mutualité.

Vice-Président . . . . .   Darquier, membre du Conseil supérieur
de la Mutualité ;

—   Marquis, président de la Fédération régionale du Midi.

Secrétaire-Rapporteur.   Lepetit, chef du secrétariat particulier du
président de la Chambre des députés,
délégué de la Société L'Union, de
Neffiac (Pyrénées-Orientales).

Toute l'après-midi du vendredi est employée par les
commissions à l'examen et à la discussion des questions
qui leur ont été soumises.

**Réception officielle et Vin d'honneur offert par la Municipalité
de Montpellier.**

**Conférence de M. Mabillau, professeur au Collège de France,
Directeur du Musée social, à Paris.**

A 8 heures et demie du soir, la Municipalité de Montpellier recevait les congressistes au foyer du Théâtre, transformé en un magnifique jardin par M. Aymard, l'habile fleuriste de la ville. Sur le perron, brillamment éclairé comme aux grands jours de fête, l'*Union musicale* exécute les meilleurs morceaux de son répertoire, tandis que, sur le palier du grand escalier, couvert des plantes et des fleurs les plus rares, la musique du 122e, sous la magistrale direction de son chef, M. Coquelin, exécute le programme suivant :

Le Prophète, marche du sacre . . .	Meyerbeer.
Lackmé, fantaisie	Léo Delibes.
Phaéton, poème symphonique . . .	Saint-Saëns.
Loreley, introduction.	Max Bruch.
Mireille, fantaisie	Gounod.
Thérèse, valse	G. Coquelin.

M. Vernière, maire de Montpellier, assisté de ses adjoints, MM. Pezet, Rouvier, commandant Guéry, et d'un grand nombre de conseillers municipaux, reçoivent les délégués des Sociétés de secours mutuels, qui leur sont successivement présentés par MM. Warnery et de Casamajor.

Le défilé commence par le Comité d'organisation, les membres du Conseil supérieur et les notabilités mutualistes venues de tous les points de la France; viennent ensuite les congressistes étrangers à la ville; le défilé est clôturé par les délégués des Sociétés de Montpellier.

Assistent à la réception :

M. le général Faure-Biguet, commandant en chef du XVI° corps, et ses officiers d'ordonnance ; MM. Arnaud, préfet de l'Hérault, Duponthcil, secrétaire général, et Eugène Arnaud, chef du cabinet; M. Laissac, O. ✳, président du Conseil général de l'Hérault ; MM. Bourrat, Rivals, Bénézech, Lafferre, Salis, députés.

MM. Cottignies, procureur général près la Cour de Montpellier ; Castets, doyen de la Faculté des lettres ; Malavialle, professeur à la Faculté des lettres, conseiller général de l'Aude ; Granger, secrétaire général des Facultés ; Yon, inspecteur d'Académie du département de l'Hérault ; Guibal, ingénieur en chef des ponts et chaussées du département ; Travers, directeur des postes et télégraphes ; Lepetit, chef du secrétariat particulier du président de la Chambre des députés ; Cairoche, président du Tribunal de commerce ; Docteur Vialettes, président du Crédit agricole et de la Caisse régionale de Montpellier ; Esclavy, président de la Ligue viticole universelle ; Dauteroche, président de l'Association des étudiants ; Maurice Reynes, président de l'Union musicale, etc., etc.

La presse était représentée par :

MM. Gariel, directeur du *Petit Méridional ;* Poggioli, rédacteur en chef du *Petit Méridional ;* Mercié, rédacteur en chef de la *Dépêche ;* Valat, rédacteur à la *Dépêche ;* Véran, rédacteur à l'*Eclair,* de Montpellier ; Reboul et Beauquier, de la *Vie Montpelliéraine ;* Poulalion, de la *Dépêche,* de Chartres ; Déthieux et Cornillier, du *Mutualiste Lyonnais ;* Coulazou, de la *Croix Méridionale ;* docteur Gyoux, directeur de l'*Echo Girondin ;* Rey, de l'*Eclair,* de Paris ; Martin, de la *Ligue du Midi ;* Carayon, de l'*Echo Mutualiste du Gard ;* Marquis, directeur de l'*Union des Mutualistes,* etc., etc.

A la suite de la réception des congressistes, les membres de la municipalité et les conseillers municipaux conduisent leurs invités vers des buffets fort bien aménagés dans les annexes du foyer, et l'on choque cordialement des coupes de champagne en l'honneur de la Mutualité française.

Cette belle fête familiale, qui a pris fin à 10 heures du

soir, fait le plus grand honneur à M. Vernière, maire de la ville, et à la municipalité de Montpellier, qui n'avaient rien négligé pour lui donner le plus grand éclat.

Après le vin d'honneur, tous les congressistes et leurs invités se rendent dans la magnifique salle de spectacle du Grand Théâtre pour entendre la conférence de M. Mabilleau, professeur au Collège de France, directeur du Musée social à Paris, l'ardent apôtre de la Mutualité, à qui on ne fait jamais appel en vain.

Nous regrettons bien vivement de ne pouvoir reproduire *in extenso* cette magistrale conférence, qui a produit tant d'effet sur tous ceux qui ont eu la bonne fortune de l'entendre. Nous allons essayer d'en donner une analyse succincte, qui permettra néanmoins d'apprécier le programme et les conceptions de l'éminent conférencier.

LA CONFÉRENCE

La conférence est présidée par M. Yon, inspecteur d'Académie, l'un des Vice-Présidents du Comité d'organisation, ayant à sa droite M. Arnaud, préfet de l'Hérault, et à sa gauche M. de Casamajor, secrétaire général du Congrès.

La séance est ouverte par une allocution du Président, qui, en quelques mots vibrants de cordialité, salue les nombreux délégués qui n'ont pas craint de parcourir des centaines de lieues pour venir apporter leur concours à l'œuvre de la Mutualité et étendre ainsi ce mouvement mutualiste qui anime actuellement toute la France et bientôt, espère-t-il, toute l'humanité. Après avoir remercié les hommes éminents qui n'ont pas hésité à venir éclairer de leurs lumières les discussions soulevées par les diverses questions à l'étude, M. Yon explique, qu'en cette question de Mutualité, l'union des intelligences est aussi nécessaire que l'union des cœurs ; car il ne suffit pas de vouloir le bien, mais il faut surtout savoir le faire. C'est l'union qui a provoqué ce mouvement et qui permettra d'atteindre ce but, car, de cette union, se dégagera une âme commune, âme agissante et parlante qui, dans un avenir prochain, animera l'humanité tout entière.

Il présente ensuite M. Mabilleau, l'éminent professeur du Collège de France, le dévoué directeur du Musée social, dont il a le précieux avantage de connaître depuis 15 ans les grandes qualités d'esprit et de cœur. Il ne peut que lui céder vite la parole pour le plus grand bien des 2,000 mutualistes réunis dans cette enceinte.

« C'est à mon dévouement, dit en débutant M. Mabilleau,
» que M. Warnery a fait appel en me conviant à prendre la
» parole à la place d'hommes éminents ; aussi est-ce le
» dévouement seul que j'ai écouté et non mes forces, car
» je suis toujours trop heureux de pouvoir défendre une
» idée qui m'est chère et qui, tous les jours, fait de grands
» progrès. »

M. Mabilleau, on le sentait, était fatigué, la voix, au début, n'avait pas l'éclat habituel ; mais insensiblement et emporté par le feu sacré qui l'anime, le conférencier est vite en possession de tous ses moyens oratoires.

Arrivant rapidement au sujet même qu'il veut traiter, M. Mabilleau continue : « Bientôt vous entendrez le plus
» haut placé d'entre tous les mutualistes, notre éminent
» Président, M. Deschanel, vous entretenir de l'organisa-
» tion de la Mutualité, qui est, dès à présent, la plus grande
» et la plus belle chose de France, le plus vaste groupe-
» ment d'hommes du pays. »

L'orateur expose, alors, ce que représentent d'associés les différents groupements existant actuellement : les syndicats ouvriers 450.000, les coopératives 450.000 également. Les syndicats agricoles atteignent presque

800.000 membres. La Mutualité, elle, a groupé environ 2 millions de sociétaires répartis entre onze mille sociétés possédant un capital de 300 millions.

Mais, pour si beau que paraisse ce résultat, on voit encore plus beau en regardant vers l'étranger, car l'Angleterre groupe 9 millions de personnes et l'Allemagne 18 millions ; après s'être glorifié de ce qu'on a fait, on doit donc être un peu modeste, en regardant ce qui reste à faire.

En ce qui nous concerne, nous ne donnons que 40.000 fr. de pensions annuelles, à 100 fr. l'une environ, ce qui est absolument insignifiant. Cette pauvreté des résultats provient surtout de ce qu'en France on fait des sociétés séparées, étrangères les unes aux autres, et, en somme, jusqu'à la récente constitution du Conseil supérieur de la Mutualité, la Mutualité française n'a été qu'un vocable. Aussi est-il temps d'en faire autre chose, si l'on ne veut pas qu'elle soit remplacée par quelque chose de moins bon.

Il rappelle une phrase d'un discours de M. Deschanel, disant que « l'ancienne Mutualité, la Mutualité par Sociétés isolées, a fait son temps : il faut chercher dans une organisation nouvelle un meilleur emploi de sa force ». Les mutualistes ont, certainement, produit quelque chose, mais il faut voir s'ils ne peuvent pas produire davantage.

Parlant de la loi de 1898, qu'il traite de modeste, par rapport à ce qui aurait dû être voté, M. Mabilleau examine ce qui reste à faire pour nous mettre à la hauteur de nos voisins.

« L'Angleterre, dit-il, a assis ses sociétés mutuelles » sur des traditions qui n'existent pas chez nous. L'Alle- » magne a créé l'obligation par la loi ». L'orateur nous montre alors ces deux pays agissant en gens très pratiques, manquant d'idéal, il est vrai, mais atteignant le but rêvé et pouvant ainsi soulager les misères et donner plus tard les retraites, qui, chez nous, ne sont encore qu'à l'état de désir.

« Il est vrai, ajoute-t-il, qu'en France, c'est l'élite seule
» de la population que groupe la Mutualité et voilà
» pourquoi nous sommes moins nombreux que chez nos
» voisins. »

Abordant le rôle des Sociétés de secours mutuels telles
qu'elles existent actuellement, il montre l'impuissance à
laquelle sont vouées ces Sociétés. Pourquoi sont-elles in-
capables de faire tout le bien qu'on est en droit d'attendre
de ces unités, s'écrie M. Mabilleau ? Parce qu'elles sont
isolées, séparées entre elles par des cloisons étanches,
qu'elles ne peuvent pas s'aider, s'entr'aider mutuellement.
Voilà la seule raison. Heureusement que la Mutualité française commence à prendre corps, grâce aux travaux du
Conseil supérieur, dont il salue les membres éminents
présents à la conférence.

La Mutualité est discutée comme remède à la crise sociale. Certains la considèrent comme impuissante, incapable de porter remède à la situation. D'autres veulent,
comme en Allemagne, que la loi intervienne. Mais l'Allemagne, en rendant l'assurance obligatoire aux ouvriers,
n'a pas, pour cela, brisé, annihilé les Sociétés mutuelles
qui existaient avant l'application du nouveau principe.
Elle a eu soin, au contraire, d'en utiliser les cadres pour
les nouvelles créations. La législation de ce pays oblige
le patron et l'ouvrier à verser une partie du salaire, tout
en faisant supporter au budget national une autre partie
de la dépense. Si donc le Parlement français, s'inspirant
de cet exemple, votait une loi dans ce sens, les Sociétés
fonctionnant déjà n'auraient rien à craindre, nous serions
seulement les premiers soldats de l'assurance. Mais som-
mes-nous prêts ? Le moment de la crise semble prochain :
si la Mutualité fait faillite et ne parvient pas à assurer les
retraites sociales, il faut craindre d'autres tentatives
moins pacifiques et moins bienfaisantes.

Le conférencier, ouvrant alors une parenthèse sur les

associations en général, dit que, pour ceux qui observent, étudient l'évolution sociale, il y a un fait qui domine toute l'époque contemporaine : c'est la concentration des forces mutuelles ouvrières. En Angleterre, par les *Trades-Union,* coalisées pour leur bien commun, les ouvriers, plus positifs, ont donné au monde entier la preuve de ce qu'ils peuvent faire et obtenir dans certains cas où leurs intérêts sont en jeu et doivent être défendus. Cette union rationnelle, et telle qu'on doit la comprendre, s'est faite d'abord par districts, puis par régions, et est devenue enfin centrale. Des millions de travailleurs, sans rien demander au Parlement britannique, ont pu ainsi se soutenir mutuellement et quelquefois imposer leurs décisions à ceux qui avaient l'habitude de les voir facilement capituler.

Il montre également l'exemple de l'Amérique, où une organisation semblable a été créée par les « Trusts ». Là, c'est l'argent, c'est-à-dire les propriétaires et les gros industriels qui ont tracé la route au travail. Tous les ouvriers, à l'heure qu'il est, ont fait leurs « trusts ». De sorte que toutes les forces capitalistes, d'une part, et les ouvriers, de l'autre, se sont associés et traitent ainsi de puissance à puissance. En un mot, dans tout le monde anglo-saxon l'association est faite.

La France aussi commence à entrer dans cette voie. 53 Bourses de travail, presque une par département, sont groupées en une fédération qui constitue leur représentation officieuse. Le monde agricole a encore mieux compris l'intérêt de la fédération et a su profiter de la loi de 1884 qui l'a rangé parmi ceux qui pouvaient se syndiquer. A ce sujet, M. Mabilleau raconte comment l'agriculture a été comprise dans cette loi. « C'est par un pur hasard, nous dit-il. Le sénateur Oudet « se rendait à sa place au moment » où le rapporteur énumérait, à la tribune, les catégories » qui pourraient se syndiquer. Et les ouvriers agricoles ? » observa ce sénateur. Soit, reprirent ses voisins. Et les

» ouvriers agricoles furent inscrits dans la loi. Il est vrai
» d'ajouter que, parmi ceux qui votèrent cette addition,
» beaucoup, le plus grand nombre peut-être, pensaient
» que ces ouvriers n'en profiteraient pas. » Cependant,
les syndicats agricoles se sont multipliés, puis groupés
en fédérations ; leur organisation, ajoute-t-il, est une
merveille. »

Huit cent mille personnes vivant de l'agriculture peuvent donc, par cette fédération, faire entendre leur volonté.

Et, cette parenthèse terminée, revenant aux mutualités,
M. Mabilleau demande à son auditoire s'il ne se sent pas le
besoin qu'elles entrent dans cette voie ; car l'association,
c'est la vie même, qui n'est faite que du groupement
d'atomes en molécules, de molécules en cellules et ainsi
de suite.

Spencer a dit qu'un tas de pierres n'est pas un être.
Pour nous aussi, une société n'est pas un être, mais plusieurs sociétés, beaucoup de sociétés réunies, fédérées,
systématisées, constituent un être et un être bien vivant,
susceptible de rendre de grands services.

Que pourra être l'union dans les sociétés de secours
mutuels ?

Déjà 28 unions existent en France. Ces unions, très sagement, n'ont pas arrêté d'avance ce qu'elles feront ;
elles n'ont que des programmes incomplètement arrêtés
et n'agissent qu'au fur et à mesure de leur développement, n'ayant qu'un but : le bien de tous sous la forme la
meilleure. Toutes les Unions du Midi ont fait ainsi.

Cherchons, cependant, quel pourra être le but ?

Le premier service que rendra la nouvelle organisation
sera de faire l'unification morale de la Mutualité en subs-
tituant à la prévoyance égoïste la prévoyance solidariste.
L'union est faite dans nos cœurs, sans doute, mais est-
elle réalisée dans tous les sens ?

M. Deschanel disait, dans une récente occasion : « La

» Mutualité est coupée par deux grands courants : la
» science et le sentiment. »

Or, la science et le sentiment doivent être unis et peuvent l'être sans danger pour la Mutualité.

Les Unions rendent encore d'autres services. Elles permettent de régulariser, de compléter et même de créer des services essentiels ou accessoires de la Mutualité.

Le plus important de ces services, et le premier, a trait à la maladie. La maladie proprement dite ne devra jamais être soustraite à la petite société, parce que le contrôle nécessaire est bien plus facile pour elle. Mais il y a le service médical, qui ne se confond pas toujours avec celui de la maladie. Et, pour celui-là, les sociétés isolées sont impuissantes à s'entendre avec les syndicats de médecins, le groupement rendra cette entente facile, nécessaire même. D'autres services peuvent seuls être rendus par cette unification. Mais, pour les réaliser, l'union du canton, de l'arrondissement, du département, est nécessaire. — D'autres services plus larges s'adjoindront à celui-là ; celui notamment des dispensaires, des orphelinats.

Le prêt gratuit et mutuel s'imposera. Enfin, la retraite et l'assurance, impossibles pour les sociétés isolées, pourront se réaliser.

Pour les retraites, il n'y a, en France, que 4.500 sociétés sur 9.000 qui les servent. Rares sont celles qui, séparément, aient pu organiser ce service. — M. Mabilleau cite l'exemple de celle dont il est le président : La Société *Leclaire*, fondée en 1838, qui assure à chacun de ses membres une pension annuelle de 1.500 francs ! Mais, elle est unique et elle n'a pu atteindre ce résultat que grâce à la libéralité d'un de ses membres honoraires qui a versé quelques millions à la caisse sociale.

Les sociétés mutuelles sont victimes de l'inaliénabilité ; l'application de cette disposition constitue un bien de mainmorte inutilisable et soustrait au bien qu'il pourrait faire.

A propos des fonds des sociétés, le conférencier ouvre une nouvelle parenthèse, et, avec beaucoup d'esprit et d'à-propos, fait toucher du doigt le mauvais fonctionnement des rouages de l'Etat. - (Une double salve d'applaudissements lui prouve que l'auditoire est en communion d'idées avec lui.) Qui, d'ailleurs, n'a pas été, peu ou prou, victime des tracasseries administratives et de la fôôôrme? — « Nous avons, ajoute-t-il, le fâcheux privi-
» lège, quand une caisse d'association se forme, d'être
» obligés de porter tout à l'Etat : les économies produi-
» tes par l'épargne, comme les autres. — Nous laissons
» tout à cet être anonyme qu'est l'Etat. Et qu'advien-
» drait-il si une catastrophe telle que celles dont l'histoire
» nous a appris la possibilité se reproduisait ? Qui est-ce
» qui serait atteint ? L'épargne du pauvre, le pauvre sur-
» tout... »

Par cette façon d'opérer, continue le conférencier, on en arrive à trouver juste l'étrange paradoxe, disant que « plus nous épargnons, plus nous nous appauvrissons. » Et, s'adressant aux députés que contient son auditoire, M. Mabilleau leur dit qu'il est de la liberté et de la dignité de la Mutualité d'user à son gré de l'argent si noblement gagné, et que l'excès de prudence de la loi à cet égard est une injure aux Mutualités.

Les Unions tendent les bras aux Sociétés pauvres, on ne saurait trop le répéter. Unies, elles peuvent tout, isolées rien.

La réunion des petites Sociétés fera la retraite à meilleur marché que l'Etat, la loi du 1ᵉʳ avril 1898, notre charte, permettant aux Unions de faire une caisse régionale autonome qui paiera 4 1/2. Outre cet avantage à considérer, les fonds étant gérés par l'Union, on sera à l'abri des tracasseries administratives, qui rendent les fonctions de trésorier de secours mutuels si pénibles et si méritoires.

Revenant, après cette digression, sur la question des

retraites, l'infatigable orateur, qui a subjugué ses auditeurs et les tient sous le charme de sa parole, démontre que, dans les versements individuels du mutualiste, la spécialisation d'une simple somme de 5 fr. par an, de 20 à 65 ans, peut donner après cet âge une rente viagère de 360 fr. Il fait ressortir, à propos des versements individuels, le grand intérêt qu'il y a à verser plus de 12 fr. par an, 18 fr. au moins, car cette légère augmentation est très féconde en résultats compensant largement ce petit surcroît de dépense annuelle.

Le conférencier parle ensuite des grandes Sociétés d'assurances américaines et hollandaises qui comptent en France plusieurs millions d'assurés emportant à l'étranger le plus clair de l'argent français, et il préconise la substitution de la Mutualité à ces Sociétés étrangères.

Si l'on n'a rien pu faire encore de cela à cause de l'émiettement des éléments mutualistes, leur groupement permettra de le faire aisément. Le Français possède, par ses idées et le jeu de l'imagination, une supériorité incontestable. Il faut mettre ces idées et cette imagination au service de la Mutualité, en étudier les avantages, suivre les conseils donnés par les hommes compétents, que leurs travaux spéciaux et l'amour de l'humanité font se dévouer au bien de tous par l'union et la concorde. Que la fédération ne reste pas à l'état purement théorique servant de thèse à des réunions et des conférences.

« Il faut envisager, ajoute M. Mabilleau, la possibilité
» des soulagements à apporter aux malheureux en créant
» des dispensaires, des orphelinats où seront admis les
» pauvres qui ne méritaient pas d'être pauvres, des miséra-
» bles qui ne sont pas responsables de leur misère. »

Enfin, résumant sa conférence, qui n'est pas un programme absolu, fait-il observer, mais un ensemble d'indications, d'idées nouvelles soumises à la discussion de tous les mutualistes, M. Mabilleau dit qu'il est bien visible qu'à l'heure actuelle, une ère nouvelle s'ouvre pour la Mutualité que, dans une superbe envolée, il compare à un arbre où la sève, puisée par les racines, formant ensuite le tronc, puis les branches, s'épand enfin en fleurs et en fruits qui sont la beauté et la bonté (*Applaudissements*).

Dans l'œuvre mutualiste, les Sociétés sont individuellement les radicelles qui vont chercher l'épargne à droite et à gauche, puis l'apportent aux nœuds, aux embranchements des Fédérations successives qui la transforment ainsi en floraison de beau et de bien, c'est-à-dire en une floraison de justice sociale (*Vifs applaudissements*).

C'est cet arbre que le conférencier veut voir fleurir en France, et il a confiance dans des assises comme ce Congrès pour arriver à un tel résultat ; il sera bien heureux s'il a pu y contribuer pour une modeste part.

La péroraison de cette brillante conférence a provoqué de nombreux bravos et les applaudissements n'ont pris fin que lorsque M. le Président s'est levé.

M. Yon complimente en excellents termes le brillant conférencier qui vient de si bien montrer que, dans un savant, comme dans la Mutualité elle-même, peut se trouver à la fois la science et le sentiment, avec, en plus, beaucoup d'esprit.

Il ajoute qu'on n'oubliera jamais le programme tracé par M. Mabilleau, dont il sortira des enseignements particulièrement féconds.

A minuit, la soirée prenait fin, et chacun se retirait heureux d'avoir pu entendre développer de telles idées, avec une telle lucidité et une telle éloquence.

TROISIÈME JOURNÉE

Samedi 21 Avril 1900

La matinée et l'après-midi du samedi sont employées par les Commissions et par le Comité technique supérieur à compléter leurs travaux.

PREMIÈRE ASSEMBLÉE GÉNÉRALE

Le 21 avril 1900, à 8 heures 1/2 du soir, a lieu la première assemblée générale pour la discussion des conclusions des rapports présentés au nom des Commissions.

Cette séance plénière se tient dans la magnifique salle des concerts du Grand-Théâtre, brillamment illuminée, sous la présidence de M. Charles Warnery, président. Il est assisté par M. de Casamajor, secrétaire général, et par les membres du bureau du Congrès.

M. Arnaud, préfet de l'Hérault, assiste à la séance comme délégué du Gouvernement.

L'estrade est occupée par M. le général commandant le XVI° corps d'armée, par M. Vernière, maire de Montpellier, et ses adjoints ; par MM. Cavé, Bletton, docteur Gyoux, Darquier et Delmas, membres du Conseil supérieur de la mutualité ; Mabilleau, directeur du Musée social ; les représentants de l'Hérault à la Chambre et au Sénat et par un grand nombre de notabilités.

M. Warnery, avant l'ouverture des débats, donne lecture de la dépêche suivante que vient de lui remettre M. le Préfet :

Intérieur à Préfet, Montpellier.

Veuillez exprimer au Comité d'organisation du Congrès régional mutualiste tous mes regrets de ne pouvoir me rendre à sa gracieuse invitation. Je vous prie, Monsieur le Préfet, de représenter officiellement le Gouvernement à ces fêtes et d'assurer les membres du Congrès de la sympathie du Gouvernement pour l'œuvre éminemment utile à laquelle ils consacrent leurs efforts.

Puis, se tournant vers M. le Préfet, M. Warnery lui exprime tout le plaisir qu'il éprouve de le voir assister à la séance comme délégué du Gouvernement ; il l'assure que M. le Président du Conseil des Ministres ne pouvait faire un choix qui fût plus agréable aux Mutualistes, qui savent qu'ils ont un véritable ami en M. Arnaud *(Vifs applaudissements)*.

M. le Préfet remercie.

La parole est ensuite donnée à M. le Secrétaire général adjoint pour la lecture des procès-verbaux des séances précédentes, qui sont adoptés sans observations.

M. le Président donne lecture d'un grand nombre de télégrammes et de lettres d'excuses plus sympathiques les uns que les autres. Avant de donner la parole à M. le Rapporteur de la première Commission, il croit devoir engager les délégués qui voudront prendre la parole à se faire inscrire ; il ajoute qu'il conviendrait que les orateurs inscrits ne puissent parler au-delà de 5 à 6 minutes. *(Vives réclamations de divers côtés de l'Assemblée)*.

M. le Président annonce que toute liberté sera accordée aux congressistes *(Applaudissements)*.

La parole est ensuite donnée à M. Neyrand, d'Avignon, rapporteur de la première Commission, qui donne lecture du rapport suivant :

Rapport de M. Neyrand, rapporteur de la 1re Commission

Messieurs,

Six rapports étaient déposés sur le bureau de votre première Commission : celui de l'Espérance, société de dames et demoiselles de Montpellier, par M. Lacroix ; celui de M. Dalia ; celui du Foyer Montpelliérain ; celui de la Catalane, par M. Fabre ; celui de la Vivaraise ; celui de M. Clairian, président du Progrès Mutuel de Toulon.

Question A. — Vaut-il mieux créer des sociétés composées uniquement de femmes ou accepter les femmes dans des sociétés d'hommes ?

Parmi les six rapports, quatre se prononcent pour la première solution, surtout celui de l'Espérance, société de dames

La discussion est ouverte sur cette importante question M. Dalia, président de la Société Toulonnaise, qui se compose de quelques hommes et de nombreuses femmes, est d'avis qu'il faut créer des sociétés séparées de femmes ; qu'en créant des sociétés mixtes on ne fait pas de la femme une véritable Mutualiste ; qu'il y a nécessité de laisser aux femmes leur liberté et leur autonomie. C'est aussi l'opinion de M. Lacroix, de Montpellier, et de M. Clairian, de Toulon, ville où sur 4.000 Mutualistes femmes, on en trouve à peine 200 appartenant aux sociétés mixtes, qui ne sont qu'au nombre de trois sur les quatre-vingts existant à Toulon.

M. Benoit, président de la Prévoyante, M. Combolas, de l'Union de Colobrières (Var), préfèrent la création de Société de femmes seules.

M. Sexier, président de la société de Saint-Germain, fait remarquer, avec raison, qu'à Montpellier et à Toulon, on peut créer des sociétés de femmes seules, mais que dans les communes rurales cette création d'une société distincte est impossible ; il est d'avis de créer des sociétés mixtes dans les communes dont la population est peu élevée.

M. le Président fait remarquer qu'en effet, dans ces graves questions des Mutualités, il est souvent impossible de répondre d'une manière affirmative, et qu'il est nécessaire de tenir compte du milieu où on se trouve.

Après une discussion qui n'a pas duré moins d'une heure, M. le

Président, conformément à la proposition de M. Datia, résume les opinions en disant qu'il n'est pas possible de répondre d'une manière absolue à la première question ; il faut tenir compte des ressources dont on dispose, du milieu dans lequel on se trouve, il faut aussi tenir compte de l'opinion de nombreuses sociétés de femmes qui demandent la création de sociétés de femmes seules. La première Commission adopte ensuite à une grande majorité les conclusions suivantes : « La création de sociétés de femmes seules est préférable toutes les fois qu'elle est possible ; dans le cas contraire, on doit les admettre dans les sociétés d'hommes ».

Question B. — Comment organiser les sociétés de femmes tant au point de vue de leur administration qu'à celui des services à assurer et des quotités à payer ?

M. Benoit affirme qu'il a remarqué chez les femmes beaucoup d'aptitudes à administrer une société ; leur prudence, leur esprit d'ordre et d'économie leur permettent de se charger de l'administration des sociétés aux mêmes titres que les hommes. Du reste, au début, les sociétés de femmes peuvent avoir recours à l'expérience des Mutualistes en prenant un homme pour président ou vice-président de leur société. La Commission, après discussion, adopte à une grande majorité les conclusions suivantes : « Les sociétés de femmes doivent, au point de vue de l'administration, être organisées comme les sociétés d'hommes, et la quotité à payer par la femme doit être inférieure à la cotisation payée par les hommes, avec cette restriction que la cotisation doit toujours être en rapport avec les avantages accordés par les statuts ».

Question C. — Les couches devront-elles être considérées comme une maladie ordinaire — et ne devront-elles pas être l'objet d'une indemnité spéciale ? — Quel devrait être le minimum de cette indemnité dans notre région pour être efficace ?

Après une discussion à laquelle prennent part MM. Mage, Fabre, Labori, Comps, la Commission vote les conclusions suivantes :

« 1° L'accident précédant les couches doit être considéré comme maladie ;

2° Les couches ne doivent pas être considérées comme une maladie ordinaire donnant droit seulement aux secours statutaires ;

3° Les indemnités extraordinaires de 50 francs, 30 francs et 25 francs ne sont pas votées ; il est décidé à une grande majorité de ne pas fixer le chiffre de cette indemnité et de le laisser à l'appréciation du bureau de la société ».

Question D. — Si l'on admet que les enfants doivent participer aux secours pharmaceutiques et médicaux, la quotité à payer par le père ou la mère de famille ne doit-elle pas, pour faire ce service, être augmentée pour chaque enfant participant à ce secours ? Quelle devra être par tête d'enfant la quotité à payer?

La réponse à cette question n'a soulevé aucune discussion. M. Tellure a demandé que l'on favorisât les pères de plusieurs enfants. Le docteur Gyoux appuie cette proposition et donne quelques explications que l'on écoute avec une vive attention et qui sont vivement applaudies. Il dit qu'à Bordeaux cette quotité est payée non par tête d'enfants, mais par abonnement de famille ; que les sociétaires, quel que soit le nombre de leurs enfants, paient 2 francs, et moins dans plusieurs sociétés, par trimestre.

Conclusions de la Commission:

« 1° Les enfants doivent participer aux secours pharmaceutiques et médicaux ;

2° La quotité à payer par le père ou la mère de famille doit être fixée non par tête d'enfant, mais par abonnement de famille. Les statuts doivent décider quel est le montant de cet abonnement et s'il peut être abaissé à 1 franc ».

La discussion s'engage aussitôt sur les conclusions de la Commission.

Première question. — M. le docteur Gyoux s'élève avec force contre l'opinion soutenue par certaines Sociétés qui prétendent que la femme coûte plus que l'homme ; il s'appuie sur les statistiques du Ministère de l'Intérieur, qui prouvent absolument le contraire ; il demande, enfin, à l'Assemblée générale de repousser les conclusions de la Commission sur la première question, et il s'attache à prouver qu'il est préférable d'organiser des Sociétés mixtes.

M. Gasc, de Castres, parle dans le même sens.

L'Assemblée générale, consultée, adopte la proposition de M. le docteur Gyoux : « Il est préférable d'accepter les femmes dans les Sociétés d'hommes ».

M. Bourrat, député des Pyrénées-Orientales, combat la seconde partie des conclusions de la Commission sur la

seconde question : « cotisation inférieure pour les femmes »;
il voit là une injure à la femme, c'est vouloir la rabaisser
et lui faire l'aumône.

Après diverses observations présentés par divers membres, et notamment par MM. Fédière, Lannes, de Montpellier, et Bassères, d'Oms, l'Assemblée, ayant été consultée par
le président, se range à l'avis de M. Bourrat, et repousse
à une faible majorité les conclusions de la Commission.

Sur la *troisième question* (indemnité aux femmes en
couches), les conclusions de la Commission ayant soulevé
certaines protestations, M. Darquier tient à déclarer que
l'intention de la Commission n'a pas été de restreindre les
avantages accordés aux femmes en couches, mais, au
contraire, de leur accorder des avantages nouveaux.

M. le docteur Gyoux et Limbron, de Marseille, appuient
les observations présentées par M. Darquier ; ils estiment
que l'indemnité accordée à la femme en couches est un
avantage, mais qu'il est nécessaire de bien préciser, que si,
dix jours après ses relevailles, la femme n'est pas rétablie,
elle rentre dans la catégorie des malades ordinaires.

Les conclusions de la Commission, modifiées en ce
sens, sont adoptées par l'Assemblée générale.

La conclusion sur la *quatrième question* ne donnant lieu
à aucune discussion, l'ensemble est adopté par l'Assemblée générale.

M. le Président donne la parole à M. Denjean, rapporteur de la troisième Commision.

M. Denjean donne lecture du rapport suivant :

Rapport de M. Denjean, rapporteur de la 3me Commission

PREMIÈRE SÉANCE DE LA TROISIÈME COMMISSION

Dans sa première séance, la troisième Commission chargée de
l'étude de la question de la mise en subsistance et de la mutation,
a élu à l'unanimité M. Coudougnan, membre du conseil d'adminis-

tration de la Famille Montpelliéraine, et nommé secrétaire M. Adolphe Litrol, secrétaire de la Société protestante de secours mutuels de Montpellier.

Le bureau constitué, la Commission a abordé la discussion de la question si importante pour l'avenir de la Mutualité.

M. le docteur Gyoux, l'éminent mutualiste, a montré dans un rapide exposé les différences qui distinguent la mise en subsistance et la mutatio...

La mutation doit s'adresser à celui qui quitte le pays sans esprit de retour ; la mise en subsistance à celui qui compte revenir au foyer de son groupement mutualiste ; ce qui revient à dire que, dans la mise en subsistance, le Mutualiste reste membre de la Société, en quelque lieu qu'il se trouve.

Dans la mutation, il quitte définitivement sa Société pour entrer dans une autre.

Il est ensuite procédé à la lecture des divers rapports soumis à la Commission :

Rapport de M. le docteur Gyoux, président du Congrès national de Bordeaux et du Syndicat girondin, président du Comité technique, membre du Conseil de la Mutualité ;

Rapport de M. Coll, président du premier Congrès languedocien et de la Fédération de Toulouse, membre du Comité technique et rapporteur du Conseil général de la Mutualité de Toulouse ;

Rapport de M. Joseph Fabre, président de la Société La Catalane;

Rapport de M. Paul Vernhes, trésorier de la Famille Montpelliéraine.

DEUXIÈME SÉANCE DE LA TROISIÈME COMMISSION

M. Litrol, empêché, a transmis sa fonction de secrétaire à M. Denjean, délégué de la Fédération Toulousaine, qui est chargé de remplir les fonctions de rapporteur auprès de l'Assemblée générale.

Dans cette deuxième séance, ont été discutées au fond les diverses questions proposées sur la mise en subsistance et la mutation.

a) La mutation étant une question bien distincte de la mise en subsistance et étant données les difficultés que présente la mutation, ne pourrait-on pas appliquer la mise en subsistance à tout sociétaire quittant une ville sans espoir de retour ?

Sur cette première question la Commission répond : «Oui, la mise en subsistance peut être appliquée à tout sociétaire qui quitte une ville sans espoir de retour ; mais lorsque la mutation peut être appliquée, c'est à elle, sans aucun doute, qu'il faut avoir recours. »

Il est évident, en effet, que dans l'état actuel des groupements mutualistes, les grandes différences que l'on rencontre dans les diverses Sociétés ne permettant pas toujours la mutation, c'est la mise en subsistance qui est, en général, le seul moyen praticable.

La mise en subsistance présente aussi l'avantage de permettre à la Société de conserver dans son sein celui qui a grandi sous son aile maternelle ; mais il est une considération qui doit primer toutes les autres et qui a décidé la Commission à attacher ses préférences à la mutation.

Un des buts de la Mutualité, le plus élevé peut-être, est de créer un foyer pour ses membres, un foyer vivant d'éducation morale. Il faut que le sociétaire participe activement à l'édification de son foyer ; la mise en subsistance le place, au contraire, en invité, en étranger au foyer de la Société qui le reçoit. Il devient un membre mort dans la Société si vivante du Mutualisme.

Malgré tous les avantages que peut présenter la mise en subsistance, la Commission a, par suite, été amenée à conclure que l'idéal doit se reporter vers la mutation, qui rend la vie au Mutualiste.

Il faut donc inciter les Sociétés similaires à adopter des règlements semblables pour faciliter les mutations, c'est là un des grands rôles futurs pour ces unions et fédérations si désirées par tous ceux qui songent à l'avenir de la Mutualité.

Deuxième question. — Quels seraient les moyens les plus pratiques pour y arriver ?

La Commission a tenu à exprimer tout d'abord, sous l'inspiration de M le docteur Gyoux, que seules les Unions et les Fédérations pourront mettre en pratique les moyens qui permettent d'organiser la mise en subsistance.

La Commission a adopté sur cette question les conclusions admises au dernier Congrès de Toulouse.

a) Le sociétaire aura simplement à faire connaître son changement à la Société mère.

b) La Société mère devra adresser à la Société accueillante ses statuts avec l'état de la situation actuelle du sociétaire et l'engagement vis-à-vis de la Société accueillante de remplir les obligations du sociétaire reçu jusqu'au jour où il ne fera plus partie de la Société mère.

c) La Société accueillante est moralement et matériellement obligée d'accepter le Mutualiste en subsistance si les conditions sont remplies.

A ces conclusions, la Commission ajoute qu'il est désirable de voir chaque Société mettre dans ses statuts un article qui invite chaque sociétaire à prévenir à l'avance la Société de son départ, afin que celle-ci s'occupe de chercher les voies et moyens d'établir ce sociétaire.

La Commission adopte ensuite le vœu présenté par M. Coll, président de la Fédération de Toulouse ;

« Le Congrès émet le vœu que, par application de l'article 8 de la loi du 1er avril 1898, un décret rendu en forme de règlement d'administration publique, après enquête auprès des Unions et avis du Conseil supérieur de la Mutualité, règlemente la mutation et la mise en subsistance. »

En terminant, la Commission émet à nouveau le vœu de voir les Unions s'occuper de cette question et divulguer parmi tous les groupements Mutualistes, si reculés soient-ils, cette question si importante de la mise en subsistance.

Troisième question. — Quel mode de règlement de Société à Société devrait-on admettre ?

Sur cette question, la Commission a considéré que c'était là des questions de comptabilité. Il est très facile de les établir entre Sociétés, mais il est à désirer que les règlements soient faits à date fixe, par trimestre par exemple.

Quatrième question. — Ne pourrait-on pas assurer la mise en subsistance d'un sociétaire qui irait s'établir dans une localité n'ayant pas de Sociétés de secours mutuels :

Soit en ayant des correspondants privés ?

Soit en demandant à l'Etat de charger de ce service une catégorie de ses fonctionnaires ou ceux des communes, les secrétaires de mairie par exemple ?

Sur cette question, à l'unanimité, la Commission a repoussé l'intervention de l'Etat, avec la réserve, cependant, qu'il soit permis au sociétaire d'effectuer ses versements dans les bureaux de poste. A ce sujet, la Commission, sur la proposition de M. Elie Alavail, délégué de la Société des Anciens Coloniaux des Pyrénées-Orientales, émet le vœu que le Sénat adopte dans le plus bref délai possible, la proposition de M. Fleury-Ravarin, acceptée sans opposition à la Chambre des députés, proposition d'après laquelle tout bureau de poste est admis comme intermédiaire entre la Mutualité et les caisses publiques.

Au point de vue de la maladie, après une discussion assez vive, la majorité de la Commission a adopté la décision suivante, ressortant de deux propositions émises l'une par M. Coll, de Toulouse, l'autre par M. Vernhes, de Montpellier.

« Il serait très désirable que le Mutualiste isolé ne fût pas abandonné de sa Société ; mais en raison des difficultés pratiques et des inconvénients qui résulteraient de l'emploi de correspondants officiels ou privés, il y a lieu de ne pas engager les Sociétés à assurer la mise en subsistance d'un sociétaire qui irait s'établir dans une localité où il n'existe pas de Société de secours mutuels. Toutefois, elle émet le vœu qu'en cas de maladie dûment constatée, la Société mère se montre aussi large que possible dans l'allocation d'une indemnité pécuniaire ».

La Commission a été amenée à admettre cette solution par suite des grandes difficultés que présente la mise en subsistance dans de semblables conditions.

L'éloignement des médecins et pharmaciens, qui se présente en général en pareil cas, lui a fait adopter le remplacement des secours en nature par l'indemnité pécuniaire, lorsqu'il sera possible d'admettre la distribution de secours.

La constatation de la maladie ne doit pas, à son avis, être remise aux autorités municipales, car dans les petites communes où se présentera cette absence de Sociétés de secours mutuels, les questions politiques ont une telle importance qu'on aurait, soit pour la société, des indemnités à payer sans raison aux amis politiques du maire, soit pour l'assuré, des inquisitions regrettables s'il se trouve parmi les ennemis politiques du conseil municipal ; et si certaines Sociétés recouraient à cette intervention municipale en pareil cas, comme la mise en subsistance n'existe, en général, que pour des situations temporaires, il serait préférable que tous les droits disparussent pour cet associé dès qu'il deviendrait électeur dans la localité où il est en subsistance.

Dans le cas où cela serait possible, il serait utile de solliciter l'intervention d'une Société assez rapprochée du nouveau domicile du sociétaire afin qu'elle établît le contrôle nécessaire sur celui-ci et de préférence qu'elle se chargeât de sa mise en subsistance.

Mais, à l'unanimité, la Commission émet le vœu que la Société à laquelle appartient le sociétaire qui s'établit là où n'existe aucun foyer de mutualité appuie par tous les moyens ce membre, afin qu'il organise là une Société de secours mutuels qui, seule, pourra fournir la solution désirée.

Là encore se présente le grand rôle des unions et fédérations, dont l'action sera plus efficace, grâce aux moyens de propagande dont elles pourront disposer, pour obtenir la fondation d'un groupe mutualiste dans les lieux que lui signalera la Société dont le membre se trouve ainsi dépourvu de toute famille mutualiste.

Après un court échange de vues, les conclusions de la troisième Commission sont adoptées à l'unanimité.

M. le Président donne la parole à M. Duval, un des rapporteurs de la sixième Commission, qui donne lecture du rapport suivant :

Rapport de M. Duval, rapporteur de la 6me Commission

Mesdames,

Messieurs,

Chers Collègues,

La sixième Commission du Congrès régional avait pour mission d'étudier la comptabilité des Sociétés de secours mutuels ainsi que divers vœux ; son rapporteur vous donne aujourd'hui le résul t de ses études sur la première question. Un autre rapporteur vous fera connaître ultérieurement les conclusions qu'elle a adoptées sur les vœux, qu'elle a pu discuter jusqu'à présent.

Comptabilité. — La comptabilité est la base de toute organisation ; société, administration, banque ou maison de commerce, ne peut inspirer la confiance que lorsqu'elle peut avoir une comptabilité résumant ses opérations, exposant l'emploi de ses ressources, justifiant les dépenses et pouvant à tout instant présenter une situation exacte de son matériel et de ses deniers.

De cela, on peut conclure qu'une Société mutualiste a besoin, pour grouper un grand nombre d'adhérents et inspirer la confiance nécessaire, de tenir une comptabilité très exacte ; les membres de la Société sont encouragés lorsqu'ils peuvent se rendre compte d'un emploi judicieux de leurs deniers ; les bonnes âmes donnent plus facilement des legs lorsqu'elles ont la certitude que ce qu'elles laissent fera l'objet d'une bonne œuvre ; et les membres honoraires sont heureux de voir leurs cotisations profitables au bien-être des travailleurs, noble but, on pourrait même dire but unique que nous poursuivons tous.

Beaucoup de sociétés à leur début ont dû leur insuccès aux difficultés de la comptabilité, et, de ce fait, grand nombre d'élans généreux sont venus se briser sans avoir pu réaliser les bienfaits conçus.

Malgré son bon vouloir, votre Commission ne peut vous apporter une réglementation précise. D'ailleurs, en comptabilité, on ne peut admettre que des principes généraux s'adaptant à la généralité. Chaque Société a ses statuts ; les versements, les amendes, les secours, les retraites, en un mot, les recettes et les dépenses varient à l'infini ; les modes d'encaissement varient aussi ; il s'en suit que des règles spéciales s'imposent à chaque Société.

Mais il y a des principes fondamentaux qui peuvent servir de base à toutes les Sociétés ; ce sont ceux surtout que votre Commission a étudiés.

Sa mission a été rendue facile par un travail présenté par M. Fabre, président de la Société La Catalane ; la question est traitée en toute connaissance de cause et, de plus, elle est confirmée par l'expérience de plusieurs années.

La Commission adresse ses remerciements à M. Fabre et vous propose de faire imprimer son rapport, suivi de modèles d'états et de registres. Ce sera un excellent guide pour toutes les Sociétés qui ont adhéré au Congrès régional.

M. Pépin, secrétaire de l'Académie, professeur à l'École de Commerce, nous a fait un exposé sur la comptabilité, et, malgré l'aridité du sujet, a su nous intéresser en nous montrant les simplifications que l'on pouvait obtenir dans la comptabilité.

Sur la demande qui lui en a été faite, M. Pépin a bien voulu nous promettre un résumé de son étude, avec modèles à l'appui, et, comme pour le travail de M. Fabre, la Commission vous propose d'imprimer cette étude et de les remettre aux Sociétés du Congrès.

Enfin, M. Rivet, délégué de la Société de l'Ardèche, nous a présenté un registre qui répond exactement aux exigences de la loi du 1er avril 1898, sur les Sociétés de secours mutuels.

Cette loi prescrit de fournir annuellement trois états statistiques nᵒˢ 1, 2 et 3, faisant ressortir :

1° Le mouvement du personnel ;

2° La situation financière ; .

3° Les obligations et droits des sociétaires.

Le registre soumis à la Commission comprend trois divisions se rapportant aux trois états demandés. Chacune de ces divisions est précédée d'une instruction donnant la marche à suivre. Il suffit d'inscrire journellement les opérations de la Société afférentes à chacune de ces divisions et les totaux de fin d'année sont les chiffres exacts à inscrire dans les colonnes correspondantes aux états à fournir à l'administration supérieure.

Ce registre est simple et facile à tenir ; il permet le contrôle des différentes opérations et la Commission se fait un devoir de recommander ce modèle.

Je m'empresse d'ajouter que ce registre ne fait que résumer les opérations d'une Société, il faut absolument des livres et carnets auxiliaires qui complètent la comptabilité d'une Société.

En résumé, votre Commission adopte :

1° Le registre présenté par M. Rivet pour faciliter la tenue des écritures exigées par la loi fondamentale du 1ᵉʳ avril 1898 ;

2° Le travail présenté par M. Fabre, président de la Société La Catalane ;

3° L'étude de M. Pépin.

Votre rapporteur n'a pas cru devoir vous présenter la contexture des états ; une semblable lecture ne porterait aucun fruit, la question est trop aride ; il faut lire ces états, les étudier et chaque président de Société aura le devoir de les appliquer suivant les règles et statuts de sa Société.

Votre Commission terminera l'exposé de la comptabilité en invitant tous les présidents des Sociétés à porter une surveillance constante à la gestion des deniers ; elle préconise le système d'une double comptabilité ; l'une détaillée, qui incombe au trésorier ; l'autre tout à fait sommaire tenue par chaque président qui, par une simple addition en comparant les recettes et les dépenses, devra être à même de connaître et de faire connaître la situation des fonds.

On est souvent plus sage lorsque l'on sait ce que l'on a dans le porte-monnaie.

Nous formons l'espoir que ce guide sera pour l'avenir une garantie morale pour toutes les Sociétés ; car il ne faut pas oublier que tout est dévouement parmi les Mutualistes qui ne sont guidés que par l'esprit du devoir et par la pensée du bien ; avec de tels mobiles on devient vite bons comptables.

En suivant les préceptes qui vous seront remis imprimés, vous

pourrez avoir la certitude d'obtenir une bonne gestion et de satisfaire aux prescriptions de la loi.

Les conclusions du rapport, mises au voix, sont adoptées par l'Assemblée générale.

M. le Président donne la parole à M. Rouquier,
rapporteur adjoint de la sixième Commission, qui lit le
rapport suivant :

Rapport de M. Rouquier, 2ᵐᵉ rapporteur de la 6ᵐᵉ Commission

MESSIEURS,

Le *premier vœu* présenté par M. Gabriel Jacques, au nom de la
Société Le Foyer Montpelliérain, a pour objet l'amélioration de
la situation des pères de famille ayant trois enfants et au-
dessus.

Ce vœu est inspiré par une pensée généreuse et patriotique. L'Etat
s'émeut avec juste raison de la dépopulation de la France et si ce
mal n'était pas enrayé, l'avenir s'assombrirait : les bras manqueraient à l'agriculture et à l'industrie, les soldats manqueraient pour
tenir haut et ferme le drapeau de la France.

Mais malgré la noblesse de la cause, votre Commission n'a pas cru
devoir s'étendre sur ce vœu dont les motifs et les conclusions paraissent étrangers aux préoccupations des Sociétés de secours mutuels;
elle a voulu néanmoins en faire mention et, s'inspirant des raisons
de salut public qui ont motivé et qui justifient la fondation de
l'Alliance nationale pour l'accroissement de la population française
par M. Jacques Bertillon, émet le vœu suivant :

« Que dans les mesures d'ordre législatif, gouvernemental ou
administratif qui interviennent en faveur des Sociétés de secours
mutuels, il soit tenu compte désormais d'un élément nouveau : le
nombre d'enfants des mutualistes ; que ce nombre (3 et au-dessus)
constitue un titre et un droit à une bonification proportionnelle ou
à des additions et suppléments progressifs, d'après les bases établies
dans les divers projets formulés par l'Alliance nationale pour
l'accroissement de la population française ».

Adopté par l'Assemblée générale.

Deuxième vœu, présenté par la Société de secours mutuels L'Avenir tendant à unifier les majorations et les bonifications allouées en exécution de la loi du 31 décembre 1895, art. 1 et 3.

Des différences sensibles sont constatées dans ces allocations.

La Commission émet le vœu que cette législation soit revisée pour l'unification de ces majorations et bonifications.

Adopté par l'Assemblée générale.

Troisième vœu, formulé par La Fraternelle de Montpellier :
« A l'effet de demander au Ministre de l'Intérieur d'intervenir auprès des Conseils généraux ou minicipaux pour voter des subsides aux Sociétés de secours mutuels pour l'envoi des délégués dans des Congrès soit régionaux ou nationaux.»

Convaincue de l'importance des améliorations acquises par nos Congrès, votre commission a adopté ce vœu à l'unanimité.

Adopté par l'Assemblée générale.

Quatrième vœu, présenté par la Société La Famille Montpelliéraine « au sujet des demandes en délivrance de legs faits aux Sociétés de secours mutuels ».

Votre Commission après étude adopte les conclusions ci-après :

« Attendu que, dans l'état actuel de la législation, les Sociétés de secours mutuels approuvées mais non reconnues comme établissements d'utilité publique ne peuvent obtenir la délivrance des legs faits en leur faveur qu'après y avoir été autorisées par l'autorité compétente ;

Considérant que la loi du 1er avril 1898 reconnaît aux Sociétés de secours mutuels approuvées des droits et des avantages presque aussi étendus que ceux concédés aux Sociétés reconnues comme établissements d'utilité publique ;

Considérant que les Sociétés de secours mutuels reconnues comme établissements d'utilité publique peuvent seules, à titre conservatoire, accepter les legs qui leur sont faits ;

Considérant que les intérêts des Sociétés approuvées sont presque identiques et qu'il est illogique qu'elles ne jouissent pas des mêmes avantages que les Sociétés reconnues comme établissements d'utilité publique ;

Considérant qu'il y a lieu de combler la lacune qui existe dans la loi du 1er avril 1898, muette sur l'acceptation provisoire des dons et des legs faits aux Sociétés de secours mutuels approuvées ;

Considérant que cette omission peut avoir des conséquences fâcheuses et compromettre gravement les intérêts des Sociétés de secours mutuels approuvées et qu'il y a lieu de remédier au plus tôt à cet état de choses ;

Votre commission émet le vœu que la loi du 1er avril soit modifiée comme il suit :

« Les Présidents des Sociétés de Secours mutuels approuvées dûment autorisés par les conseils d'administration, *peuvent toujours,* comme les Sociétés reconnues comme établissements d'utilité publique, *accepter à titre conservatoire* les dons et legs faits en leur faveur. La décision de l'autorité qui interviendra aura effet du jour de cette acceptation. »

Adopté par l'assemblée générale.

Cinquième vœu, émis par la Société la Fraternité, à Théziers (Gard), tendant à ce que les sociétaires qui auront à subir une opération chirurgicale coûteuse soient admis dans les hôpitaux sans que la Société ait à payer.

MM. le docteur Gyoux, avec une haute compétence, a fait ressortir les difficultés soulevées par cette question ; l'administration des hôpitaux a un budget pour les indigents et nous devons le respecter ; la mutualité a pour mission de supprimer l'indigence, mais elle ne doit pas combattre les secours accordés aux malheureux.

Votre commission, après discussion, à laquelle prennent une large part MM. Pargoire et Lapeyronie, adopte le vœu modifié ainsi qu'il suit :

« Que toutes les Sociétés de secours mutuels puissent obtenir des tarifs de faveur pour l'hospitalisation de leurs membres, et que ces tarifs ne soient en aucune circonstance plus élevés que ceux concédés à d'autres catégories ».

Adopté par l'Assemblée générale.

Sixième vœu émis par MM. Gasc et Cavé au sujet de la participation des secours que l'État accorde sur le prélèvement fait sur le pari mutuel :

« La commission émet le vœu que toutes les sociétés de secours mutuels libres ou approuvées participent à ces secours.

« Elle demande à ce qu'une somme de 500.000 fr. soit prélevée sur les subventions faites à ce titre pour être distribuées aux sociétés libres ».

Après examen, la commission décide qu'il y a lieu de supprimer le dernier paragraphe et laisse libellé comme suit le vœu définitif adopté par elle :

« La commission émet le vœu que toutes les Sociétés de secours mutuels, libres ou approuvées, participent à ce secours ».

Adopté par l'Assemblée générale.

Un *septième vœu* présenté par M. le docteur Gyoux, a été retiré par son auteur.

Huitième vœu, émis par M. Cavé : que, chaque année, deux croix de la Légion d'honneur soient accordées à la Mutualité, et que, la persévérance étant, avec le dévouement, les titres les plus sérieux à ces récompenses, elles ne soient accordées qu'à des membres de Sociétés de secours mutuels comptant au moins vingt années de services gratuits et ayant préalablement obtenu la médaille d'or Mutualiste.

La Commission accepte ce vœu à l'unanimité ; certes, aux conditions mentionnées, le ruban rouge sera noblement acquis ; la Commission demande, toutefois, que les propositions soient faites par le Conseil supérieur des mutualistes. M. Paul Vernhes, de la Famille Montpelliéraine, prend la parole le premier pour combattre ce vœu ; il fait remarquer, à ce sujet, que, dans l'armée, on ne regarde pas toujours le nombre d'années pour récompenser les services rendus et les vrais mérites ; que, dans la Mutualité, il doit en être de même. Il ajoute qu'un mutualiste, après cinq ans ou dix ans, peut être souvent plus méritant qu'un autre qui aura vingt années de services, et ce dernier serait récompensé, alors que le premier ser[ait mis] de côté ; cela ne peut être. Il demande, en consé[quence le re]jet de ce vœu.

A[près M.] Vernhes, une assez longue discussion s'engage. M. Zuccarelli, de l'Union Corse, combat assez vivement le vœu présenté par M. Cavé ; mais, l'heure étant très avancée, M. le président propose de lever la séance et de la renvoyer au lendemain pour la suite de la discussion. Adopté.

La séance est levée à minuit.

QUATRIÈME JOURNÉE
22 Avril 1900

TROISIÈME ASSEMBLÉE GÉNÉRALE

La troisième Assemblée générale s'est tenue dans la Salle des fêtes du palais de l'Université, sous la présidence de M. Dupré, de Béziers, vice-président du Congrès, ayant à ses côtés MM. Arnaud, préfet de l'Hérault, et Darquier, membre du Conseil supérieur de la Mutualité.

L'estrade est occupée par les membres du bureau, par les membres du Conseil supérieur de la mutualité et par un grand nombre de notabilités de la ville.

A dix heures, M. Dupré déclare la séance ouverte et donne la parole à M. Gabriel Hérail, qui donne lecture du rapport rédigé, au nom de la deuxième Commission, par M. Kruger Truchaud, indisposé, qui ne peut assister à la séance :

Rapport de M. Kruger-Truchaud, rapporteur de la 2me Commission

MESSIEURS,

Votre Commission a tout d'abord procédé à l'élection de son bureau. — Ont été nommés :

Président. — M. Dupré ;
Vice-Président. — M. Mary ;
Secrétaire rapporteur. — M. Kruger.

Cinq mémoires nous avaient été présentés :
Par M. Jules Lecoq, professeur au Lycée d'Avignon ;
Par M. Fabre, président de « La Catalane » ;
Par M. de Laurens-Castelet, président de la commission rurale du Congrès de Toulouse ;
Par M. Vieillot, directeur de l'Ecole normale de Montpellier.

Une sous-commission, composée de MM. Carayon, Alliès, Blanchard, Risselme, Coulazou, Alquier, a été immédiatement nommée pour nous présenter un résumé de chacune de ces études.

MESSIEURS,

Propager dans nos campagnes cette idée excellente entre toutes et pratique à la fois de la Mutualité, faire de chaque habitant de nos villages, de nos hameaux, des chaumières isolées et perdues dans nos pays de montagnes, un membre de cette grande famille mutualiste, qui incarnera bientôt, si je considère les progrès tous les jours plus accentués de notre œuvre, l'idée même de la Patrie prévoyante, c'est assurément une généreuse et noble pensée !

Il semblerait, toutefois, que le terrain fécond de la Mutualité est la grande ville. Partout où il y a agglomération, il se trouve aussi des intérêts communs à sauvegarder ou à défendre. Chacune des formes de la Mutualité que nous préconisons aujourd'hui, en tant que Société de secours mutuels, a trouvé son berceau dans les grands centres.

Et pourtant, Messieurs, la Mutualité ne sera vraiment populaire, elle ne sera vraiment agissante et surtout bienfaitrice que si nous réussissons à l'implanter dans nos campagnes. La mutualité rurale solidement établie sera le couronnement de notre œuvre.

C'est ce qu'ont compris les organisateurs de ce Congrès lorsqu'ils ont inséré dans leur programme les questions soumises à l'étude de la deuxième Commission, dont j'ai l'honneur d'être le rapporteur.

Ce programme est divisé en deux parties :

Le titre de la première est celui-ci : *Diffusion*, et se subdivise lui-même en trois questions :

Quels sont les moyens pratiques pour arriver promptement :

1° A répandre les bienfaits de la mutualité dans les campagnes ?

2° A faire prospérer les Sociétés mutuelles rurales existantes ?

3° A en créer dans les localités où il n'en existe pas encore ?

On pourrait, tout d'abord, nous a-t-il semblé, profiter des facilités que nous donne la loi de 1898 pour établir dans chaque département une *Union* ou *Fédération* des Sociétés de secours mutuels de ce département.

Cette Union, qui aurait à sa tête les meilleurs et les plus vaillants de nos frères, aiderait à la prospérité des sociétés existantes par ses indications, par ses conseils ; — par des conférences et tous les moyens en son pouvoir elle en créerait de nouvelles ; aidée moralement et pécuniairement par les pouvoirs publics, les conseils généraux, elle serait pour tous une force et un appui.

Au reste, je n'ai pas besoin d'insister, Messieurs, notre éminent ami, M. Mabilleau, dans son admirable conférence d'hier au soir, nous a suffisamment convaincus. Je suis heureux de constater simplement que notre deuxième Commission, même avant de l'entendre, préconisait énergiquement ce premier moyen de propagande.

A côté de cela, Messieurs, il est une œuvre excellente entre toutes, que votre deuxième Commission vous prie d'encourager de tous vos efforts : c'est celle de la *Mutualité scolaire.*

Cette œuvre-là ne nous permettra peut-être pas d'arriver *promptement ;* mais avec elle nous arriverons *sûrement.*

Faire pénétrer dès l'école, dès son plus jeune âge, dans l'âme de l'enfant, ces grands devoirs de *prévoyance,* de *solidarité,* de *fraternité,* qui sont à la base de nos associations mutuelles, c'est préparer à notre œuvre de solides recrues, des cadres pour l'avenir.

La mutualité scolaire est déjà le bureau de recrutement de nos œuvres mutuelles ; par elle, nous pourrons aussi créer plus tard de nombreuses sociétés féminines, des sociétés mixtes, où, suivant le souhait de notre vénérable doyen, M. le Dr Gyoux, la femme aidera puissamment l'homme dans un même amour de la Mutualité.

Ainsi donc, comme réponse aux premières questions qui lui sont posées, votre Commission indique :

1° Créer dans chaque département, si possible avec l'appui moral et pécuniaire des pouvoirs publics, une Union de *toutes* les Sociétés de secours mutuels et un Conseil de la Mutualité fortement organisé.

2° Aider puissamment à la création dans chaque commune d'une Mutualité scolaire.

En outre, Messieurs, d'intéressantes discussions ont eu lieu sur plusieurs propositions présentées par divers membres de la deuxième Commission.

L'assistance publique, avec les abus inévitables que permet la nouvelle loi, a paru à plusieurs un péril. Notre honorable vice-président l'a appelée : « l'ennemie de nos associations» et a proposé même sa suppression, ce qui n'est guère en notre pouvoir. M. Coulazou aurait voulu, au contraire, ouvrir les portes de nos Sociétés de secours mutuels aux indigents qui reçoivent déjà les secours médicaux et pharmaceutiques de l'assistance publique et qui, par une cotisation proportionnée, pourraient recevoir de nos Sociétés une indemnité journalière en cas de maladie. — Mais ces propositiona, trop peu étudiées faute de temps et peut-être trop peu précises, n'ont pas reçu de votre deuxième Commission une sanction définitive ; je me borne à les indiquer au Congrès.

Autre point : M. Carayon est d'avis que les rivalités, surtout dans les campagnes, tuent les Sociétés de secours mutuels ; notre honorable président, au contraire, croit que la rivalité est un puissant stimulant. — Au fond, malgré cette divergence de vues, divergence catégorique, semblait-il, nous étions tous d'accord, puisqu'à l'unanimité votre commission a exprimé le vœu suivant : « Sans vouloir toucher à la libre initiative individuelle ou collective, la Commission conseille, dans les campagnes, la fusion des Sociétés de secours mutuels lorsque leur nombre ne correspond pas à une nécessité absolue ».

Enfin, M. Lafont, parlant du département de l'Ardèche qu'il représente et s'appuyant sur le petit nombre de médecins et de pharmaciens dans les pays de montagne, ce qui les oblige à desservir souvent de vastes étendues de pays, engage énergiquement la Commission à ne pas spécialement rechercher, dans la création de nouvelles sociétés, les avantages médicaux et pharmaceutiques. Créons d'abord la Mutualité avec, comme premier avantage, l'indemnité pécuniaire et journalière en cas de maladie ; les autres branches de la Mutualité se grefferont peu à peu sur cette base partout où cela sera possible !

Ce vœu a été pris en considération par votre deuxième Commission.

Quant aux cinq mémoires si complets, si concluants de MM. Lecoq, Fabre, de Laurens-Castelet et Vieillot, ils indiquaient spé-pécialement, comme solutions celles que nous avons l'honneur de vous soumettre ; à signaler toutefois une indication de M. Vieillot, qui présente l'instituteur comme un puissant auxiliaire de la Mutualité et nous assure du dévouement à nos œuvres du corps enseignant tout entier. — Cette affirmation, sous la plume de l'honorable directeur de l'Ecole normale de Montpellier, mérite, nous semble-t-il, les remerciements du Congrès.

Deuxième partie. — La deuxième partie de notre programme, surtout en ce qui concerne les paragraphes 1 et 2, est plus complexe. Les voici :

§ 1er. — Les syndicats coopératifs ou professionnels agricoles ont-ils intérêt à aider à cette expansion de la Mutualité ?

§ 2. — Dans l'affirmative, quel pourrait être leur rôle ?

Nous répondrons tout d'abord *oui !* au premier paragraphe.

Il ne faut pas confondre les œuvres de coopération, les syndicats et la Mutualité. Et pourtant ces trois genres d'association possèdent certaines affinités : elles ont toutes trois pour base la puissance de l'association. — C'est là le point de contact qui les unit ; mais elles se séparent ensuite, car, d'un côté, celui des coopératives et syndicats, il n'y a qu'un but pratique, matériel, mathématiquement réglé, tandis que dans les Sociétés de secours mutuels nous retrouvons cet esprit de fraternité qui donne à nos œuvres un charme tout familial.

Ceci établi, il nous semble que les points de contact indiqués plus haut doivent faire des syndicats coopératifs ou professionnels agricoles les auxiliaires de la Mutualité.

Quant à leur rôle, votre Commission, soit faute de temps, soit peut-être aussi faute d'études préalables et de lumière, ne l'a pas précisé bien clairement. Ces trois œuvres pourraient toutefois s'entr'aider pour la création de Caisses de retraites, de Caisses de crédit agricole, de Caisses de réassurance, etc., elles se doivent, en tous cas, un appui moral qui sera souvent précieux, surtout à leurs débuts.

Enfin, Messieurs, les avantages principaux, matériels et moraux que les particuliers, les communes et l'Etat retireront du développement de la mutualité en France sont nombreux.

D'autres, plus autorisés que moi, vous ont déjà indiqué ceux qui nous concernent, nous particuliers.

Les communes n'auront plus de miséreux et de pauvres à soutenir quand la Mutualité sera devenue maîtresse chez elle. L'assistance publique sera un mythe et les bureaux de bienfaisance n'auront plus leur raison d'être.

L'Etat trouvera peut-être lourde sa tâche, car la Mutualité sera bientôt sa fille aînée, et il faut doter les filles ; mais il se consolera bien vite s'il songe à la valeur morale, à l'esprit sainement démocratique de nos œuvres et aux services sociaux qu'elles rendront à tous, par leur sagesse et leur puissance *(Vifs applaudissements)*.

Voilà, Messieurs, brièvement indiquées, nos délibérations et leurs résultats ; je demande l'indulgence de mes collègues et du Congrès si, dans un rapport rapidement écrit, j'ai pu oublier quelques points dignes d'attention et d'intérêt *(Vifs applaudissements)*.

M. Mabilleau, prenant la parole, appuie les conclusions de la Commission et préconise la Mutualité comme couronnement de la coopération. Selon lui, le Syndicat, la Coopérative et la Mutualité forment une trinité qui doit être l'idéal de l'Association ouvrière *(Assentiments)*.

M. le docteur Gyoux appuie également les conclusions de la Commission, mais il voudrait que les Mutualités scolaires fussent complétées par des Mutualités d'adolescents pour préparer les Mutualités définitives d'adultes.

M. Lecoq développe le rapport qu'il a fourni à la deuxième Commission tendant à propager la Mutualité et les Syndicats coopératifs.

M. Carayon, de Nimes, présente ensuite les observations suivantes :

La portée des questions posées à l'occasion de la Mutualité rurale paraît avoir échappé, du moins en partie, aux membres de la Commission ; je le crois d'autant mieux que le rapport relatif à ses travaux n'a pu être produit par suite de l'absence forcée et tout à fait involontaire du rapporteur.

Permettez-moi donc d'indiquer moi-même, aussi brièvement que possible, la façon dont j'ai compris la portée des questions qui nous sont posées.

La Mutualité se répand lentement dans les campagnes et, par contre, l'assistance publique et l'assistance médicale gratuite y florissent. La politique exploite ces deux dernières formes de la charité sociale, et tous nos efforts doivent tendre à les supprimer.

Le moyen, on le devine, c'est d'installer dans les villages, à la place du Bureau de bienfaisance, humiliant et dangereux, la Société de secours mutuels généreuse, mais vigilante. La Mutualité scolaire, qui, bientôt, s'étendra jusqu'aux moindres hameaux, fera, sur ce point, l'éducation des populations rurales et sera le meilleur des moyens pratiques demandés par les organisateurs de ce Congrès.

Mais la Mutualité n'est point un tout à elle seule ; elle n'est qu'une partie importante, il est vrai, de l'association, dont l'épanouissement m'apparaît sous la triple forme : Syndicat professionnel agricole, Coopérative de consommation, Société de secours mutuels. Ces trois formes de l'association se rencontrent dans certains pays, à Saint-Laurent-d'Aigouze notamment, et la présence, dans cette commune, de ces associations diverses, suffit pour y supprimer complètement le registre de l'assistance. Je ne donne pas, cependant, ce fait comme l'idéal à atteindre, car ces Sociétés, toutes trois excellentes d'ailleurs, n'ont pas de lien entre elles. Certains membres du Syndicat perdent le bénéfice de la coopération et de la mutualité parce qu'ils ne font partie ni de la Société coopérative, ni de la Société de secours mutuels et réciproquement. L'idéal à réaliser, et nous le réaliserons quand les questions de personnes pèseront moins, quand les questions de principes, quand l'éducation morale, économique sociale de chacun sera faite, l'idéal, dis-je, c'est de voir en un même point du territoire, commune ou canton, selon le cas, les agriculteurs affiliés aux trois Sociétés que j'ai indiquées. Ils recevront, dès lors, les bénéfices du Syndicat, de la Coopération et de la mutualité, ils seront solidaires les uns des autres, ils seront vraiment républicains.

Au risque de me séparer des grands-maîtres de la mutualité (ils y perdront si peu), je veux même ajouter qu'à mon sens, il est bon qu'au lieu de se presser pour encaisser leurs bénéfices, avant même de les confier à l'Etat, les vrais socialistes — pardon, j'ai voulu dire les vrais Mutualistes, — multiplient les organismes de leurs associations, créent de nouvelles sociétés, banques populaires, caisses de loyers et de prêts, assurance en cas de décès, etc., etc., pour recevoir leurs bénéfices, non sous forme de pièces d'or ou d'argent, mais sous forme de bienfaits nouveaux.

Quoi qu'il en soit, en matière d'association, « tout chemin mène à Rome ». Le point de départ peut être différent : Syndicat, Coopérative ou Mutualité ; l'une de ces sociétés peut et doit engendrer fatalement les autres. Tel, le pin planté sur les pentes des Alpes fixe le grain de terre, puis la motte, sur laquelle la semence jetée s'élance en vertes frondaisons pour produire des fleurs et des fruits, telle une société quelconque, créée dans un pays, fixe pour les sociétaires l'idée de l'association, d'où naîtra toute une floraison de sociétés destinées à produire des fruits en abondance.

L'avenir que nous entrevoyons est proche en notre beau pays de France. Par milliers, les enfants du peuple apprennent à connaître les bienfaits de l'association, et, pendant qu'en d'autres climats le canon tonne et les hommes s'égorgent, ils montent lentement mais sûrement, vers les sommets sereins, où la République leur tend les bras sous les traits de la Fraternité. Devenus hommes, ils auront d'eux-mêmes une haute idée; on ne les verra point tendre la main à l'assistance ; ils lutteront toujours, car le repos n'est pas de ce monde ; mais, selon la belle formule de M. Deschanel, à l'âpre « lutte pour la vie, ils auront substitué l'union pour la vie ». L'Etat ne sera plus pour eux une Providence, et, occupés à autre chose qu'à des distributions délicates et ennuyeuses, nos gouvernants travailleront en paix à la confection des lois et à l'administration du pays.

A nous, Mutualistes, il appartient de faire que ce rêve devienne une réalité. A l'œuvre donc et sans tarder, pour la France, pour la République et pour l'Humanité !

Les conclusions de la deuxième Commission sont adoptées.

La parole est donnée à M. Bourrat, député, qui lit le rapport rédigé au nom de la quatrième Commission, par M. le docteur Vialettes, indisposé.

Rapport de M. Vialettes, rapporteur de la 4ᵐᵉ Commission

Messieurs,

Votre quatrième Commission chargée spécialement de l'étude des Caisses de réassurances régionales s'est réunie le 20 avril dans la salle de ses séances.

Son premier soin a été de constituer son bureau.

Ont été élus :

Président : M. Bourrat, député des Pyrénées-Orientales, délégué de la Société La Solidarité de Canohès.

Vice-Président : M. Rouvière-Huc, président de la Fraternelle de Montpellier.

Rapporteur : M. le docteur Vialettes, président de la Société Philanthropique de Montbazin, président du Crédit Agricole et de la Caisse régionale de l'Hérault.

Secrétaire : M. Albe. Gousty, vice-président de la Section de Montpellier et délégué de la Fédération Mutuelle de l'Hérault.

M. le Président fait observer immédiatement que les instants à consacrer à l'étude de cette importante question sont relativement courts et provoque aussitôt la discussion du premier article ainsi conçu :

1° Comment organiser les Caisses régionales de réassurance d'une façon pratique surtout au point de vue du contrôle ?

M. Lafont, président de la Société de secours mutuels L'Ardéchoise à Nimes, demande immédiatement la parole.

Avec une compétence à laquelle toute la réunion rend hommage il se déclare partisan des Caisses de réassurance et, en quelques mots, en démontre l'utilité.

Elles fonctionnent déjà dans les villes de Toulouse, Nantes, Reims, Bordeaux, Angers, Mâcon, Marseille, Toulon, Nimes, etc , etc., assurant aux sociétaires, des avantages et des bénéfices certains.

Le but que se propose la réassurance est de continuer à servir une indemnité pécuniaire de maladie à tout individu qui aura épuisé dans la Société à laquelle il appartient, les secours auxquels il a droit.

La Caisse de réassurance n'est donc que le prolongement de celle à laquelle il appartient.

Comment les faire fonctionner, diriger leur administration intérieure et exercer le contrôle des malades qui y font appel ?

Quelles indemnités doit-on leur servir et de quelle façon pratique et commode peut-on se garantir contre les abus ?

M. Lafont, modifiant son opinion émise l'année dernière au Congrès de Nimes, reconnaît que les Caisses de réassurance régionales, s'étendant à six ou sept départements, par exemple, seraient chimériques, parce que le contrôle, sans être tout à fait impossible, en serait néanmoins très difficile.

Le contrôle d'un malade éloigné, l'encaissement des cotisations, seraient péniblement assurés.

Il se range donc à l'opinion que les Caisses de réassurance doivent être localisées dans les grandes villes, les centres importants et ne pas dépasser les limites d'un département. Un rayonnement plus grand entraînerait de grandes difficultés au point de vue pratique.

Abordant leur mode de fonctionnement, il veut, tout d'abord, que l'administration de toute Caisse soit libre, indépendante par conséquent de toute fédération.

Il désire, en second lieu, que tout individu qui désire bénéficier des avantages de la réassurance n'ait à satisfaire qu'aux conditions qu'exigeraient de lui les règlements d'une Société de secours mutuels ordinaire.

Pour M. Lafont, une Caisse de réassurance devrait exister au sein de toute Société collectivement réassurée, avec la coopération indispensable des bureaux ou des conseils d'administration.

Ceux-ci délégueraient un ou plusieurs de leurs membres à un service spécial, celui de la réassurance, et, surtout au point de vue de l'encaissement des cotisations et du paiement des indemnités, ils seraient constamment en rapport et en correspondance avec elle.

Une comptabilité pratique et spéciale mettrait en compte courant les Sociétés entre elles.

De cette façon, on supprimerait les représentants et les correspondants spéciaux, et le sociétaire réassuré, pour le paiement de ses cotisations et de ses indemnités, s'adresserait à la Société mère, où se ferait, en même temps, le contrôle.

Cette simplification de travail, qui se réduirait à un travail de bureau en compte courant avec les différentes Sociétés réassurées, permettrait à chacune d'avoir des fonds dans chacune d'elles, et le service des cotisations et des indemnités se bornerait à une question de comptabilité.

A chaque trimestre ou à chaque semestre, on établirait la situation financière de chaque Société réassurée, qui se solderait par un débit ou un crédit et, suivant le cas, toute Caisse de réassurance aurait à recevoir ou à verser à la caisse.

De cette façon, les administrateurs du siège social n'auraient qu'à distribuer ou à recevoir, donnant à l'un ce que l'autre aurait en trop, se préoccupant surtout d'accumuler des réserves qui leur permettraient de faire face aux obligations contract... vis-à-vis des malades qui demanderaient des secours.

La Société mère, dans le cas où tel ou tel de ses membres aurait épuisé les secours auxquels il a droit chez elle, signifierait qu'elle abandonne le malade et le passe à la charge de la Caisse. Un simple certificat délivré par le Président de la Société à laquelle appartient le malade suffirait, et, du jour au lendemain, la Caisse avertie le prendrait à sa charge. Tout se réduirait à un travail de comptabilité sévère qui, suivant le plus ou moins grand nombre des malades, serait plus ou moins chargé, et, ainsi comprises, les Caisses de réassurance, *même régionales*, pourraient fonctionner.

M. Joseph Jamet, président des Tonneliers et Foudriers de Montpellier, demande à émettre le vœu suivant :

« Il serait à désirer que les fonctionnaires munis de gros traitements donnassent l'exemple en faisant partie des Sociétés de secours mutuels. Dans le cas contraire, je désirerais qu'on pût prélever sur leurs appointements une partie plus ou moins importante que l'on affecterait aux caisses de la Mutualité ».

M. le Président lui fait observer qu'il sort de la question mise à l'ordre du jour. Il déclare, cependant, qu'il tient à mettre aux voix toutes les propositions qui sont formulées. Cette proposition est rejetée et la parole est donnée à M. le docteur Vialettes.

Une des conditions essentielles, dit-il, de la réussite de toute entreprise financière ou commerciale est la simplification de tous les rouages qui s'y rattachent.

L'application de cette vérité, admise par tous, est surtout nécessaire pour assurer le bon fonctionnement des Sociétés de secours mutuels.

La juxtaposition d'une nouvelle Caisse de réassurance à côté de celles déjà existantes constituera, ce me semble, une complication plutôt qu'un aide pour l'œuvre de la Mutualité.

Le contrôle peut en être relativement facile au Centre de l'organisation, mais il deviendra singulièrement difficile, pour ne pas dire impossible, lorsque son action s'étendra jusque dans des centres ou des régions trop éloignés.

D'autre part, cette extension de comptabilité, cet échange qui se fera entre des caisses différentes, constitueront un travail supplémentaire et, dans certaines circonstances, assez délicat.

Pourquoi ne pas laisser à chaque Société de secours mutuels le soin de prévoir et de résoudre les difficultés pouvant provenir d'un sociétaire dont la maladie nécessitera des soins plus prolongés et qui, dans certains cas, revêtira la forme chronique.

On a dit avec raison que les soins réclamés par un sociétaire dont la maladie s'éternise un peu trop doivent être, pour la Société, une cause de péril financier quelquefois au-dessus de ses forces.

Évidemment, c'est une cause d'affaiblissement, mais est-ce la principale ?

Non ; ce qui peut compromettre sa prospérité et porter à ses réserves une rapide et sérieuse atteinte, c'est une épidémie s'abattant sur la contrée et atteignant un grand nombre de ses membres.

Là est le véritable danger et, cependant, nous le conjurons, la plupart du temps, avec les ressources personnelles de la Société.

Est-ce que, d'après ses règlements, une Société de secours mutuels n'est pas toujours libre, n'a pas toujours le droit, dans une réunion extraordinaire, ou d'augmenter ou de diminuer le chiffre de ses cotisations ?

Et le grand, le vrai principe de la mutualité ne consiste-t-il pas à secourir le malheureux quelles que soient la nature ou la durée de son infortune ?

Cet appel fait à nos Sociétaires serait sûrement entendu et, en face du devoir, ils n'hésiteraient pas à consentir de nouveaux sacrifices, sacrifices momentanés, en créant de nouvelles ressources et en augmentant le chiffre des cotisations.

N'estimez-vous pas avec moi que le véritable principe de la mutualité et la simplification de son fonctionnement seraient sauvegardés !!!

M. Rouvière-Huc, notre vice-président, demande la parole et s'exprime en ces termes :

« Comme M. Lafont, je crois que la création de Caisses de réassurance régionales offre de très nombreuses difficultés et, si toutefois, c'était possible, je préférerais voir les Sociétés s'assurer elles-mêmes, comme le demande M. le rapporteur.

» Si l'on recherche les causes qui ont fait naître l'utilité des Caisses de réassurance, on ne tarde pas à les trouver dans l'état précaire des caisses des Sociétés de secours mutuels.

» Or, en économie politique comme en médecine, les moyens prophylactiques sont toujours les meilleurs et produisent les meilleurs effets.

» Si de nombreuses Sociétés de secours mutuels ont reconnu l'utilité des Caisses de réassurance, c'est parce qu'elles reposent sur de mauvais fondements et laissent échapper leurs bénéfices par de trop nombreuses fissures. »

Et, à ce sujet, M. Rouvière-Huc cite des Sociétés qui accordent à leurs sociétaires un capital de 50 à 60 francs en cas de décès et 1 fr. 50 par jour de maladie et ajoute que l'on devrait fixer à 140 fr.

les droits d'entrée que devrait payer un sociétaire rentrant à 45 ans.

Est-il donc surprenant, en pareil cas, de constater de gros déficits dans les caisses de Sociétés de secours mutuels trop souvent portées à se croire dans un état suffisant de prospérité ?

En surveillant sévèrement la comptabilité, en la confiant à des membres éprouvés, on remettra de l'ordre et on assurera aux Sociétés de secours mutuels de meilleurs jours.

M. Fraïssé, président de la Société de secours mutuels de Riols, pense qu'une Caisse régionale appelée à réunir un très grand nombre de membres serait, par cela même, en situation de rendre de plus grands services que toute autre association du même genre ayant un cadre plus restreint.

Il croit que le contrôle pourrait être organisé d'une façon très sérieuse, tant par les Sociétés auxquelles appartiendraient les membres réassurés que par des comités d'arrondissement ou même par des comités cantonaux.

L'orateur exprime l'idée que l'assurance collective des Sociétés devrait être la règle et mérite les plus grands encouragements.

En terminant, il appelle l'attention de l'assemblée sur la situation spéciale, si digne d'intérêt, des sociétaires atteints de maladies chroniques que la Caisse de réassurance ne devrait jamais laisser sans secours au moment où ils en ont le plus grand besoin.

M. Gously demande la parole pour répondre aux orateurs qui l'ont précédé.

« Une Caisse de réassurance régionale, dit-il, s'impose aux Sociétés de secours mutuels et je vais essayer rapidement de vous le démontrer.

Vous n'ignorez pas, Messieurs, que bon nombre de Sociétés de secours mutuels ne peuvent malheureusement pas accorder des secours à leurs adhérents, pendant toute la durée de leur maladie.

Malgré leur bonne volonté, elles ont été obligées, pour la plupart, d'introduire dans leurs statuts un article qui limite ces secours à un laps de temps déterminé et qui les diminue à mesure que la maladie persiste.

Cela paraît, au premier abord, contraire au principe même de la Mutualité, qui veut que l'on soit aussi large que possible dans les secours à donner aux adhérents.

Mais, ainsi que je viens de vous le dire, la majeure partie des Sociétés de secours mutuels est peu fortunée et obligée de compter avec ses ressources, il s'ensuit que, pour vivre et prospérer, ces

Sociétés sont forcées de restreindre les secours au strict nécessaire. Le sociétaire malade peut bien, il est vrai, faire une demande de secours supplémentaire, presque toujours accordée, lorsque les ressources le permettent ; mais cette demande semble impliquer une faveur que la création de la Caisse de réassurance ferait disparaître ; l'honorable M. Lafont vous a développé les avantages incontestables de cette Caisse de réassurance ; nous serons tous d'accord, Messieurs, pour en voter le principe. Il me permettra simplement de lui dire que je la préfère régionale et non départementale ou locale, afin de permettre aux départements comptant un très petit nombre de Sociétés de secours mutuels de participer aux avantages de ceux qui sont infiniment plus favorisés sous ce rapport. Chaque Société nommerait un ou deux délégués lesquels correspondraient au siège social créé au chef-lieu de chaque département où seraient concentrées toutes les opérations intéressant leur région. Celui-ci les transmettrait ensuite au siège central établi dans le milieu le plus important. J'estime que l'on trouverait assez facilement des hommes assez dévoués pour s'occuper de la gérance de cette Caisse qui intéresse au plus haut point les Mutualistes véritablement dignes de ce nom.

Je désirerais enfin que les Caisses de réassurances soient indépendantes et qu'elles puissent comprendre, en même temps, et des collectivités et des adhésions individuelles émanant toutes de membres des Sociétés de secours mutuels.

Il est à craindre, en effet, que les augmentations de cotes demandées à une Société ne l'obligent à refuser leur adhésion à cette caisse, dans ce cas, la proposition que je fais permettrait aux sociétaires de se ranger sous la bannière de la réassurance.

La discussion étant épuisée, M. le Président met aux voix la proposition suivante :

Faut-il créer des Caisses de réassurance locales, départementales ou régionales, ou bien faut-il se rallier à la proposition d'augmentation des cotes proposée par M. le docteur Vialettes?

Par 11 voix contre 10, la Commission se prononce pour la proposition de M. Lafont.

Séance du 21 avril 1900

Sous la présidence de M. Bournat, député des Pyrénées-Orientales

A l'appel nominal, tous les membres de la Commission ont répondu.

La parole est donnée à M. le Rapporteur pour la lecture des diverses motions qui ont été présentées dans la séance d'hier.

M. le Président en propose la sanction à la Commission, qui les adopte à l'unanimité, et ajoute :

« Vous avez consacré hier, par votre vote, le principe de la création des caisses de réassurances départementales, nous nous occuperons aujourd'hui des autres questions soumises à notre examen.

§ 2. — *Quelle cotisation est à adopter dans notre région ?*

La Commission a été frappée de l'inégale répartition de la richesse dans nos départements méditerranéens.

En effet, des bords de la mer, partent de magnifiques plaines recouvertes de superbes vignes s'étendant jusques aux pieds de régions montagneuses.Pendant que les premières donnent de plantureuses récoltes, les secondes ne donnent que de maigres revenus. D'un côté, toutes les apparences de la richesse; de l'autre, presque la pauvreté. En présence de cette situation tout à fait inégale, la Commission estime qu'il serait presque imprudent de fixer aujourd'hui le chiffre des cotisations, et aime mieux s'en rapporter à la décision que prendra chaque Caisse de réassurance.

§ 3. — *Après combien de mois de maladie, étant donnés les règlements des Sociétés de la région, la Caisse de réassurance pourra-t-elle commencer à donner des indemnités ?*

Les mêmes motifs qui ont fait réserver notre décision pour le paragraphe précédent existent également pour celui-ci.

Une dernière question a été posée au sujet de l'indemnité allouée à un sociétaire hospitalisé.

Sera-ce la caisse ou la famille qui la touchera ?

Réponse. — Les malades mariés et hospitalisés ne recevront pas l'indemnité, qui sera remise directement à leur femme.

Dans le cas où ceux-ci seraient célibataires, ils recevront la moitié de l'indemnité ; l'autre moitié leur sera remise à leur sortie de l'hôpital.

En cas de décès, cette seconde portion restera la propriété de la caisse de réassurance, à moins qu'il n'ait des héritiers réservataires.

En terminant, je croirais manquer à tous mes devoirs si, au nom de la quatrième Commission, je n'adressais pas tous mes remerciements à tous ceux qui, sous forme de mémoires, de communications, de comptes rendus, ont bien voulu nous faire part de leurs travaux.

Nous sommes profondément touchés de leur délicate attention.

Je cite d'une façon toute spéciale : M. Lafont, président de la Société de secours mutuels la Colonie Ardéchoise de Nîmes ; M. J. Mouné, fondateur et président de la Caisse de réassurance de la Haute-Garonne ; M. C. Hérento, président du Comité mutualiste consultatif du département du Var.

Une analyse, pour si consciencieuse qu'elle fût, ne pourrait donner qu'une faible idée de leurs travaux.

Ce qui domine en eux, ce que l'on sent passer à travers ces pages si magistralement écrites, c'est ce souffle ardent, généreux, que seules les âmes véritablement éprises trouvent pour la défense des nobles causes.

En est-il une plus belle que celle qui, d'un peu partout, des quatre coins de la France, voit arriver à ce rendez-vous d'amour et de dévouement pour leurs semblables ces véritables apôtres de l'Humanité, de la Mutualité, au savoir et à l'expérience desquels nous rendons hommage.

Notre vieille cité universitaire, notre glorieux Montpellier voit, par vous, un fleuron de plus s'ajouter à sa couronne, et celui qui a tracé ces lignes plus que modestes est heureux de s'incliner respectueusement devant vous et de vous offrir l'humble tribut de son admiration.

Après la lecture de ce rapport, M. le Président demande si quelqu'un a des observations à présenter.

M. Salis, délégué de la Société de secours mutuels l'Avenir de Montpellier, demande la parole et propose à l'assemblée le contre-projet suivant :

« Les Sociétés de réassurances seront régionales.

» Les Sociétés de secours mutuels pourront se réassurer collectivement.

» Tous les mutualistes, individuellement, pourront se » réassurer à une caisse d'assurance régionale ; mais, » dans ce cas, la Société de secours mutuels à laquelle » ils appartiennent n'est pas responsable. »

Après discussion, ce contre-projet est repoussé.

M. le docteur Gyoux préconise la réassurance par

Société, là où elle est possible, avec siège de surveillance à la Société elle-même. Il approuve, d'ailleurs, les conclusions du rapport.

Ces conclusions mises aux voix sont adoptées.

M. le Président donne la parole à M. Vieillot, rapporteur de la 5ᵉ Commission, qui lit le rapport rédigé au nom de cette Commission par MM. Alabert et Vieillot.

Rapport de MM. Vieillot et Alabert, rapporteurs de la 5ᵉ Commission

Messieurs,

Votre cinquième Commission a élu :

Président : M. Pams, président de la Fraternelle de Port-Vendres.

Vice-Président : M. Castels, doyen de la Faculté des lettres de Montpellier, membre de l'Association des anciens élèves de l'École normale supérieure.

Secrétaire : M. Assiscle, de Jonquières, président de la Société de Corneilla-del-Vercol.

La question à traiter était la suivante :

Livret individuel. — Est-il préférable pour les Sociétés de secours mutuels ayant une caisse de retraites : de les délivrer par la constitution d'un fonds commun à capital aliéné ? ou d'établir des livrets individuels pour chaque sociétaire ? (Versements à effectuer sur ces livrets par la Société à la Caisse nationale de retraites pour la vieillesse).

Le Président donne lecture des Mémoires de MM. Mouné, secrétaire-général de la Fédération de la Haute-Garonne, Vieillot, président de la Société scolaire de Montpellier, et Parayre, de la Société de secours mutuels de Céret.

Après cette lecture, la discussion est ouverte sur la question posée par le Congrès.

Prennent successivement part à la discussion : M. Vieillot, en faveur du livret individuel, dont il montre les avantages au point de vue de la fixation plus équitable du taux des pensions de retraite, et de l'habitude de l'épargne, en suscitant des versements supplémentaires selon les moyens de chaque sociétaire.

M. Alabert parle en faveur du fonds commun, en prenant pour

exemple la Fraternelle, de Port-Vendres. Il montre que, par l'emploi du fonds commun, la Fraternelle de Port-Vendres, qui compte 140 membres participants, a réussi à constituer, en 44 années de versements, un capital de 40.500 francs, qui permet de distribuer à 22 de ses sociétaires âgés de plus de 60 ans, une rente totale de 2.100 francs (toutes majorations comprises); ce résultat milite en faveur du fonds commun.

M. Hébrard, président de la Fédération du Tarn-et-Garonne, frappé des inconvénients inhérents au fonds commun inaliénable et au livret individuel, propose d'étudier la question des Caisses autonomes prévues par la loi du 1er avril 1898. Il montre que la Caisse autonome, par la création d'un livret spécial, réunirait à la fois les avantages du fonds commun et du livret individuel, tout en assurant aux Sociétés leur liberté avec la garantie morale de l'Etat. Tous les fonds recueillis bénéficieraient d'un intérêt de 4 1|2 0|0 ; mais il est bon de remarquer que, par le fait de la cessation de tout versement à la Caisse des retraites, la Caisse autonome, telle qu'elle est prévue par la loi, ne participerait qu'à la subvention de capitation ; en revanche, le capital ne serait plus inaliénable

M. Marc Bazile, président de la Société la Protestante à Montpellier, craint que l'usage du livret individuel ne diminue l'esprit de solidarité qui doit caractériser les Mutualités.

M. Ravier, délégué de la Société des commis et employés de Montpellier, préconise le livret individuel qui, à son point de vue, peut porter à la prévoyance et sauvegarder les droits acquis.

M. Dethieux, directeur du *Mutualiste lyonnais*, de Lyon, donne quelques explications sur les Sociétés lyonnaises qui se sont prononcées, presque à l'unanimité, contre le livret individuel.

Avant de lever la séance, M. le président propose de prier M. Mabilleau, directeur du Musée Social, d'assister à la séance suivante, afin que les membres de la Commission puissent le consulter sur les points controversés.

Séance du samedi matin

M. le président souhaite la bienvenue à M. Mabilleau et le remercie d'avoir bien voulu déférer à l'invitation qui lui a été adressée.

M. Alabert pose à M. Mabilleau la question suivante : « Qu'entend-on par fonds commun inaliénable et quel est l'inconvénient qui résulte de l'emploi de ce fonds pour les Sociétés de secours mutuels ? »

M. Mabilleau montre, par un exemple, que le fonds commun inaliénable constitue comme un bien de mainmorte, auquel il est impossible de toucher, en dehors de l'affectation prévue, même en cas de besoin.

M. Alabert réplique qu'il ne nie pas cette constitution d'un bien de mainmorte, mais que, dans tous les cas, il appartient à la Mutualité, et que les bénéfices considérables qu'il procure sont distribués à des prévoyants qui songent aux vieux jours.

M. Mabilleau fait ressortir que le droit conféré aux Sociétés par la loi du 1er avril 1898, de consacrer à l'achat d'obligations, d'immeubles, etc., le fonds inaliénable, ne détruit pas l'inaliénabilité. Il ajoute que si donc le fonds inaliénable présente des avantages réels, il présente également des inconvénients, car il immobilise des sommes considérables qui, mises en circulation, pourraient soulager bien des misères.

M. Galzin, président de la Société des gantiers de Millau, soutient avec énergie l'utilité du fonds commun ; il insiste sur ce point qu'une Société de secours mutuels qu'il pourrait nommer a été sauvée par suite de l'existence d'un fonds commun inaliénable. Il est persuadé, ajoute-t-il, que si le fonds commun avait pu suivre le même chemin que les fonds disponibles, cette Société eût cessé d'exister.

M. Cavé, le promoteur des Sociétés scolaires mutuelles, qui assiste à la séance, donne quelques explications sur la mutualité scolaire. Il se montre partisan du livret individuel en ce qui concerne la cotisation spéciale versée en vue de la retraite, et du fonds commun, en ce qui concerne les économies réalisées sur le fonds de secours.

M. Hébrard revient sur la question des caisses autonomes, en préconisant les avantages qu'elles peuvent présenter et demande que la Commission spéciale et le Conseil supérieur de la Mutualité établissent au plus tôt le règlement d'administration intérieur prévu par la loi du 1er avril 1898.

Sur la proposition du président, la clôture de la discussion est prononcée.

M le président consulte la Commission pour savoir s'il doit mettre aux voix la question posée par le Comité d'organisation.

MM. Hébrard et Mabilleau proposent la résolution suivante :

La Commission, appréciant les avantages respectifs que présentent les systèmes du fonds commun et du livret individuel, convaincus

que ces avantages sont dépendants des conditions locales et régio-
nales dont les Mutualistes sont les meilleurs juges, se prononce pour
l'entière liberté du choix laissé aux Sociétés dans l'organisation de
leurs retraites.

Ils émettent, en outre, le vœu que les unic ; mutualistes organisent les Caisses autonomes prévues par la loi et voient, dans la création de ces Caisses, un des plus puissants moyens de réaliser la
liberté à laquelle tous aspirent.

La proposition et le vœu sont adoptés à l'unanimité.

M. Cavé dépose un vœu tendant à la création d'un livret de pension mutualiste comportant, au point de vue de la retraite, l'indication des.droits acquis par le sociétaire dans chacune des sociétés
auxquelles il se serait successivement affilié et permettant, par
conséquent, la constitution de la pension en participation par ces
sociétés.

Cette proposition est adoptée à l'unanimité.

Les rapporteurs :

J. VIEILLOT,	ALABERT,
Président de la Société scolaire	Secrétaire de la Fraternelle
de Montpellier.	de Port-Vendres.

Après quelques observations présentées par M. le docteur Gyoux et par M. Hébrard, les conclusions du rapport
sont mises aux voix et adoptées par l'Assemblée générale.

La suite de l'ordre du jour appelle la continuation de
la discussion sur le vœu présenté par M. Cavé.

M. Cavé, en présence de l'opposition faite, retire le vœu.
Le vœu est retiré.

M. le Président donne la parole à M. Rouquier, rapporteur de la Commission des vœux.

M. le Rapporteur. — *Neuvième vœu,* présenté par M. Hébrard :
« Considérant que la loi du 1er avril 1898 a rapproché les Sociétés
libres des Sociétés approuvées, en donnant aux premières des avantages et aux secondes des libertés qu'elles ne possédaient pas dans
l'ancienne législature ;

» Considérant que les Sociétés libres représentent, dans la Mutualité, une minorité intéressante, à laquelle il n'a pu être reproché
aucune faute grave d'administration ou de gestion ;

» Que, sur certains points du territoire, les Sociétés libres se trouvent en majorité ; que cette distinction nuit à l'unité de la famille mutualiste ;

» Émet le vœu que, même au prix de l'abandon par l'Etat de certaines prérogatives qui ne se traduisent le plus souvent qu'en entraves administratives, les Sociétés approuvées et les Sociétés libres, déjà réunies dans un grand nombre de fédérations, soient placées sous un régime commun. »

Ce vœu est repoussé par la Commission.

Après discussion, l'Assemblée générale adopte les conclusions de la Commission.

Dixième vœu. Ce vœu, présenté également par M. Hébrard, ayant trait à la juridiction appliquée aux Sociétés de secours mutuels, a été pris en considération par la Commission, qui émet l'avis que la création des prud'hommes soit activée et qu'en attendant cette création, la connaissance des procès engagés contre les Sociétés de secours mutuels soit enlevée aux tribunaux ordinaires et donnée aux tribunaux administratifs (Conseils de préfecture, Conseil d'Etat)· dont les juges paraissent plus compétents sur cette matière spéciale et devant lesquels toutes les difficutés pourraient être aisément portées, cette juridiction ne comportant pas de frais et de défenseurs patentés.

M. Hébrard soutient le vœu qu'il a émis et les conclusions de la Commission.

M. Asselineau, avocat à Béziers, s'élève contre ce vœu, en se plaçant exclusivement au point de vue juridique.

M. Darquier appuie les observations de M. Asselineau. Il préconise les jugements des litiges entre membres des Sociétés par les directeurs d'Unions et de Fédérations et repousse absolument les tribunaux administratifs.

M. le docteur Gyoux combat la législation actuelle.

M. Hébrard se rallie à la proposition de M. Darquier.

Le vœu de M. Hébrard est adopté par l'Assemblée générale dans sa première partie (création des prud'hommes) et complété par l'amendement de M. Darquier.

tendant à déférer tous litiges entre mutualistes aux présidents ou directeurs d'Unions.

Onzième vœu, présenté par MM. Lapeyronie, Martin et Rouquier, tendant à ce que les Sociétés de secours mutuels se voient attribuer, tous les ans, les sommes importantes qui reviennent à l'Etat, par suite de l'abandon qu'en font leurs propriétaires restés inconnus ; ces sommes sont récapitulées au budget national dans un tableau intitulé : « Voies et moyens » et inscrites sous les rubriques suivantes au budget de 1900 :

Successions en déshérence ;

Comptes abandonnés ou prescrits dans les Caisses d'Epargne ;

Dépôts d'argent non réclamés aux caisses des postes ;

Lots non réclamés aux tirages des valeurs ;

Objets non réclamés aux monts-de-piété ;

Objets perdus et non réclamés aux bureaux de police.

Il est à remarquer que ces ressources seraient souvent acquises à des malheureux qui ne réclament pas leurs droits, soit par ignorance, soit par défaut de ressources et par crainte de nombreuses formalités et démarches.

C'est un revenu pour l'Etat, mais en fait, c'est un bien qui n'est pas acquis et qui appartient à la généralité. Or, les Sociétés de secours mutuels, par leur organisation, évitent à l'Etat, aux départements et aux communes de grandes dépenses qui se chiffrent par millions, car les ouvriers qui sont secourus et soignés par nos sociétés le seraient, à défaut, par nos institutions (bureaux de bienfaisance et hospices). Donc, ce serait un juste retour au peuple que l'encaissement par les Sociétés de secours mutuels des sommes tombées en déshérence et que l'Etat s'approprie chaque année.

Votre Commission vous prie d'appuyer ce vœu, qui se confond avec plusieurs autres de même nature, émis par la Société des ouvriers mégissiers de Graulet et par la Bienfaitrice de Puisserguier (Hérault).

Adopté par l'Assemblée générale.

Douzième vœu, rejeté à l'unanimité par la Commission. (Voir aux Annexes).

Treizième vœu, ayant le même objet. (Voir aux Annexes).

Après discussion, l'Assemblée générale adopte les conclusions de la Commision.

Quatorzième vœu, émis par la Société des commis et employés de Montpellier, tendant à demander au gouvernement d'imposer aux pharmaciens, surtout pour les communes rurales, un tarif analogue à celui de l'Assistance publique.

Ce vœu, voté déjà l'an dernier au Congrès de Toulouse, a été adopté à l'unanimité par la Commission.

Adopté par l'Assemblée générale.

La même Société émet le vœu qu'il n'y ait pas de limite dans la fixation de la pension de retraite ; que chaque Société puisse donner la retraite que ses fonds en caisse lui permettront.

Votre Commission a voté ce vœu à l'unanimité et vous prie de demander que l'article 28 de la loi du 1er avril 1898 soit modifié en conséquence.

Il est juste, en effet, que les membres de chaque Société soient traités en rapport avec les ressources de la Société.

Adopté par l'Assemblé générale.

Quinzième vœu, émis par M. Nat, au nom de la colonie espagnole de Béziers, tendant à ce que les Sociétés étrangères constituées par arrêté ministériel soient admises aux mêmes avantages que les Sociétés françaises.

Considérant que les Sociétés étrangères constituées par arrêté ministériel, conformément aux dispositions de la loi organique du 1er avril 1898, sont régies par la loi française, et que l'organisation qu'elles tiennent de l'arrêté ministériel est la garantie de leur bienfaisance économique et sociale, votre Commission a adopté ce vœu à l'unanimité.

Le caractère français répond au sentiment exprimé par votre Commission. Nous sommes fiers d'être hospitaliers, et lorsque nous recevons quelqu'un parmi nous, c'est de tout cœur que nous le faisons.

D'ailleurs, il s'agit ici d'une Société espagnole. Une vive sympathie unit les deux nations, l'Espagne et la France... et comme l'a déjà dit Louis XIV : « Il n'y a plus de Pyrénées ».

Puis, la charité n'a pas de frontières. Les Mutualistes veulent faire le bien partout et désirent accepter toutes les bonnes volontés.

Nous ajouterons que ce vœu sera émis à charge de réciprocité diplomatique.

Adopté par l'Assemblée générale.

Seizième vœu, présenté par M. Lapeyronie, tendant à ce que les Sociétés de secours mutuels n'ayant pas de caisses de retraites participent, comme leurs sœurs plus fortunées et dans les mêmes proportions, à la répartition des sommes abandonnées dans les caisses d'épargne.

La Commission estime que ce vœu est très légitime, c'est précisément parce que cette catégorie de Sociétés est moins fortunée qu'il faut qu'elle ait au moins les avantages faits aux autres.

Autant que possible mettons en pratique ce beau principe, l' « égalité ».

Adopté par l'Assemblée générale.

Dix-septième vœu, présenté par M. Fournier, de la Famille Montpelliéraine, et MM. L. Rouquier et Martin, de la Bienfaitrice de Puisserguier, tendant à ce que les organisateurs des Congrès futurs rappellent, dans les questions mises à l'ordre du jour, les travaux faits sur ces mêmes questions par les Congrès antérieurs ou auteurs spécialistes, et mettent ces travaux à la disposition des congressistes pour qu'ils puissent en profiter.

Ce vœu est adopté à l'unanimité. La Commission décide qu'il sera joint à ceux ayant, comme lui, trait à l'organisation des Congrès.

M. de Casamajor fait observer qu'il ne s'oppose pas à l'adoption de ce vœu, toutefois, il croit devoir faire remarquer que ce travail avait été fait en une seule expédition ; le temps lui ayant fait défaut pour le livrer à l'impression, il s'est contenté de le mettre à la disposition des commissions. Une seule en a usé et paraît l'avoir conservé dans ses dossiers.

Adopté par l'Assemblée générale.

Dix-huitième et dix-neuvième vœux, de M. Fournier, de la Famille Montpelliéraine (voir aux annexes).

La Commission, à l'unanimité, estime qu'il y a lieu de renvoyer ces vœux au procha in Congrès pour permettre une étude plus complète

Vingtième vœu, présenté par M. Cavé, membre du comité technique supérieur, à la cinquième Commission, tendant à ce qu'il soit créé au ministère de l'Intérieur un bureau spécial pour renseigner les diverses Sociétés de secours mutuels sur toutes les questions concernant laMutualité.

Adopté à l'unanimité par la Commission ; adopté par l'Assemblée générale.

Vingt-unième vœu, présenté par M. Lapeyronie, de l'Aveyronnaise de Béziers, libellé comme suit :

« Qu'une Commission soit désignée à l'effet de préparer et soumettre au prochain Congrès un règlement qui serait à l'avenir appliqué pour le fonctionnement des Congrès régionaux ou autres, ladite Commission devant introduire dans ce règlement les articles ci-après :

» 1° Toute séance de Commission ou d'Assemblée générale donnera lieu à un procès-verbal ;

» 2° Le compte rendu sera autant que possible sténographié. Il en sera donné lecture à la séance suivante. Il devra être signé par le Président et par le Secrétaire. Ii sera conservé dans les archives et autant que possible imprimé et adressé aux Sociétés intéressées :

» 3° Des commissaires seront désignés par les organisateurs des Congrès et sanctionnés par les congressistes à l'effet de recueillir les demandes d'inscription pour prendre la parole. L'inscription des demandes se fera dans l'ordre où elles se produiront, toutefois, l'auteur d'une proposition quelconque aura la priorité. En aucun cas et sous aucun prétexte, la parole ne pourra être refusée à l'auteur ou à l'un des auteurs d'une proposition soumise soit à une Commission, soit à l'Assemblée générale ;

» 4° Que les Congrès régionaux devront autant que possible ne pas se tenir dans la même ville de façon à éviter les méfiances, les zizanies, les susceptibilités et à réduire à tour de rôle, pour chaque Société, les frais de voyage et de séjour que leur impose l'envoi des délégués au Congrès ».

Ce vœu a été adopté à l'unanimité par la Commission.

Adopté par l'Assemblée générale.

Vingt-deuxième vœu, présenté par M. Lapeyronie, de l'Aveyronnaise de Béziers, au sujet de l'affranchissement des convocations et circulaires des Sociétés de secours mutuels et libellé comme suit :

« Que les Sociétés de secours mutuels soient autorisées par l'Administration des postes à adresser aux sociétaires et fédérés les convocations et circulaires sans affranchissement et à la seule condition que ces convocations ou circulaires ne soient pas sous enveloppe et qu'elles portent d'une façon apparente, à côté de l'adresse, le sceau de la Société.

» Que, tout au moins, si la franchise *totale* ne peut être immédiatement accordée par suite des prévisions budgétaires, lesdites Sociétés soient admises à bénéficier des avantages d'un abonnement à fixer après entente entre les directeurs locaux de l'administration et les présidents des Sociétés intéressées.

» Que surtout les Sociétés de secours mutuels soient dispensées, pour bénéficier d'une réduction quelconque, de mettre leurs envois sous bande, à la seule condition que ces envois n'aient pas lieu sous enveloppe ».

La Commission a adopté le vœu à l'unanimité et félicité son auteur, en le chargeant de le soutenir au besoin devant le Congrès.

Adopté par l'Assemblée générale.

Vingt-troisième vœu, présenté par MM. les délégués d'Avignon.

Il est ainsi libellé : « Le Congrès est invité à s'opposer par tous les moyens en son pouvoir à une nouvelle augmentation des tarifs par les syndicats médicaux ».

La Commission, considérant que le vœu est implicitement compris dans ceux déjà adoptés par elle concernant la création de pharmacies mutualistes, et en attendant la demande, des tarifs les plus réduits décide, à l'unanimité, de l'écarter par la question préalable.

Vingt-quatrième vœu, présenté sans signature, tendant à la nomination d'une commission de trois membres, qui seule aurait qualité pour recevoir les vœux, rapports projets, etc. qui doivent être soumis au prochain Congrès et d'en faire la répartition aux diverses commissions.

La Commission estime à l'unanimité qu'il s'agit là d'une proposition relative à l'organisation du Congrès visée par les ordres du jour précédemment cités et décide par la question préalable de ne pas passer à la discussion.

Vingt-cinquième vœu, présenté par M. Lapeyronie, de l'Aveyronnaise de Béziers.

Au sujet de l'organisation distincte ou mixte des sociétés de secours mutuels « retraite » ou « secours ».

« Que les Sociétés de secours mutuels ne s'occupent pas en même temps, de caisses de retraites et de caisses de secours ; que les retraites et les secours, selon le conseil d'ailleurs exprimé par l'honorable M. Mabilleau, soient absolument distincts, à l'effet de créer entre chacune d'elles distinctement une communion d'idées complète qui leur permettra d'adopter, dans chaque catégorie, retraite ou secours, des règlements uniformes, qui feront certainement cesser les rivalités existant trop souvent entre des sociétés d'un même endroit, toujours bien intentionnées, mais trop souvent mal éclairées et mal comprises ».

Sur la demande de l'auteur de ce vœu, la Commission, considérant comme lui qu'il y a lieu de faire de cette question une étude complète, décide qu'il y a lieu de l'inscrire dans le programme du prochain congrès.

Adopté par l'Asssemblée générale.

Vingt-sixième vœu, présenté par M. Reboul, de Mudaison (Hérault), au sujet de la propagande par le Conseil supérieur de la Mutualité et de la vulgarisation des renseignements nécessaires pour l'extension des Sociétés mutuelles rurales : la Commission, à l'unanimité, renvoie l'examen de cette proposition au prochain Congrès, persuadée que le Conseil supérieur continuera d'ailleurs, à faire d'ici-là, tous ses efforts pour obtenir le résultat désiré par l'auteur de ce vœu.

Adopté par l'Assemblée générale.

Vingt-septième vœu, présenté par MM. Martin et Rouquier, de la Bienfaitrice de Puisserguier, au sujet de la création des pharmacies mutualistes dans les grands centres avec succursales dans les localités rurales ayant au moins 300 membres de Sociétés de secours mutuels.

La Commission, à l'unanimité, considérant que cette question présente le plus grand intérêt, adopte le vœu en principe, et décide qu'il y a lieu de donner mission aux organisateurs du prochain Congrès de comprendre dans leur programme l'étude des voies et moyens pour arriver le plus rapidement possible à la réalisation de ce vœu.

Adopté par l'Assemblée générale.

Vingt-huitième vœu, présenté par M. Marquis, de Nimes.

A l'unanimité, la Commission, tout en regrettant que le temps trop limité dont elle dispose, ne lui permette pas d'examiner avec toute l'attention qu'il comporte le travail important fourni par son auteur à l'appui de ce vœu, décide d'ajourner toute décision jusqu'au prochain Congrès. Elle prie en conséquence M. Marquis de transmettre son vœu au prochain Congrès national qui se tiendra, en 1901, à Limoges.

Adopté par l'Assemblée générale.

Vingt-neuvième vœu, présenté par la Société de secours mutuels et de prévoyance de Clermont-l'Hérault :

Pensions de retraite. — Les délégués de la Société de secours mutuels et de prévoyance de la ville de Clermont-l'Hérault au Congrès mutualiste de Montpellier, par l'organe de leur Président,

Emettent le vœu :

« Que les Sociétés autorisées, approuvées ou reconnues d'utilité publique, dans tous les cas, lorsqu'elles en font la demande, aient leurs titres de pensions établis au nom de la Société elle-même, au taux de 5 0/0.

» La jouissance du titre appartiendrait au sociétaire le plus âgé ou l'un des plus âgés — désigné par la Société. — Au décès du titulaire, la jouissance seule serait reportée à un autre sociétaire désigné par la Société comme précédemment. Le titre resterait toujours le même, sans renouvellement, puisqu'il serait au nom de la Société.

» Les titres de pension des Sociétés de secours mutuels constitueraient donc un titre de propriété en faveur de la prévoyance des Sociétés de secours mutuels. »

L'Assemblée générale, après discussion, renvoie l'examen de ce vœu au Congrès national de Limoges.

Trentième vœu, présenté par la même Société :

Fonds inaliénables adressés à la Caisse des Dépôts et Consignations ou à la Caisse Nationale des retraites. — Taux de l'intérêt.

Les délégués de la Société de secours mutuels et prévoyance de la ville de Clermont-l'Hérault au Congrès mutualiste de Montpellier, par l'organe de leur Président,

Emettent le vœu :

« Que les fonds adressés à la Caisse des Dépôts et Consignations ou à la Caisse Nationale des retraites, soient productifs d'un intérêt au taux invariable de 5 0[0.

»Elle émet l'avis que, dans tous les cas, il serait juste et même de droit que le taux existant ou accordé au moment du versement des fonds, soit maintenu, ne puisse donc être modifié, sauf dans le sens d'une augmentation.

»Elle appuie son avis, de l'invariabilité du taux de l'intérêt, sur ce fait, que la Caisse des Dépôts et Consignations remploie les fonds des Sociétés en rentes sur l'Etat français. Ces titres ont toujours profité de la hausse des cours, constituant ainsi à la Caisse des Dépôts et Consignations une augmentation de capital, si elle voulait réaliser ses titres, tandis que le capital initial des Sociétés de secours mutuels reste le même. Il faudrait donc une compensation au profit des Sociétés de secours mutuels. Cette compensation devrait être l'invariabilité du taux de l'intérêt.

»Il est clair que les Sociétés qui ont adressé des fonds à la Caisse des Dépôts et Consignations, il y a 10, 20, 30 et 40 ans, par exemple, possèderaient aujourd'hui un capital plus élevé, si les titres de rentes sur l'Etat avaient été créés au profit des Sociétés et à leur nom, ce qui leur permettrait d'obtenir des revenus plus élevés quoiqu'à un taux inférieur en apparence. Cet inconvénient doit être compensé par la sécurité que donnerait aux Sociétés l'invariabilité du taux de l'intérêt. Là est l'avenir de la prévoyance.

»A capital invariable et inaliénable, taux d'intérêt invariable.

»A cette seule condition, les Sociétés de secours mutuels peuvent compter sur un avenir pour leurs pensions de retraite.

»Cet avenir, doit tenir à cœur à ceux, et ils sont nombreux, qui considèrent nos institutions humanitaires comme les meilleures pour assurer aux travailleurs prévoyants des secours suffisants dans les circonstances les plus difficiles de la vie, notamment en cas de maladie ou de vieillesse. Si tout ce qu'on voudrait n'est pas immédiatement réalisable, c'est toujours un acheminement vers le but désiré : la tranquillité de la vie et l'indépendance chez tous les enfants d'une même Société, nous pourrions dire d'une même planète. »

Après discussion, l'Assemblée générale renvoie l'examen de ce vœu au Congrès national de Limoges.

Trente-unième vœu, présenté par la même Société:

Subvention de l'Etat aux pensions de retraite. — Les Délégués de la Société de secours mutuels et de prévoyance de Clermont-l'Hérault au Congrès mutualiste de Montpellier, par l'organe de leur Président, émettent le vœu :

« Que les subventions de l'Etat profitent aux anciens pensionnés comme aux nouveaux.

» En effet, parmi les nombreuses raisons qui rendent intéressants les pensionnés des Sociétés de secours mutuels, il faut bien admettre que ces raisons augmentent avec l'âge et l'ancienneté du Sociétaire. »

Renvoyé au Congrès national de Limoges.

Trente-deuxième vœu, présenté par MM. Philémon et Rouquier, représentant la Bienfaitrice de Puisserguier :

« Considérant que les Sociétés mutuelles satisfont, à la place des Bureaux de bienfaisance des communes, des départements et de l'Etat, en partie aux lois sur la constitution des Caisses de retraite, et, en totalité, aux obligations de la loi du 16 juillet 1893 sur l'Assistance médicale gratuite,

» Les soussignés émettent le vœu que les Bureaux de bienfaisance, les communes, les départements et l'Etat, remboursent, sinon en totalité, du moins dans une large proportion, aux Sociétés mutuelles, les dépenses que celles-ci ont fait à leur lieu et place. »

Transmis au Congrès national de Limoges pour étude approfondie.

Adopté par l'Assemblée générale.

Trente-troisième vœu, présenté par la Société de secours mutuels de Graulhet (Tarn) :

« La Mutualité étant œuvre de prévoyance, la Société émet le vœu que le Gouvernement prenne à sa charge une partie des frais pharmaceutiques. »

La Commission propose le renvoi au Congrès national de Limoges.

Adopté par l'Assemblée générale.

Avant de clôturer le rapport sur les questions soumises à la sixième Commission, le Rapporteur attire l'attention des Membres du Congrès sur l'ouvrage intitulé : *Manuel pratique sur l'acceptation ou la répudiation des dons et legs faits aux Sociétés de secours mutuels* et, dût la modestie de son auteur, M. Henri Abric, en souffrir, il signale combien cet ouvrage est intéressant, et l'avantage qu'il y aurait à le répandre dans toutes les Sociétés mutuelles. *(Applaudissements).*

L'ordre du jour étant épuisé, M. le Président rappelle aux Congressistes que, le soir, à 3 heures, aura lieu à la Salle des Concerts une conférence par M. Bonnevay, avocat à la Cour d'appel de Lyon, délégué de l'Universelle. Il annonce aussi que M. le Président de la Chambre recevra, demain matin, tous les délégués, dans les salons de la Préfecture ; le rendez-vous est fixé à 9 heures et demie du matin au Palais de l'Université.

La séance est levée à midi et demi.

Conférence de M. Bonnevay
Avocat à la Cour d'appel de Lyon

Jusqu'au dernier moment, nous avons cru pouvoir donner le compte rendu *in extenso* de cette belle conférence; nous regrettons vivement de ne pouvoir en donner qu'une analyse très succincte.

A 3 heures de l'après-midi, les congressistes se rendent à nouveau à la Salle des Concerts, où une conférence doit être faite par M. Bonnevay, avocat à la Cour d'appel de Lyon, délégué de la Société de secours mutuels l'Universelle.

Cette conférence est présidée par M. Bourrat, député des Pyrénées-Orientales, ayant à ses côtés MM. Arnaud, préfet de l'Hérault, et Darquier, du conseil supérieur de la Mutualité. Malgré le beau soleil rayonnant au dehors, la salle est absolument remplie par les congressistes au nombre d'environ huit à neuf cents.

Allocution de M. Bourrat

M. Bourrat ouvre la séance en présentant M. Bonnevay, dont la conférence, ayant pour thème : « L'Assurance au décès, » est comme une sorte de complément de la conférence déjà faite par Mabilleau, le distingué directeur du Musée social, sur l'organisation de la Mutualité.

Au cours de cette présentation du conférencier, M. Bourrat, parlant de la Mutualité en général, déclare qu'elle a, entre autres précieux avantages, celui d'être une des rares institutions, et peut-être la seule, accueillant l'unanimité absolue des suffrages sur l'excellence de son rôle social.

Conférence Bonnevay

Prenant alors la parole sur le sujet déjà mentionné, M. Bonnevay commence par indiquer qu'il est logique de prévoir le décès au même titre que les maladies ou les accidents et détaille tous les ennuis, le désastre complet même qu'entraîne pour les familles de commerçants ou d'ouvriers la mort prématurée du chef de famille.

Il rappelle ensuite que la conséquence de cet état de choses a donné naissance aux diverses Compagnies d'assurances qui, moyennant certaines annuités versées par les assurés, versent à leur famille, au moment du décès, une somme convenue, d'après les versements annuels.

Le conférencier indique à ce propos que d'après les statistiques le total des primes versées aux familles des assurés par ces Compagnies n'atteint que le 55 0|0 du total des annuités versées par eux; tout le reste, soit le 45 0|0 a été bénéfice pour les actionnaires ou absorbé par les appointements des employés de ces Compagnies et perte sèche pour l'ensemble des assurés.

M. Bonnevay indique ensuite qu'il existe bien aussi des caisses d'assurances gérées par l'Etat, mais que ces caisses sont peu connues des citoyens, l'Etat ne faisant aucune propagande pour elles, et les fonctionnaires désignés comme intermédiaires entre lui et les individus désireux de s'assurer ne mettant presque jamais à leur disposition, les renseignements nécessaires.

Devant ce peu de services rendus par les caisses d'assurances de l'Etat, le conférencier préconise les Sociétés mutuelles et autonomes d'assurances au décès et détaille le fonctionnement de ces Sociétés, en prenant pour type l'une d'elles, fonctionnant à Lyon depuis 1886, dans laquelle, pour une somme de 5, 10 ou 20.000 francs à donner à la famille en cas de décès, l'assuré paye, suivant son âge et le chiffre de ces sommes convenues, des annuités variant entre 2 fr. 50 et 25 francs.

Après avoir fait longuement ressortir l'avantage matériel de ces Sociétés sur toutes autres, M. Bonnevay en revient à la nécessité de ces assurances au décès qui, outre l'avantage de donner plus de liberté d'esprit à l'assuré en garantissant sa famille de tout aléa fâcheux, ennoblissent, selon lui, la Mutualité proprement dite, car la Mutualité ordinaire est une simple prévoyance pour soi, partant égoïste, alors que celle-ci est une prévoyance pour les autres, éminemment généreuse.

De nombreux applaudissements saluent la fin de cette conférence.

M. Bourrat se lève de nouveau, remercie, au nom de l'auditoire, le conférencier des intéressantes indications qu'il vient de donner, et, pour sa part personnelle, en tant que membre du Parlement, prend bonne note des reproches adressés à l'Etat et à ses fonctionnaires au sujet du fonctionnement des caisses d'assurances.

Sitôt rentré à Paris, il étudiera cette question et de concert avec ses collègues espère y apporter les remèdes nécessaires afin que l'on puisse se servir de cette aide gratuite de l'Etat qu'il serait peu sage de repousser de parti-pris, car s'il est bon de s'aider par soi-même, cela n'implique nullement le principe de mépriser l'aide d'autrui, surtout quand cette aide vient de votre propre pays (*Vifs applaudissements*).

La séance est levée à 4 h. 1|2. Les congressistes se retrouvent nombreux, le soir, au théâtre, où une soirée de gala, avec le concours de Mme Bréjean-Gravière, première chanteuse de l'Opéra, qui interprète *Manon,* est donnée en leur honneur.

CINQUIÈME JOURNÉE
Lundi 23 avril 1900

RÉCEPTION DES CONGRESSISTES
Par M. Paul DESCHANEL
Président de la Chambre des Députés, membre de l'Académie Française

Le 23 avril, à 10 heures du matin, dans les salons de la Préfecture, M. Paul Deschanel a reçu les divers délégués mutualistes au Congrès de Montpellier ainsi que les bureaux des Sociétés de cette ville.

M. Deschanel avait à ses côtés: M. Arnaud, préfet de l'Hérault, Dupontheil, secrétaire général ; M. Faure-Biguet, général commandant le XVIᵉ corps d'armée ; Déandreis, sénateur ; Bénézech, Salis, Lafferre, députés de l'Hérault ; Bourrat, député des Pyrénées-Orientales , Rivals, député de l'Aude ; Vernière; maire de la ville ; Mabilleau, directeur du Musée social ; Cavé, Darquier, Delmas, Bletton, docteur Gyoux, membres du Conseil supérieur de la Mutualité ; Déthieux, Cornillier, de Lyon; Gérald, chef de cabinet de M. Deschanel ; Lepetit, chef du secrétariat particulier du président de la Chambre des députés, et un grand nombre d'autres notabilités.

Voici comment les journaux locaux ont rendu compte de cette splendide réception :

Les réceptions commencent par la présentation du Bureau du Congrès, que M. Deschanel félicite de la bonne besogne faite durant la session qui va se terminer ce soir.

Vient ensuite le Comité d'organisation du Congrès, que M. Deschanel félicite également de la bonne œuvre entreprise, ajoutant que cela sera « de la bonne besogne pour la République ».

Sont, après cela, présentés par M. de Casamajor, le dévoué secrétaire général du Congrès, qui n'a pas cessé un seul instant depuis le moment où il a pris en main l'organisation du Congrès, de faire preuve d'un zèle, d'un dévouement au-dessus de tout éloge, les mille mutualistes délégués au Congrès qui représentent environ 600 Sociétés de tous les départements de la région, comprenant, outre l'Hérault: l'Aude, le Tarn, le Tarn-et-Garonne, le Lot-et-Garonne, la Haute-Garonne, la Gironde, les Pyrénées-Orientales, l'Ariège, l'Aveyron, la Lozère, l'Ardèche, le Gard, Vaucluse, les Bouches-du-Rhône, le Var, etc.

Pour chacun de ces délégués ou groupe de délégués, le Président de la Chambre a des mots aimables, serrant la main à tous, s'informant, avec intérêt, des diverses situations des Sociétés représentées et laissant à chaque congressiste le souvenir d'une affabilité toute particulière. Le défilé est très curieux. Il y a des habits, des redingotes, des jaquettes. Tous les congressistes portent, pendue à la boutonnière, leur carte d'adhérent à côté des insignes de la Société.

La Société de secours mutuels de Cournonterral est présentée par M. Astier, vice-président de la Société départementale d'encouragement à l'agriculture de l'Hérault, et promoteur du Crédit agricole, et M. Paul Deschanel, qui a dû être au courant de ce fait, a déclaré que c'est par la coopération du Crédit et de la Mutualité que, selon lui, on pourra remédier aux crises sociales.

A quelques Sociétés, notamment aux Commis et Employés de Montpellier, M. Deschanel promet, pour divers désirs exprimés, outre son concours de mutualiste, son concours de président de la Chambre. Il manifeste à

M. Malavialle, professeur à la Faculté des lettres combien l'Université lui est chère. Il déclare également à M. Yon, inspecteur d'Académie de l'Hérault, qui lui présente deux Sociétés de mutualité scolaire, qu'il est heureux de se trouver au milieu de ces Sociétés, au double titre de mutaliste et d'universitaire; à quoi M. Yon répond qu'il est, ainsi que ses mutualistes, pareillement heureux d'être attaché à M. Deschanel à ce double titre.

Des paroles à peu près semblables sont adressées à M. Lecoq, professeur au lycée d'Avignon, qui présente à M. Deschanel les souhaits de plus de 2.000 enfants groupés dans les mutualités scolaires du département de Vaucluse.

Lorsqu'est présentée la *Famille Montpelliéraine*, Société où il faut avoir au moins 5 enfants pour être admis, M. Deschanel félicite particulièrement les pères de famille qui la composent de semer ainsi la bonne graine, deux fois plutôt qu'une et ajoute, en souriant que, « le temps venu, il songera à les imiter ».

Le défilé des Mutualistes, qui a duré près de 3 heures, de 10 heures à midi 3/4, est terminé par la Dotation de la Jeunesse de France.

A signaler, à cette occasion, deux incidents touchants : un groupe de fillettes et de garçons, représentant la *Dotation de la Jeunesse de France*, dont M. Paul Deschanel est président d'honneur, est présenté par M. Mas, professeur de rhétorique au lycée. Une mignonne fillette, Mlle Arnaud, lit au président un compliment gentiment tourné, et lui offre une magnifique gerbe de fleurs. M. Paul Deschanel, quoique toujours souriant et aimable, ne s'était point départi encore de la froideur inhérente à l'officialité; mais, avec les enfants, ce fut tout autre chose, et on sentit passer quelque chose de doux, de plus vrai, de plus humain, lorsqu'il leur dit avec une spontanéité pleine de grâce :

« Vous dites que vous faites de petites choses : vous vous trompez, mes enfants. Sans le savoir peut-être, vous en faites de grandes ; quant à vos si jolies fleurs, fanées ou non, j'en ferai le meilleur usage qui se puisse : je vais les envoyer à ma mère. »

L'assistance a été vivement touchée de ces paroles émues.

Remarquant ensuite qu'un autre des enfants, le jeune Pessi marchant en tête du groupe, tient un drapeau national, le président de la Chambre, lui caressant les joues, se déclare très heureux de lui voir ainsi porter fièrement les trois couleurs françaises et républicaines et exprime l'espoir qu'il demeurera digne de cet honneur.

Un chœur de circonstance, chanté par le groupe d'enfants, termine agréablement cette fin touchante des réceptions.

En sortant des salons de la Préfecture, M. Paul Deschanel est arrêté par M. Warnery, président du Congrès, qui a posté sur le passage du Président un homme de bien, à la bonté, au dévouement duquel, tout Montpellier rend depuis longtemps hommage, M. Cuxac.

M. Cuxac a été proposé récemment, par une pétition, pour le prix Montyon.

M. Warnery dit, en termes émus, quel homme de bien est cet humble, ce dévoué.

M. Deschanel écoute avec intérêt d'abord, avec émotion ensuite :

« Je vous promets, dit-il, la récompense que vous méritez si bien, et après la présence de mon père à l'Académie, mon plus grand bonheur sera de vous y applaudir lorsque sera proclamée la récompense qui vous est si bien due.

» Permettez-moi de vous embrasser ».

Et M. Paul Deschanel embrasse l'homme excellent et dévoué qu'est M. Cuxac que l'émotion fait pleurer.

Après les réceptions, Mme Arnaud et M. le préfet de l'Hérault offraient un déjeuner à M. Deschanel, aux principaux représentants du Congrès mutualiste et à quelques invités, parmi lesquels :

Général Faure-Biguet ; MM. Déandreis, Galtier, Perréal, sénateurs ; Bénézech, Lafferre, Salis, Bourrat, Rivals, députés ; Laissac, président du Conseil général ; Vernière, maire de Montpellier ; Baradat, premier président ; Cottignies, procureur général ; Warnery, président du Congrès ; de Casamajor, secrétaire général ; Mabilleau, Cavé, docteur Gyoux, Delmas, membres du Conseil Supérieur de la mutualité ; abbé Grimaux ; Cairoche, président du Tribunal de Commerce ; Reversat, Eug. Pams, Léon Dupré, vice-présidents du Congrès ; Lepetit, chef du secrétariat particulier de M. Deschanel ; Gérald, chef adjoint du cabinet de M. Deschanel ; capitaine Etienne ; Duponthcil, secrétaire général de la Préfecture ; Neyrand, Marc Bazille, Hébrard, Ravier, Gelinet, Carles, Casta, E. Arnaud, les Présidents des Commissions du Congrès ainsi que les membres composant le comité technique supérieur.

Menu excellent, auquel les convives ont fait honneur :

Hors-d'œuvre
Langoustes à l'Américaine
Ris de veau à la Toulousaine
Filet de renne sauce venaison
Pointes d'Argenteuil au velouté
Poulardes truffées
Chaud-froid de bécassines en Bellevue
Hermine glacée
Dessert

Pendant le déjeuner, le télégramme suivant a été adressé à M. et Mme Emile Deschanel, père et mère du Président de la Chambre :

Le Préfet et Mme Arnaud présentent leurs hommages à M. et Mme Emile Deschanel et ont l'honneur de leur adresser, au nom de tous les congressistes réunis à déjeuner à l'hôtel de la Préfecture, à Montpellier, l'expression de leurs très vives et très cordiales sympathies à l'occasion de la visite de M. le Président Deschanel.

M. et Mme Emile Deschanel ont répondu à M. le Préfet et à Mme Arnaud par le télégramme suivant :

Très touchés de votre délicate attention, nous vous remercions bien vivement en vous priant de transmettre aux congressistes toute notre sympathie.

Aussitôt après le déjeuner, M. Deschanel, accompagné par tous les invités, s'est rendu au Grand-Théâtre pour assister à la séance solennelle de clôture.

SÉANCE SOLENNELLE DE CLOTURE
AU THÉATRE MUNICIPAL

La séance solennelle de clôture du Congrès a lieu à 2 heures et 1|2 dans la salle de spectacle du Grand-Théâtre, absolument envahi par une foule immense de Mutualistes ou d'amis de la Mutualité de la ville et par tous les congressites délégués des Sociétés de la région.

La musique du 2° génie est installée à l'orchestre et prête son concours à la cérémonie.

Sur la place de la Comédie, la foule est grande et elle salue et applaudit le Président de la Chambre quand il passe en voiture.

A son arrivée sur le perron du théâtre, M. Paul Deschanel est reçu par M. Warnery, président; par M. de Casamajor, secrétaire général; par le bureau du Congrès, les principaux membres du Conseil supérieur de la Mutualité et du comité technique, qui le font monter par le grand escalier, tout décoré de verdure, au grand-foyer. Il est ensuite conduit sur la scène, où, à son entrée, la *Marseillaise* puis l'*Hymne russe* sont joués par la musique du génie et écoutés debout par toute l'assistance, tandis qu'éclatent de vifs applaudissements.

Le coup d'œil est splendide. Partout du monde, et les toilettes claires des dames mettent une note gaie sur le fond noir des costumes masculins. Il faut un bon moment avant que le calme se rétablisse, car, à chaque reprise des premières mesures de la *Marseillaise* et de *Hymne russe,* les battements de mains reprennent de plus belle.

M. Arnaud, préfet, représentant le gouvernement, occupe le fauteuil présidentiel, ayant à sa droite M. Deschanel et à sa gauche M. Warnery, président du Congrès. Viennent ensuite : MM. Faure-Biguet, commandant le XVI° corps d'armée ; Baradat, premier président de la Cour de Montpellier ; Cottignies, Procureur général ; Vernière, maire de Montpellier, etc.

Derrière, sur six rangs de fauteuils, se sont installées les diverses notabilités déjà signalées au cours de nos précédents comptes rendus et de nombreux mutualistes. Plusieurs conseillers généraux de l'Hérault, dont la session d'avril s'ouvre ce jour-là, assistent également à la séance. Remarqué aussi M. Perréal, sénateur de l'Hérault, et M. Lafferre, député de ce même département, qui viennent de se joindre à leurs collègues du Sénat et de la Chambre déjà signalés aux réceptions du matin.

Allocution du Préfet

La *Marseillaise* terminée, M. Arnaud ouvre la séance. Il exprime tout d'abord aux membres du Congrès, comme il l'a fait déjà au comité d'organisation, tous les regrets du président du Conseil, M. Waldeck-Rousseau, de n'avoir pu se rendre à l'invitation qui lui avait été adressée, et il assure l'Assemblée des congressistes de la sympathie du gouvernement pour l'œuvre éminemment utile à laquelle ils consacrent leurs efforts. *(Applaudissements.)*

Il salue ensuite M. Paul Deschanel, auquel il indique l'importance du Congrès mutualiste qui vient d'avoir lieu à Montpellier. Il constate également la sympathie avec laquelle le président de la Chambre est accueilli par tous ces mutualistes qui connaissent et apprécient à leur juste titre son dévouement à l'œuvre poursuivie par eux. *(Longs applaudissements.)*

Il insiste, parlant des décisions du Congrès, sur celle qui tend à abattre la barrière séparant l'homme de la femme. Après avoir parlé aussi de la question tendant au développement de la Mutualité rurale par la Mutualité scolaire, il préconise également l'idée d'union des Mutualités indiquée dans la conférence faite le vendredi soir par M. Mabilleau, directeur du Musée Social, et termine en invitant tous les congressistes, au point de vue patriotique, à se rendre en foule au Congrès international mutualiste qui doit avoir lieu à Paris au mois de juin.

Il prie enfin, son allocution terminée, M. Deschanel, au nom de tous les Mutualistes, de vouloir bien prendre la la présidence de l'assemblée. *(Vifs applaudissements).*

M. Deschanel prend alors place au fauteuil de la présidence et donne la parole à M. Charles Warnery, président du Congrès, qui prononce le discours suivant :

Discours de M. Warnery

MONSIEUR LE PRÉSIDENT, MONSIEUR LE DÉLÉGUÉ DU MINISTRE, MON GÉNÉRAL, MONSIEUR LE MAIRE, MESSIEURS LES REPRÉSENTANTS DES AUTORITÉS, MESSIEURS LES CONGRESSISTES ET CHERS COLLÈGUES.

Notre Congrès régional, organisé par les Sociétés de Montpellier, le deuxième Congrès languedocien touche à sa fin et va recevoir la sanction de la parole la plus autorisée.

C'est donc le moment de faire son bilan ; mais, avant de procéder à cet examen de conscience, je n'oublie pas qu'avant d'avoir eu l'honneur d'être nommé, suivant l'usage, président du Congrès, j'ai présidé le Comité d'organisation et je me sens pressé, Monsieur le Président, de vous remercier, au nom des 600 Sociétés dont les délégués représentent près de 150,000 Mutualistes, de la complaisance, de la parfaite bonne grâce que vous avez mise à répondre à notre appel. Ils n'ignorent pas que votre bonne volonté a su triom-

pher des obstacles qui se dressaient sur la route et saluent avec
enthousiasme le philanthrope, l'ami des Mutualités, qui, après Paris,
Nogent, Courbevoie, Chartres, a consenti à leur apporter à Montpellier l'aide de sa profonde conviction et de sa parole éloquente
(*Vifs applaudissements*).

Notre Congrès régional n'a pas la prétention, Monsieur le Président, d'avoir l'autorité de ses frères aînés, les Congrès nationaux ;
ses travaux, dont notre rapporteur général va rendre compte, sont
modestes, mais il a conscience d'avoir rempli le principal rôle que
ses organisateurs lui avaient assigné, celui qui est la vraie raison
d'être des Congrès régionaux ; d'avoir, par l'union des cœurs, préparé
celle des Sociétés elles-mêmes, et d'avoir ouvert la voie à la création
de la Fédération départementale ou régionale, qui offrent aux Mutualistes tout un avenir de promesses qu'il ne dépend que d'eux de
transformer en réalité *(Applaudissements)*.

Mais je ne veux pas, mes chers collègues, retarder trop longtemps
le moment que vous attendez avec impatience, où Monsieur le
Président de la Chambre des Députés, Monsieur Paul Deschanel, va
prendre la parole. C'est lui qui fera fructifier les conseils que vous
ont donnés les maîtres dévoués qui guidaient nos travaux ces jours
derniers, en vous communiquant le feu sacré qui l'anime. Aussi,
Messieurs, vous quitterez Montpellier, j'en suis convaincu, remplis
d'une nouvelle ardeur pour notre belle cause mutualiste, vous
rappelant que tout membre participant que vous enrôlez est un
soldat que vous enlevez à l'armée du désordre, que tout membre
honoraire que vous associez à nos efforts est un anneau que vous
ajoutez à la chaîne qui doit unir ceux qui vivent sans souci du
lendemain à ceux dont il n'est assuré que par le labeur quotidien
et sans relâche *(applaudissements)*. Et, Messieurs, sans vous laisser
séduire par le mirage des formules plus ou moins creuses, par des
théories plus ou moins décevantes, dans ce terrain sûr et solide de
la Mutualité défriché péniblement par nos devanciers, ameubli par
les sages lois dont nous a dotés la République, vous jetterez à pleines mains les semences que vous connaissez bien : le travail, la
prévoyance et la solidarité. La moisson lèvera, et lorsqu'elle sera
prête à être coupée (déjà elle jaunit à l'horizon, car, deux millions
aujourd'hui, nous en serons le double demain), la Mutualité aura la
plus belle des récompenses : la certitude d'avoir contribué quelque
peu au bien de la Patrie *(Vifs applaudissements)*.

La parole est ensuite donnée à M. Lepetit, rapporteur général du Congrès, qui donne lecture du rapport suivant :

Rapport de M. Lepetit

Rapporteur général des travaux du Congrès.

Monsieur le Président de la Chambre des Deputés,
Monsieur le Préfet,
Mesdames, Messieurs et Chers Collègues,

Je dois tout d'abord remercier le Congrès Mutualiste Régional de Montpellier du grand honneur qu'il a bien voulu me faire en me désignant comme rapporteur général.

Cette marque de confiance et d'estime m'a profondément touché ; je ne saurais l'attribuer à mes humbles mérites personnels : nouveau venu dans la grande famille mutualiste, je n'avais d'autre titre à votre bienveillance que ma foi de néophyte, et c'est en elle que j'ai puisé le courage d'accepter cette tâche et la force de la terminer en un temps aussi mesuré.

Mais, en désignant un des secrétaires de M. le Président de la Chambre, votre choix, Messieurs et chers Collègues, était un délicat hommage que vous rendiez par avance à celui que vous avez salué aujourd'hui.

Aussi, permettez-moi de reporter vers lui, qui m'a fait ce que je suis, une bonne part des remerciements que je vous dois.

Je suis d'autant plus heureux d'être votre rapporteur général que mon premier devoir est de souhaiter à M. Paul Deschanel, au nom du Congrès Régional Mutualiste de Montpellier, la bienvenue au milieu de nous, de lui dire qu'en n'écoutant que son cœur de Mutualiste, qu'en n'hésitant pas à entreprendre un long et pénible voyage, alors que les fatigues des travaux parlementaires exigeraient un repos bien mérité, il a su nous imposer une dette, dette bien légère dont nous sommes fiers, de reconnaissance envers lui.

Pour tous ici, Monsieur le Président, merci ! et merci surtout pour la Mutualité !

Lorsque votre ardente éloquence aura porté au sein de tous vos auditeurs la flamme qui vous anime, vous, l'un des premiers apôtres de la Mutualité ! le premier peut-être qui ayez vu dans le mouvement Mutualiste, fait de science et de cœur, les assises solides sur lesquelles nous édifierons la Société de demain, plus juste et plus humaine; croyez bien. Monsieur le Président, que, non seulement vous aurez répandu dans le cœur de ceux qui vous écoutent une chaleur bienfaisante, mais que, de bouche en bouche, d'oreille en oreille, revenus dans leurs villages, les délégués qui se pressent ici pourront, à leur tour, soutenus encore par votre puissante inspiration, travailler avec une énergie nouvelle au bonheur de leurs frères en humanité.

Au nom de la Mutualité ! Merci, Monsieur le Président !

Je m'en voudrais de ne point adresser à M. le Président du Conseil, ministre de l'Intérieur et des Cultes, nos sincères remerciements pour avoir bien voulu se faire représenter à cette séance de clôture et à tous les travaux du Congrès par M. le Préfet de l'Hérault, dont la bienveillante obligeance ne nous a jamais manqué.

Mesdames, Messieurs et Chers Collègues,

Pendant que, de tout cœur, j'essaye de dire à M. le Président de la Chambre notre joie et notre gré de le voir ici, je suis certain que je ne fais qu'accroître le désir que vous avez de l'entendre et que vous me maudissez de retarder ce plaisir.

Rassurez-vous, je serai bref :

Le Congrès Régional Mutualiste de Montpellier, dont c'est aujourd'hui la séance de clôture, s'est ouvert le 28 avril à 10 heures du matin, au Palais de l'Université.

Le bureau une fois élu, les Congressistes se sont répartis dans six grandes Commissions.

Les travaux de ces Commissions, et permettez-moi de vous dire que c'était un spectacle réconfortant que celui de ces salles bien remplies, où tous, dans des discussions courtoises, apportaient avec le même dévouement, les uns l'expérience et la sagesse de l'âge mûr, les autres l'ardeur de la jeunesse et toutes ses audaces, ces travaux ont été consignés dans six rapports que vous avez entendus en Assemblée générale.

Tous ces documents, les comptes rendus de toutes ces réunions, seront soigneusement recueillis et publiés ; pour l'instant, je veux simplement retenir les questions primordiales dont l'étude et peut-être la solution auront été l'honneur du Congrès de Montpellier.

Votre première Commission s'est occupée de l'extension de la Mutualité aux femmes et aux membres de la famille.

La première question posée était celle-ci : « Vaut-il mieux créer des Sociétés composées uniquement de femmes ou accepter les femmes dans les Sociétés d'hommes? »

S'il est une question, Messieurs, qui agite et passionne le monde mutualiste, c'est bien celle-ci, et vous vous rappelez la discussion très vive à laquelle elle a donné lieu en Assemblée générale.

Nos grands Mutualistes s'en sont depuis longtemps préoccupés. C'était M. Maze, dès 1883, à la tribune de la Chambre, c'était le Congrès de Lyon, en 1884, c'était M. Cheysson, au nom de la Ligue Nationale de la Prévoyance et de la Mutualité, c'était M. le sénateur Lourties, qui disait, dans son rapport sur les Sociétés de secours mutuels : « Il est nécessaire de favoriser de plus en plus l'accès de » la Mutualité à la femme, l'agent par excellence de l'épargne dans » le ménage». C'était enfin M. le docteur Gyoux, dans le remarquable rapport qu'il a présenté au nom du Syndicat Girondin des Institutions de Prévoyance, au cinquième Congrès national.

Tous ces Mutualistes éminents étaient tous d'accord sur le principe de l'admission des femmes dans les Sociétés de secours mutuels, dans la création de Sociétés mixtes. Ils se basent non seulement sur les statistiques du Ministère de l'Intérieur, qui montrent que ce sont les Sociétés mixtes qui sont le plus prospères, mais aussi ils envisagent le côté moral, pour ainsi dire, de la question. Et je pourrais citer à l'appui de leur thèse le mot suivant de M. Maze. Il demandait un jour à certains présidents s'ils admettaient la femme dans leurs Sociétés. « Non », lui fut-il répondu. « Alors, dit M. Maze, le mari va à droite, la femme à gauche, et l'enfant.... en face ». Le Congrès, Messieurs, s'est prononcé, vous le savez, pour la création de Sociétés mixtes.

Il est un autre point intéressant qui a été étudié par la première commission et qu'il me semble utile de faire ressortir. Sur les instances de M. le docteur Gyoux, il a été, en effet, décidé qu'il serait préférable de payer pour les enfants par famille et non par tête. On comprend facilement que demander à un père de famille de verser une somme fixe pour chacun de ses enfants, c'est lui imposer un sacrifice, une amende en quelque sorte, chaque fois qu'un nouveau-né vient augmenter sa famille. Or, depuis longtemps, les économistes, les statisticiens, les hommes d'Etat aussi, déplorent l'abaissement de la natalité en France, pendant que chez nos voisins anglo-saxons, elle progresse, au contraire. C'est là une situation extrêmement grave pour l'accroissement et peut-être même pour l'existence de notre race ; et alors que les pouvoirs publics combattent la dépopulation, que des faveurs de différentes sortes sont accordées aux familles nombreuses, les Sociétés de secours mutuels, seules, auraient frappé d'un véritable impôt progressif les joies de la paternité, l'expansion de notre race, et auraient montré moins de cœur, moins de solidarité humaine que cette collectivité administrative, l'État?

Allons donc! vous l'avez compris, Messieurs, et vous serez loués de votre décision.

La Mutualité rurale a fait l'objet des études de votre deuxième Commission.

Il est un fait, malheureusement exact, mais qui s'impose à nos constatations, c'est que les campagnes, peut-être pas autant dans le Midi, où l'on est si expansif, qu'ailleurs, sont un terrain rebelle à l'association. Le paysan a trop souvent son horizon borné par la haie ou le mur qui enclosent son champ : en face des grandes forces de la nature contre lesquelles il n'est point de digue ni de défense, son âme s'est repliée sur elle-même, et, craintif, résigné, il reste dans son isolement, soumis à ce qu'il considère comme les lois inéluctables de la misère humaine.

Sera-ce des paroles qui auront prise sur lui? Non certes! Des exemples qu'on mettra sous ses yeux? peut-être! C'est son esprit, c'est son âme qu'il faut changer.

Ce ne sont point les vieux paysans que vous amènerez à l'association. — Ce sera leurs fils ou leurs petits-fils.

Lorsque l'esprit de l'enfant est à peine formé, prêt à recevoir la semence de science et de vie, c'est ce moment qu'il faut choisir pour jeter à pleines poignées le grain qui nous donnera, pas aujourd'hui, évidemment, mais demain, une moisson de solidarité et de fraternité.

La Mutualité scolaire, Messieurs, sera le bureau de recrutement de nos Sociétés; elle vous est donc apparue, et j'emprunte les expressions du programme : « comme le premier moyen pratique pour arriver promptement à répandre les bienfaits de la Mutualité dans les campagnes ».

Un autre moyen qui vous a été proposé et que vous avez admis, mais sur lequel beaucoup d'entre vous, j'en suis sûr, ont des doutes, est l'organisation, dans chaque département, de Comités de propagande, sorte de chaires ambulantes destinées à porter partout où elle serait utile la bonne parole. C'est là une très louable institution et il est évident que le jour où elle fonctionnerait régulièrement, où le Gouvernement accorderait aux conférenciers non point des subventions, ils seraient suffisamment payés par le bien qu'ils feraient, mais tout au moins leurs frais de déplacement, elle rendrait de réels services à notre cause. C'est là le vœu très ferme que vous avez émis, Messieurs, et il ne nous reste plus qu'à souhaiter que les pouvoirs publics veuillent bien le prendre en considération.

Votre troisième Commission, Messieurs, s'est occupée de la mise en subsistance et de la Mutation.

C'est là une question très importante, au point de vue de la Mutualité ouvrière principalement. Un ouvrier, en effet, qui dépend soit d'un patron, soit d'un métier, peut à tous moments être mis dans l'obligation de quitter son pays, et, par suite, d'abandonner sa Société de secours mutuels : aussi, nombreux sont ceux qui hésitent à venir grossir les rangs des Mutualistes.

Ce serait par une organisation générale de la Mutualité, organisation qui manque encore presque totalement à la Mutualité française, la mise en subsistance et la mutation, qu'il serait possible de remédier à ce fâcheux état de choses.

Les deux procédés diffèrent : en effet, la mutation se distingue de la mise en subsistance en ce que, dans cette dernière, le Mutualiste reste Membre de sa Société où qu'il soit, tandis que, dans la mutation, le Mutualiste quitte définitivement sa Société pour entrer dans une autre.

C'est à ce dernier mode que notre 3ᵐᵉ Commission a donné la préférence ; elle a estimé, en effet, que la mise en subsistance détachait le mutualiste de sa Société, comme une branche morte, et que la mutation, si elle le change de Société, lui laisse cependant toujours « un foyer vivant d'éducation sociale ».

Des règlements semblables adoptés dans les Sociétés faciliteraient cette mutation et nul doute que l'élaboration de ces règlements doive être un des premiers soins de ces unions, de ces fédérations tant désirées par tous ceux qui songent à l'avenir de la Mutualité française.

Mais il est, dès à présent, un point particulier sur lequel l'attention du Parlement doit être appelée, et nous devons le faire avec d'autant plus d'insistance que ce n'est presque rien à obtenir, et qu'il suffit d'un mouvement de bonne volonté du Sénat.

La Chambre des Députés avait, en effet, adopté une proposition de loi de M. Fleury-Ravarin tendant à ce que tout mutualiste, momentanément éloigné de sa Société, puisse effectuer ses versements mensuels au bureau de poste de la localité où il se trouve. Et je vois ici MM. les Sénateurs du département de l'Hérault, à qui il suffira, j'en suis certain, de signaler cette proposition qui pourrait rendre de signalés services à beaucoup de nos camarades, pour qu'ils veuillent bien la faire sortir de la poussière des cartons où elle sommeille.

C'est la question des caisses de réassurances régionales qu'a eue à traiter notre 4ᵐᵉ Commission.

Les vœux très fermes qu'elle a émis ont été adoptés par l'Assemblée générale du 22 avril :

Création de Caisses de réassurances locales dans les grands centres, composées de membres adhérents collectivement ou individuellement.

On vous demandait, en outre, Messieurs, quelle était la cotisation à adopter dans votre région. Très justement vous avez estimé qu'il vous était impossible, en présence de la diversité du sol, fertile dans la plaine, aride dans la montagne, en présence de la richesse des habitants d'une partie de la région, qui contraste avec la pauvreté des autres, d'établir un chiffre fixe et vous avez laissé à chaque caisse de réassurance la liberté la plus grande à ce sujet.

Livret individuel. — M. Cavé, à la dernière séance de la 5ᵐᵉ Commission, a fait adopter un vœu admis également par l'Assemblée générale, tendant à la création d'un livret de pension mutualiste comportant, au point de vue de la retraite, l'indication des droits acquis par le Sociétaire dans chacune des Sociétés auxquelles il se serait successivement affilié et permettant, par conséquent, la constitution en participation par ces Sociétés. La 5ᵐᵉ Commission a également étudié la question des caisses autonomes prévues par la loi du 1ᵉʳ avril 1898. Par la création d'un livret spécial, cette caisse réunirait à la fois les avantages du fonds commun et du livret individuel, tout en assurant aux Sociétés leur liberté avec la garantie morale de l'Etat.

Vous avez, enfin, Messieurs, dans votre Assemblée générale du 22 avril, adopté un vœu tendant à la création de la prud'homie mutualiste dans le plus bref délai possible.

Messieurs et Chers Collègues,

Si nous jetons un coup d'œil sur l'œuvre accomplie par le Congrès, nous sommes étonnés du très grand nombre de matières qui ont été agitées et étudiées. Mais, il y a, dans toutes choses, a dit un économiste, ce qu'on voit et ce que l'on ne voit pas.

Ce qu'on voit dans le Congrès régional de Montpellier, ce sont les solutions précises que nous avons indiquées sur divers points et dont je vous rappelle les plus importantes :

a) La Société mixte est préférable à toute autre.

b) Cotisation par famille et non par tête d'enfant.

c) La mutualité scolaire est le principal moyen de propagande pour la mutualité rurale.

d) Une propagande active subventionnée par l'État doit être faite dans les campagnes.

e) La mutation, chaque fois qu'elle est possible, doit être préférée à la mise en subsistance.

f) Hâter le vote au Sénat de la proposition de M. Fleury-Ravarin tendant à permettre aux Mutualités d'effectuer leurs versements dans les bureaux de poste.

g) Création de Caisses de réassurances dans les grands centres.

h) Création de Caisses autonomes.

i) Enfin, organisation de la prud'homie mutualiste.

Voilà, Messieurs, l'œuvre positive de notre Congrès ; mais il y a autre chose, — il y a ce qu'on ne voit pas — il y a des idées qui ont été semées et qui lèveront un jour.

Parmi ces idées, il en est une à laquelle je ne saurais trop vous engager à réfléchir. Beaucoup de nos camarades se laissent absolument hypnotiser par le rôle du médecin ; ils croient que le principal objet d'une Société de secours mutuels doit être le secours médical. C'est là une très grave erreur que nous devons nous attacher à détruire. Car il est bien des endroits privés de médecins où tous les bienfaits de la mutualité peuvent quand même se faire sentir. Le secours médical doit être, avec bien d'autres, un objet que nous poursuivons, mais ce ne doit être ni le premier, ni le seul.

Il est une autre idée, vous le savez, qui, du premier jour où nous avons été réunis et où elle n'était encore qu'à l'état embryonnaire, a déjà porté ses fruits, puisque aujourd'hui l'Union des Sociétés de l'Hérault est presque faite et que les bases d'une Union des Pyrénées-Orientales sont jetées.

Vous reprendrai-je, Messieurs, les arguments développés avec tant d'éloquence par M. Mabilleau ? Ils sont présents à vos mémoires et vous êtes encore sous le charme de sa parole.

Ce qu'il vous a proposé, mais c'est la mise en pratique pour chacune de ces Sociétés, qui sont devenues vos choses, votre corps, du grand principe mutualiste : « Aidez-vous les uns les autres. »

M. Paul Deschanel le disait un jour : « L'association n'additionne pas les efforts, elle les multiplie ». Unissez donc vos Sociétés, comme vous vous êtes unis vous-mêmes, si vous voulez les voir appuyées les unes sur les autres, grandir en force et en puissance, et cette force et cette puissance se traduiront pour vous en une plus grande somme de profits et de bonheur. Fédération départementale, Fédération régionale, Fédération nationale, tels sont les trois degrés qui nous restent à franchir.

La Mutualité, cette science nouvelle qui, suivant l'expression de Luzzatti, « tient autant du cœur que de l'économie sociale », n'est plus, comme on le croyait naguère, une forme discrète de la charité : son rôle s'est agrandi singulièrement et, pour des fins nouvelles, il lui faut des organismes nouveaux.

La Société de secours mutuels est la cellule originaire autour de laquelle doivent venir se greffer toutes les autres institutions mutualistes. Mais plus l'action de votre Société va s'étendre, plus il poussera de rameaux sur la branche-mère, plus ils offriront de prise au vent et plus votre Société se trouvera en conflit avec les forces sociales.

La petite Société isolée a fait son temps et de même que le XIXe siècle aura été le siècle de l'Association des individus, il faut que le XXe siècle soit celui de l'Association des Sociétés. C'est ce que votre Comité technique supérieur a traduit dans ce vœu :

« Le Congrès émet un vœu en faveur de l'organisation de la Mutualité française par le moyen d'un réseau d'Unions et de Fédérations capables d'aborder des services mutualistes supérieurs et, avant tout, l'Assurance en cas de vie et de décès. »

Il est une autre idée, Messieurs et chers Collègues, qui a été discutée devant vous, et c'est encore à M. Mabilleau que revient l'honneur de vous l'avoir soumise.

Le principe qui est à la base de la Mutualité, c'est la solidarité, l'Association, et c'est avec ce même principe que se sont fondés et les Syndicats agricoles et les Coopératives de consommation et les Coopératives de production : aussi, a-t-on pu comparer la Mutualité à un fleuve bienfaisant qui aurait son embouchure à la coopération de production, recevant comme affluents la coopération de crédit et de consommation, la participation aux bénéfices, cette première étape de l'association du travail et du capital et, enfin, qui prendrait sa source au sein de ces Associations de prévoyance mutuelle qui parent aux besoins immédiats de la classe ouvrière en l'assurant contre les risques inévitables de la maladie, du chômage et de la vieillesse.

Ces eaux qui roulent de la source vers l'embouchure, n'est-ce pas ce grand courant irrésistible de fraternité humaine qui, à l'odieuse formule : « La lutte pour la vie », a substitué : « L'Union pour la vie ? »

Et nous avons des exemples d'associations diverses, vivant ainsi côte à côte, se juxtaposant, prêtes à se fondre.

A Saint-Laurent-d'Aigouze, dans le Gard, nous trouvons, en effet, les trois termes de l'Association : un Syndicat agricole, une Coopérative de consommation (boulangerie), une Société de secours mutuels — et, tout à la base, une Mutualité scolaire.

Ne croyez-vous pas, Messieurs, que le jour où ces trois formes de l'Association auraient fusionné, le jour où les bénéfices réalisés sur la production, réalisés sur la consommation, alimenteraient une Caisse de secours, le jour où la même Société produisant, consommant à bon compte, assurerait la maladie et la vieillesse, un grand pas ne serait pas fait vers cet idéal de bonheur, de justice et d'humanité que nous poursuivons tous et qui est déjà vivant dans nos consciences ?

C'est par une suite d'efforts communs, par une série de dévouements comme tous ceux qui se pressent ici, que nous atteindrons cette terre meilleure : nos fins sont désintéressées, certes, car ce n'est point nous qui la verrons, la Terre promise !

Qu'importe ! Ce n'est point pour nous décourager, au contraire ; on ne se bat pas toujours dans l'espoir du succès, on se bat aussi pour le panache et pour l'honneur. Vous, Messieurs, vous luttez silencieusement pour améliorer le sort de vos semblables et celui des générations futures ; mais dans votre désintéressement, au milieu de l'obscurité où se cache votre modestie, vous avez la plus noble récompense que puisse ambitionner un homme : écoutez qui vous applaudit..... c'est votre cœur, c'est votre conscience !

La lecture de ce rapport, tout à fait remarquable, est coupée fréquemment par de chaleureux applaudissements et lorsqu'elle est terminée, l'Assemblée fait une véritable ovation au jeune rapporteur.

M. Paul Deschanel se lève alors et prononce le discours suivant :

MESDAMES,
MES CHERS CONCITOYENS,

Je vous suis reconnaissant du grand honneur que vous me faites aujourd'hui.

Je remercie M. le Préfet de l'Hérault et l'éminent président du Congrès et M. Gabriel Lepetit, qui a su si bien être l'interprète de tous, dans son remarquable rapport si clair, si substantiel, si éloquent. Il a bien voulu m'appeler son maître ; je puis dire que je suis fier et heureux d'avoir de tels élèves (*Applaudissements*).

J'adresse un cordial salut aux quatorze départements, aux six cents Sociétés, aux cent cinquante mille mutualistes représentés dans cette assemblée. Je salue ce beau département de l'Hérault, qui contribue si puissamment à la richesse de la France et l'illustre ville de Montpellier qui, étant déjà depuis des siècles à la tête du mouvement scientifique, se place, par des congrès comme celui-ci, à la tête du mouvement social (*Applaudissements*).

En effet, vous aurez eu l'honneur de jeter ici les bases de la première *Fédération* régionale, et, par là, vous aurez marqué une date décisive dans l'histoire de la Mutualité française.

Messieurs, la Mutualité m'apparaît comme un vaste et magnifique édifice, dont les fondations sortent à peine de terre, mais dont nous pouvons déjà nous figurer l'ensemble dans ses grandes lignes et avec ses divers étages.

D'abord, à la base, la Mutualité scolaire.

Il y a à peine treize ans que l'éminent philanthrope qui a illustré son nom par la création des caisses mutuelles scolaires, notre ami, M. Cavé, fondait la première de ces caisses dans le dix-neuvième arrondissement de Paris. Aujourd'hui, il y en a plus de 1.000, réunissant plus de 10.000 écoles et près de 400.000 enfants. Nous devons ces admirables résultats à la persévérante énergie, à l'apostolat incessant de M. Cavé lui-même, de son fidèle collaborateur M. Edouard Petit, et au dévouement de notre corps enseignant. Je suis heureux de l'occasion qui m'est offerte dans cette glorieuse ville universitaire, à moi qui suis deux fois fils de l'Université, de rendre un public hommage au zèle et au désintéressement de nos professeurs, de nos inspecteurs, de nos instituteurs et institutrices (*Applaudissements*).

Et ce n'est là qu'un commencement ; grâce à eux, toutes les écoles de France auront un jour une petite Cavé et toutes les écoles de chaque département formeront une même association.

Ce n'est pas tout encore, nous voudrions englober dans les associations scolaires, d'une part, les élèves de nos écoles supérieures, des lycées et des collèges de filles et de garçons, et, d'autre part, les enfants assistés, les enfants trouvés ; de sorte que tous les enfants de notre France, les plus riches comme les plus pauvres, les plus heureux comme les plus déshérités, et ceux-là surtout qui n'ont d'autre famille que la nation même, soient unis, dès l'âge le plus tendre, par un lien fraternel, préparant ainsi la France de demain, la République nouvelle, fille de la prévoyance et de la solidarité (*Bravos et longs applaudissements*).

Ainsi, tous nos établissements d'enseignement public seront devenus des pépinières de Mutualités ; et, d'un bout à l'autre du territoire, va éclore une floraison splendide.

L'enfant, devenu homme, conservera les habitudes d'épargne contractées sur les bancs de l'école ; il aura compris les avantages de la prévoyance ; il saura que, grâce aux cotisations des membres honoraires, aux dons, aux subventions de l'Etat et aux intérêts des fonds placés, il recevra bien plus qu'il n'aura donné, et fera un placement plus avantageux qu'il ne le pourrait partout ailleurs ; le voilà donc membre d'une société de secours mutuels d'adultes.

C'est ici que la loi de 1898 a accompli une véritable révolution.

Jusqu'alors, la Mutualité française, enserrée dans les étroites limites du décret de 1852, était restée à l'écart du grand mouvement qui est la loi même de notre âge, je veux dire la concentration des forces laborieuses. Partout, dans tous les pays, tous les groupes similaires tendent à se fédérer pour coordonner leur action : en Angleterre et en Amérique, les *trades-unions* et les *Friendly socielies ;* en France, les syndicats ouvriers groupés autour des Bourses du travail.

La loi de 1898 permet aux Sociétés de secours Mutuels de former entre elles des *Unions* et même des *Fédérations*, et de combiner leur action avec celles des syndicats professionnels ; il s'agit de profiter des avantages qu'elle vous offre.

Certes, il est des services auxquels les Sociétés isolées excelleront toujours, celui de la maladie, par exemple, parce que là seulement peut s'exercer la surveillance nécessaire. Mais il en est d'autres auxquels ne suffisent guère les groupes isolés et qui seront l'affaire des *Unions :* continuation des secours en cas de maladie, réassurances, mise en subsistance, pharmacie coopérative, création de dispensaires, d'orphelinats, de cours professionnels ; placement et prêt gratuit ; enfin l'assurance vie et décès — forme de prévoyance moins égoïste et plus prudente que la retraite, fort en honneur chez les peuples anglo-saxons.

Puis au-dessus de l'*Union,* la *Fédération* accomplira des fonctions encore plus étendues et plus complexes ; elle organisera les retraites et les assurances, là où les *Unions,* faute de ressources, n'auront point réussi.

Les cotisations affectées aux retraites seront mieux utilisées par la *Fédération* que par les Sociétés isolées : car l'assurance est dominée par la loi des grands nombres ; les risques s'atténuent à mesure que la base de l'assurance s'élargit, c'est-à-dire à mesure que le nombre des assurés augmente.

Avec les mêmes moyens, vous obtiendrez des résultats très supérieurs. C'est le cas des syndicats agricoles, où les petits propriétaires ont pu se procurer, au moyen de l'association, certains avantages de la grande propriété.

Tout cela, bien entendu, sans toucher à l'autonomie des Sociétés existantes ; elles conserveront tous les droits et les pouvoirs qu'elles tiennent de la loi, leur administration, leur recrutement, leurs statuts ne seront pas mis en question ; les services qu'elles ont déjà organisés restent exclusivement à elles, sauf délibération spéciale de leur part ; elles déterminent elles-mêmes, en adhérant à l'*Union* ou à la *Fédération,* la part de collaboration qu'il leur plaît d'y apporter.

D'autre part, la nouvelle loi permet aux Sociétés de secours mutuels de combiner leur action avec celle des syndicats professionnels.

Or, les syndicats agricoles comptent environ un million de cultivateurs ; et il n'y a parmi eux que 25.000 Mutualistes. Il faut greffer la Mutualité sur le Syndicat agricole ; la Mutualité doit conquérir les campagnes.

Si nous continuons sans relâche nôtre apostolat, si vous vous organisez suivant le programme que je viens d'esquisser, au lieu de deux millions, vous serez quatre millions, dans dix ans, et dans ces quatre millions figureront les trois quarts des travailleurs adultes de 30 à 55 ans. Cette armée de citoyens d'élite, unis par la plus étroite solidarité, sera invincible pour le bien (*Vifs applaudissements*).

Assurément, la Mutualité n'est pas une panacée ; il n'y a point de panacée, et c'est la grandeur de la vie humaine que le moindre progrès, le moindre acheminement vers un peu de justice et un peu plus de bonheur coûtent beaucoup d'efforts et de peines ; mais je crois que l'idée qui nous réunit est une de celles qui, d'ici un quart de siècle, auront le plus profondément transformé la Société française ; j'aperçois, dans le principe de la Mutualité perfectionné et agrandi, un puissant instrument de sécurité, de concorde et de relèvement, un des moyens de résoudre la question sociale *(Longs applaudissements)*.

La question sociale, en effet, n'est pas seulement la question du pain : en même temps que matérielle, elle est aussi intellectuelle et morale. Et ici encore, vos associations rendent et rendront de plus en plus à notre peuple des services essentiels.

Elles sont des foyers d'éducation civique. Lorsque les citoyens ont appris à débattre leurs intérêts, touché du doigt les difficultés de la pratique et discuté des questions aussi délicates que celles des retraites, par exemple, il est impossible qu'ils soient désormais accessibles à l'esprit d'aventure et de chimère. Leur raison, en passant au crible de la controverse, s'épure. Elle ne se laisse plus prendre au mirage des formules, à la piperie des mots *(Applaudissements)*.

Et l'Association joue aussi un rôle moral.

Tel, qui, avant d'y entrer, n'avait eu peut-être que la notion d'un intérêt étroit, borné, l'intérêt individuel, ou même la notion d'un intérêt plus large, mais égoïste encore, l'intérêt familial, voit briller à ses yeux la notion d'un intérêt plus haut, plus noble, celui de la collectivité dont il fait partie, et, par conséquent, de la Société tout entière. Il comprend qu'il peut compter sur les autres, à la condition que les autres puissent également compter sur lui. Et, par là, vos Associations deviennent les plus solides assises de la Nation, car elles fortifient chaque jour cette vertu qui est le fondement même de la République : la Fraternité *(Vifs applaudissements)*.

Enfin — et c'est peut-être là, par-dessus toutes les autres, la raison de l'affection profonde que je vous porte, et l'irrésistible élan qui m'entraîne vers vous — vos Sociétés sont autant de foyers de concorde civique *(Applaudissements)*.

Oui, c'est pour cela surtout qu'elles nous sont chères ; car c'est de cela surtout que la France a besoin désormais, — de concorde, — pour accomplir les grandes œuvres, que le destin a imposées à notre génération. L'instrument premier du relèvement et de la grandeur de notre pays, c'est la paix entre les Français. Et travailler à la puissance de notre noble et adorée patrie, c'est encore le plus sûr moyen, voyez-vous, de servir la cause de la civilisation, de l'humanité et de la justice *(Bravos et longs applaudissements)*.

M. Paul Deschanel termine enfin par une éloquente péroraison où il évoque le rôle civilisateur de la France dans le monde et à travers l'histoire.

Et qu'est-ce donc lorsque votre Patrie est comme la nôtre une de ces patries éternelles de la Beauté, de l'Art, de la Justice, qui se sont appelées dans l'antiquité Athènes et Rome, et qui aujourd'hui s'appelle la France ?

« Athènes a brillé dans le monde et dans l'histoire, par son amour de l'Art, par l'esprit élevé de ses philophes, l'éclat de ses orateurs ; Rome a répandu son renom par son esprit d'organisation, son génie puissant et ordonné. Mais combien plus belle, combien plus grande, notre douce patrie de France, qui est par excellence la patrie éternelle de la Justice et qui, à travers les siècles a été le champion de toutes les nobles causes.

» Ce fut la France des Croisades qui, d'un élan de foi, se porta sur les rivages méditerranéens, qu'elle conquit à la civilisation.

» Ce fut la France de la Révolution portant à travers l'Europe, dans les plis sacrés du drapeau tricolore, les grandes idées de Liberté, d'Egalité, de Fraternité, et continuant par l'épée des héros que furent les Hoche, les Marceau, les Kléber, l'œuvre d'émancipation libératrice commencée par la plume, par les Voltaire, Rousseau et Montesquieu.

» Ce fut la France de l'Edit de Nantes proclamant les idées de tolérance religieuse.

» Ce fut la France de la Nuit du 4 août, sacrifiant les privilèges au profit de tous.

» C'est la France qui a été partout et sera toujours la Bienfaitrice de l'Humanité, et le Soldat du Droit éternel. »

Cette péroraison, hachée par des salves d'applaudissement, est saluée à la fin par un triple ban, et l'Assemblée fait une longue ovation à l'orateur.

DISTRIBUTION DES RÉCOMPENSES

Les applaudissements qui ont salué le discours de M. Deschanel calmés, M. le préfet Arnaud annonce qu'il va procéder à la désignation des Mutualistes dont le dévouement a été récompensé par le gouvernement, mais qui, ajoute-t-il, « viennent de recevoir la meilleure des récompenses en écoutant l'homme éminent que nous venons d'applaudir ». *(Vifs applaudissements.)*

M. Arnaud remet alors les palmes d'officier de l'Instruction publique à M. de Casamajor, le dévoué secrétaire général du Congrès et celles d'officier d'Académie à MM. Warnery, président du Comité du Congrès ; Justin Reversat, président de la Société des Commis et employés de Montpellier ; Léon Dupré, fondateur de l'Union du commerce de Béziers, et Albagnac, conseiller municipal de Montpellier.

M. Deschanel serre la main et complimente tous ces nouveaux officiers, et MM. de Casamajor et Warnery s'embrassent au milieu des applaudissements de l'Assemblée.

Il est ensuite procédé à la remise de deux croix de chevalier du Mérite agricole, décernées à MM. Louis Guiral, chef de comptabilité du Syndicat agricole à Montpellier, et Marius Malbec, constructeur de machines agricoles à Béziers.

Sont ensuite distribuées des récompenses mutualistes intéressant spécialement le département de l'Hérault.

LA FÊTE ENFANTINE DU PEYROU

La fête enfantine qui a eu lieu, à quatre heures et demie, a été réussie en tous points. Elle se faisait au Peyrou, et notre magnifique promenade est bien faite pour servir de cadre à pareille réunion d'enfants roses, aux costumes clairs.

L'arrivée du cortège officiel a été saluée par des applaudissements, tandis que la musique du 122ᵐᵉ de ligne et celle de la *Sainte-Cécile* exécutaient un des meilleurs morceaux de leur répertoire.

Sur l'estrade d'honneur avaient pris place : MM. Paul Deschanel ; Arnaud, préfet de l'Hérault ; Faure-Biguet, général commandant en chef le XVIᵐᵉ corps ; Vernière, maire de Montpellier ; Cavé, Dʳ Gyoux, Bletton, Delmas, Warnery, président du Congrès ; de Casamajor, secrétaire général ; Darquier, du Conseil supérieur de la Mutualité, et un grand nombre d'autres personnalités. Derrière l'estrade, beaucoup de dames en élégantes toilettes.

Immédiatement après l'arrivée du cortège officiel, un défilé d'un grand nombre d'élèves, filles et garçons de nos écoles, a eu lieu devant l'estrade d'honneur. Ce défilé, très pittoresque, s'est déroulé dans l'allée centrale de notre belle promenade, aux accents d'un pas redoublé joué simultanément par les deux musiques : il offrait à l'œil un spectacle charmant, étant donné que celles et ceux qui marchaient au rythme musical, nantis chacun du drapeau national, étaient de toutes jeunes fillettes et de petits garçonnets.

Le défilé terminé, le chœur suivant, dont M. J. Lacroix est l'auteur quant à la musique, et M. J. Bénézet le poète,

chœur dont le titre indique assez la tendance mutualiste,
a été ensuite chanté par les fillettes et les jeunes garçons,
devant la tribune d'honneur :

LA MAIN DANS LA MAIN

PREMIER COUPLET

Venu des cimes éternelles,
L'ange de la Fraternité
Couvre de ses immenses ailes
Notre radieuse Cité.
A son feu sacré qui scintille
Dans tout l'éclat de sa splendeur,
Enfants d'une même famille
Allons réchauffer notre cœur.

DEUXIÈME COUPLET

Que l'amitié soit notre égide
Formons aujourd'hui ce serment
Que sur nos fronts pas une ride
Ne dessine son trait méchant.
La « Mutualité » console ;
Elle sourit à nos berceaux,
Et, lorsque notre âme s'envole,
Elle pleure sur nos tombeaux.

TROISIÈME COUPLET

Fixons bien dans notre mémoire
Le souvenir de ce grand jour :
Heureux précurseur de la gloire
Et du triomphe de l'amour.
Qu'à l'école, nid d'espérance,
Où gazouille et grandit l'enfant,
Chaque jour pour lui recommence
Le doux refrain de notre chant.

QUATRIÈME COUPLET

La « Mutualité » féconde,
En nous déversant son Trésor,
Sur tous les points de notre monde
Fera fleurir des épis d'or.
Et lorsque, de cette pâture,
Tout l'univers sera rempli,
Nous aurons la paix la plus sûre
Et le plus beau rêve accompli.

CINQUIÈME COUPLET.

Protecteur de notre jeunesse,
A vous nous dédions ces chants :
Qu'ils soient doux comme une caresse,
Puisqu'ils sont dits par vos enfants.
Animés d'une sainte flamme,
Que l'amour seul peut attiser,
Ils les offrent avec leur âme,
Ils les donnent comme un baiser.

La foule a applaudi chaque couplet et le refrain :

> Soyons unis comme des frères;
> Et, suivant le même chemin,
> Aux mauvais jours, aux jours prospères,
> Marchons tous la main dans la main.

Les chœurs sont très réussis.

M. Lacroix, qui dirige lui-même son petit monde de chanteurs, a su obtenir de ces derniers un ensemble parfait, qui a mis en relief les qualités musicales dont le compositeur a donné si souvent la preuve.

Des applaudissements, partis de la tribune d'honneur, ont prouvé au compositeur et au poète que leur œuvre commune avait su plaire à tout le monde.

C'est, du reste, ce qu'a dit, en termes aimables, M. Paul Deschanel à MM. Lacroix et Bénézet en les félicitant.

Une fillette a dit ensuite un compliment joliment tourné au président de la Chambre. Ce dernier a remercié chaleureusement la mignonne enfant et l'a embrassée affectueusement sur les deux joues.

M. Arnaud, préfet de l'Hérault, a pris la parole pour remercier de son côté. Il a dit combien il avait à cœur la réussite des œuvres de Mutualité scolaire. M. Cavé, après le Préfet, a parlé dans le même sens, exprimant le désir que la Mutualité prenne toute l'extension nécessaire.

La lecture du palmarès terminée, les enfants des écoles ont de nouveau défilé devant la tribune d'honneur, pendant que les musiques se faisaient entendre.

Cette fête, qui a charmé véritablement ceux qui ont eu le plaisir d'y assister, s'est terminée à 5 heures. La foule énorme venue au Peyrou a salué par ses applaudissements, une deuxième fois, le président et le cortège officiel.

M. Deschanel, accompagné du Préfet, a parcouru le Peyrou, est monté sur la plate-forme du Château-d'Eau et s'est extasié devant le magnifique panorama étalé à ses yeux.

« J'admire votre pays, disait-il, et je suis heureux dou-
blement d'y avoir été appelé par la circonstance actuelle.
La Mutualité dans ce cadre, c'est merveilleux. »

Le garde du Peyrou ouvre la grille de l'aqueduc.
M. Paul Deschanel s'engage sur les Arceaux, accompagné
de M. Vernière, maire, du général Faure-Biguet, du préfet Arnaud et admire encore le magnifique paysage.

M. Deschanel, rentré à la Préfecture, est ressorti pour
aller rendre au Général en chef et au Maire la visite que
ceux-ci lui avaient faite le matin.

LE BANQUET

Dès 6 heures du soir, une grande foule de curieux cir-
cule dans l'avenue de Toulouse, et aux abords de l'immense salle où a lieu le banquet. C'est dans un chai d'une
longueur considérable et pouvant contenir 1500 personnes,
qu'est dressé le couvert des 1200 convives, qui ont tenu
à clore les travaux du Congrès par cette réunion amicale.

L'aspect de la salle est des plus pittoresques ; sur une
profondeur de 150 mètres, une série de petites tables de
30 couverts est dressée avec un art élégant qui fait le plus
grand honneur au goût du Vatel qui a eu la charge du
banquet, M. Michel, et aux membres du comité d'organisation.

Au plafond, des quantités d'oriflammes aux couleurs
franco-russes flottent gaiement.

Les murs sont masqués par des guirlandes de verdure
et par des panoplies, fournies par le corps d'armée.
L'estrade d'honneur est transformée en un magnifique
jardin du plus bel effet. Les plantes et les arbustes ont
été fournis par les membres honoraires et par M. Aymar,
l'habile fleuriste montpelliérain.

L'éclairage de la salle au moyen de becs de gaz acétylène était réellement éblouissant. Personne n'en saura surpris quand on saura qu'il avait été confié à M. Cavayé.

Le menu est des plus délicats. En voici la teneur :

Bouchées (à la Fraternelle)
Saumon de la Loire (Franco-Russe)
Filet de Lyon (à la Czarine)
Dindonneaux rôtis (à la Vigneronne)
Salade cœurs d'artichauts et truffes (à la Joubert)
Bombes glacées (Présidentielles)
Dessert varié
Corbeilles de fruits
Vin rouge Roussillon
Vin blanc Picquepoul
Champagne Henri Bayen de Lépine
Café fine Champagne

Ce menu devait être imprimé sur un dessin en deux couleurs du peintre Max Leenhardt. Le colis postal qui apportait les épreuves du tirage n'était malheureusement pas arrivé au moment du banquet.

La Table d'honneur

La présidence du banquet est donnée à M. Deschanel, qui a M. Arnaud, préfet, à sa droite, et le général Faure-Biguet, commandant le XVI* corps, à sa gauche.

Viennent ensuite MM. Vernière, maire de Montpellier, Warnery, président dn Congrès ; Déandreis, Perréal, et Galtier, sénateurs ; les députés Bénézech, Salis, Lafferre, de l'Hérault ; Bourrat, des Pyrénées-Orientales ; Rivals, de l'Aude ; MM. Darquier, Cavé, Gyoux, du conseil supérieur de la Mutualité ; Laissac, président du conseil général de l'Hérault ; Cottignies, procureur général, Guibal, Ingénieur en chef du Département, et un certain nombre d'autres personnalités.

Durant tout le cours du banquet, l'excellente musique du 2* génie, que dirige avec tant d'habileté M. Eustace, fait entendre les meilleurs morceaux de son répertoire.

Offre d'un bronze

Au champagne, M. Albagnac, conseiller municipal de Montpellier et président de la Fédération régionale du Midi, se lève, et prononce les paroles suivantes qui expriment les sentiments de tous les congressistes :

Mesdames, Messieurs,

Les délégués des Sociétés de secours mutuels, animés d'un esprit de solidarité et de reconnaisssance, se sont cotisés dans le but d'offrir un souvenir affectueux au dévoué secrétaire-général du Congrès, M. de Casamajor, afin de cimenter, par ce faible don de reconnaissance, l'union et la concorde dont il n'a cessé de donner l'exemple pendant toute la durée des assises de ce Congrès, qui aura un retentissement immense non seulement dans les simples hameaux de notre région, mais aussi dans la France entière.

Et M. Albagnac, aux applaudissements de tous, offre à M. de Casamajor le joli bronze de Lalouette, « Le Printemps », sur lequel on a fait graver la dédicace suivante :

*A M. N. de Casamajor, secrétaire général du Congrès,
Témoignage d'affection et de reconnaissance.*

23 avril 1900.

Toast du Préfet

M. le préfet Arnaud, prenant la parole un moment après M. Albagnac, convie tous les Mutualistes à boire avec lui au président de la République, au grand citoyen qui a eu des débuts difficiles au commencement de sa carrière, mais qui, persévérant avec la conscience de faire son devoir, vient d'avoir sa récompense en ouvrant l'Exposition universelle qui est la gloire du monde civilisé.

En buvant au chef de l'Etat, M. le Préfet boit au premier Mutualiste de France.

M. Warnery, président du Congrès, prononce le discours suivant :

Discours de M. Warnery

MONSIEUR LE PRÉSIDENT,

Nous ne vous recevons pas dans un palais, mais dans un magasin, qui, s'il est un peu orné et enguirlandé, n'en est pas moins un chai, l'instrument de travail du pays. Les mets qui figuraient au menu n'étaient pas non plus des plats recherchés, et n'avaient d'autre mérite que de représenter le pain et le sel, c'est-à-dire l'hospitalité que nous sommes heureux de vous donner.

Mais si nous avons tenu à rester simples, nous ne vous en recevons pas moins avec cordialité ; cette cordialité franche et émue que vous avez certainement retrouvée dans toutes les réunions mutualistes auxquelles vous avez fait l'honneur d'assister. Chez nous, à ce sentiment, s'ajoute encore la plus vive reconnaissance pour vous, Monsieur le Président, qui, dès votre arrivée, nous avez traités comme des amis, et qui, cette après-midi, dans votre magnifique discours, nous avez transportés dans ces régions élevées ou l'esprit et le cœur peuvent s'abreuver aux sources les plus vives et les plus pures. Merci, Monsieur le Président, au nom des Mutualistes que j'ai l'honneur de représenter encore pendant quelques instants. Merci, au nom de la Mutualité.

Le bureau du Congrès a encore une autre dette de reconnaissance à acquitter envers M. le Général en chef et les autorités militaires, qui nous ont prêté leur concours sans réserves ; envers M. le Préfet, qui nous a prodigué ses conseils éclairés et amicaux ; envers la ville de Montpellier, qui ne nous a marchandé ni son aide financière, ni son assistance morale ; envers M. le Recteur de l'Université, qui, Messieurs, vous a logés comme des princes ; enfin, à toute la presse sans distinction de nuances et d'opinions. Cette dette, Messieurs, je mets tont mon cœur à l'acquitter et comme moi, Messieurs, vous y mettrez le vôtre.

Mais vous ne vous bornerez pas, n'est-ce pas, à y applaudir ; de cette union de toutes les autorités, qui a eu pour résultat de tant nous faciliter notre Congrès, vous en tirerez une conclusion : c'est que l'idée mutualiste fait du chemin et que les pouvoirs publics se rendent bien actuellement compte que tant qu'en France, on prodiguera les subventions aux arts, aux industries, à la navigation, à l'assistance publique, et que tant que l'Etat croira avoir charge d'âmes, les Sociétés de secours mutuels doivent tenir la première place dans ses préoccupations ; et, dès lors, vous deviendrez plus hardis, plus affirmatifs, et lorsque vous verrez un de vos frères prêt à tomber dans le découragement et à plier sous le faix, vous pourrez lui crier avec conviction et en lui tendant la main : « Aide-toi ! Aide-toi ! la Société t'aidera ! »

Et maintenant, Messieurs, dans quelques heures l'écho même de ces fêtes sera évanoui ! Qu'en restera-t-il ?

« Rien ! » diront nos adversaires ; « quelques discours et quelques rubans de plus », diront les sceptiques. Je ne le crois pas, cependant ; et lors même que les Unions et la Fédération que nous allons chercher à faire n'aboutiraient pas, les cœurs de nos Sociétés n'auraient pas moins battu à l'unisson pendant quatre jours : elles n'en auraient pas moins senti passer sur leurs têtes le souffle de la fraternité.

Du reste, le souvenir seul de ses fêtes, j'en suis convaincu, pourra porter quelques fruits. Pour vous, Monsieur le Président, il sera, nous l'espérons, un réconfort dans ces heures de découragement ou d'amertumes, auxquelles ne sauraient échapper, dit-on, ceux qui, comme vous, consacrent leur vie à la chose publique.

Pour nous, il se condensera en un précieux encouragement et, dans un sentiment de profonde reconnaissance pour le témoignage que vous nous avez donné, non pas d'une amitié quelconque ou d'une simple amitié politique que Petit-Senn, le philosophe genevois, accusait d'être fondée surtout sur des haines communes, mais de la plus belle des amitiés ; celle qui, au contraire, est basée sur un amour : l'*amour du travail, de la prévoyance et de l'aide mutuelle*. C'est dans ce sentiment de vive gratitude que, Messieurs, je sais être le vôtre, que j'élève mon verre en l'honneur de M. Paul Deschanel, président de la Chambre des députés. (*Vifs applaudissements*).

Toast de M. Darquier

M. Darquier, représentant du IXe collège électoral Mutualiste au conseil supérieur de la Mutualité, s'adresse au nom de ce collège, à M. Deschanel dont la présence ici indique toute l'importance du Congrès régional qui se termine ce soir.

Après avoir parlé de l'avenir mutualiste que M. Paul Deschanel a fait entrevoir dans son discours de l'après-midi, M. Darquier, au nom de la belle région du Midi, unie dans une même pensée de fraternité, boit à M. Paul Deschanel, le guide et la tête de la Mutualité.

Discours de M. Bourrat

M. Bourrat, député des Pyrénées-Orientales, prend la parole.

Avec beaucoup de chaleur et en termes élégants, M. Bourrat, au nom des délégués étrangers à la ville de Montpellier, remercie de l'accueil cordial et sympathique qui a été fait aux Congressistes.

Il remercie M. Vernière, le sympathique maire de la ville de Montpellier, de cette hospitalité bienveillante.

Mais il n'y a pas là de quoi surprendre dans une ville qui, depuis des siècles, est à la tête du mouvement scientifique, et qui a de vieilles traditions d'urbanité et de courtoisie.

Aujourd'hui, Montpellier prend la tête d'un mouvement important, et y apporte son esprit de sincérité, d'affabilité, d'entrain qui est général au Midi, mais qui revêt dans cette ville un caractère spécial d'activité.

M. Bourrat boit à la ville de Montpellier, à son sympathique maire. *(Vifs applaudissements.)*

Discours de M. Vernière

M. Vernière prononce le discours suivant :

Monsieur le Président,
Messieurs,

Comme maire de la ville de Montpellier, j'ai l'agréable devoir de lever mon verre en votre honneur et de vous remercier au nom de mes collègues de la municipalité et du conseil municipal, au nom de la population, d'avoir choisi notre ville pour y tenir les assises de votre Congrès régional.

Vous avez vu par l'accueil cordial que vous avez reçu, par le courant de sympathie qui s'est très rapidement établi entre vous et notre population, qu'elle ne se désintéressait pas des graves questions de solidarité qui font l'objet de vos préoccupations.

Vous vous êtes aperçu aussi, M. le président, par les acclamations respectueuses qui ont salué votre passage, combien cette population était profondément et ardemment dévouée à la République, dont elle était heureuse de saluer en vous une des plus hautes personnalités.

Nous aurions voulu vous offrir, Messieurs, une hospitalité plus large, plus brillante ; mais, hélas! les ressources budgétaires des villes ont des limites qu'il n'est guère permis de dépasser. Mais, laissez-nous espérer que telle qu'elle a été, vous en garderez longtemps le souvenir, comme nous conserverons toujours, nous-mêmes, celui de votre séjour parmi nous.

Je lève mon verre en l'honneur de M. Deschanel, le si distingué président de la Chambre des députés, l'orateur éminent, le mutualiste infatigable (*Vifs applaudissements*)..

Je bois à M. le Préfet de l'Hérault, à M. Arnaud qui, à peine arrivé parmi nous, a su gagner toutes les sympathies par ses talents d'administrateur et les qualités de son caractère (*Vifs applaudissements*).

Je bois à vous tous, Messieurs, qui n'oublierez pas, je l'espère, lorsque sonnera bientôt l'heure de la séparation, que vous laissez ici des amis dévoués et des cœurs battant à l'unisson des vôtres (*Applaudissements prolongés*).

Toast de M. Castets

M. Castets, doyen de la Faculté des lettres, prend la parole en ces termes :

MESSIEURS,

Je regrette très vivement que M. le recteur Benoist n'ait pu représenter ce soir au milieu de vous l'Université de Montpellier, et vous exprimer lui-même, avec l'autorité et le charme de son éloquente parole, l'intérêt avec lequel nous suivons vos généreux efforts.

En offrant au Comité d'organisation du Congrès pour vos réunions les salles universitaires, il vous a donné une marque effective d'une sympathie que nous partageons tous.

Comment l'Université pourrait-elle être indifférente à ce grand travail que vous poursuivez avec un zèle infatigable, et qui a pour conséquence, non seulement de remédier à bien des maux, mais de développer ces sentiments de solidarité dans la liberté qui sont la condition et le gage du progrès démocratique?

La charité et la bienfaisance ne sont pas choses nouvelles dans le monde, et nul siècle peut-être n'a été plus soucieux d'adoucir les souffrances des classes laborieuses que le dix-huitième siècle.

Il y eut un concert merveilleux de bonnes volontés, et un jour, en 1788, l'on trouva dix-sept milles livres en or dans le tronc des pauvres de St-Roch.

Mais le grand philanthrope Chamousset lui-même reconnaissait que la bienfaisance n'est qu'un palliatif, et en Angleterre, l'auteur de Robinson Crusoë professait, il y a deux siècles, que la véritable charité ne consiste pas à faire l'aumône: *Giving no alms, charity,* formule, d'ailleurs, dont je suis loin d'approuver la sécheresse.

La solution est ailleurs, dans l'Association de secours mutuels, que les Grecs et les Latins avaient connue, et qu'ont reconstituée ces protestants chassés de France par la révocation de l'Edit de Nantes, qui organisèrent en Angleterre la Société des Parisiens, la Société Normande, la Société de Haute et Basse-Normandie, la Société des Picards et des Wallons.

L'isolement à l'étranger, la communauté du besoin, furent l'origine de ces créations que les Anglais, gens pratiques, se sont empressés d'imiter avec le succès que vous savez.

Aujourd'hui, la concurrence industrielle et commerciale, la lutte pour la vie, lutte devenue plus âpre, font une situation dont nul n'a le droit de se désintéresser, car, comme le disait éloquemment Stuart Mill : « Une mêlée où l'on se foule aux pieds, où l'on se coudoie, où l'on s'écrase, où l'on se marche sur les talons, ne saurait être la destinée la plus désirable pour l'humanité ».

Faut-il s'en remettre à l'État, à cet agent irresponsable et anonyme du soin de remédier à tout ? Vous n'y pensez point. Sans dédaigner le concours utile qu'il peut vous donner par des lois intelligentes et généreuses, vous comptez d'abord sur vous-mêmes, sur l'union de vos dévouements et sur votre esprit de prévoyance.

Le mérite éminent, vraiment admirable, de vos associations est d'unir deux principes qui, de prime abord, paraissent contraires : l'assistance et la prévoyance, le secours reçu et la dignité personnelle. L'assisté, grâce à une contribution légère, a la conscience de s'assister lui-même.

Messieurs,

J'ai eu l'honneur d'assister et de m'instruire à plusieurs de vos réunions, à l'une entre autres où il a été question de la part qui est désormais faite à la Mutualité scolaire.

L'honorable M. Cavé a droit à la reconnaissance de tous les amis de l'enfance, de tous ceux qui voient dans le passage à l'école un premier apprentissage du devoir. L'économie, la prévoyance ne sauraient être pratiquées trop tôt.

Nous vivons à une époque où parler librement des Associations n'entraîne plus les inconvénients ou les dangers que les hommes de ma génération ont traversés. Nous éprouvons un bonheur tout particulier, une joie intense, quand il nous est permis de prendre part à des travaux, tels que ceux dont vous donnez l'exemple dans ces Assises, que j'ose dire glorieuses, car elles seront fécondes pour le bien de la France.

Au nom de l'Université de Montpellier, je bois à la Mutualité française, à cette grande union d'honnêtes gens, de bons et loyaux citoyens ! (*Applaudissements prolongés.*)

Toast de M. Pams

M. Eugène Pams, président de la Société de secours mutuels de Port-Vendres, parle au nom des Mutualistes roussillonnais :

Messieurs,

Je suis l'interprète des Mutualistes du département des Pyrénées-Orientales en levant mon verre en l'honneur des Sociétés de l'Hérault et en particulier de celles de la ville de Montpellier (*Applaudissements*).

Nous avons été conviés à ces assises solennelles pour contribuer par nos modestes moyens à l'étude, à la réalisation d'une œuvre de progrès, de concorde et d'union.

Nombreuses sont les Mutualités roussillonnaises qui ont adhéré à ce programme et qui ont répondu à l'appel qui leur a été fait par le Comité d'organisation et par notre compatriote, M. de Casamajor, le dévoué et vaillant secrétaire général, que je suis heureux de saluer en passant (*Applaudissements*).

Nos cœurs ont battu à l'unisson durant ces quelques jours dans un même sentiment de fraternelle solidarité.

Nous emporterons dans notre petite patrie, avec le souvenir de cette belle manifestation mutualiste, la très grande joie d'avoir appris, avec l'aide de tant d'hommes éminents, les moyens de soulager les souffrances matérielles inhérentes à la classe ouvrière.

Nous dirons à nos concitoyens comment on peut, avec un peu de dévouement et l'amour de ses semblables, contribuer au relèvement de la dignité humaine, à la conquête des droits et privilèges qu'elle mérite (*Vifs appleudissements*).

Discours de M. Deschanel

M. Paul Deschanel prend alors la parole.

Il monte sur la table même, et, avec une aisance remarquable, un brio qui enlève la salle, il invite tout le monde à se rapprocher, à se serrer, afin que l'on entende ce qu'il va dire, et s'adressant aux membres de la presse :

— Approchez-vous, confrères.

Tout le monde s'avance près de la table d'honneur. Une foule compacte est là, serrée, pressée, curieuse, après la séance de l'après-midi, d'entendre les paroles du président de la Chambre. Debout sur la table, avec un geste à la fois résolu et enveloppant, M. Paul Deschanel commence ainsi :

MES CHERS CONCITOYENS,

J'emporterai de Montpellier un souvenir qui me suivra toute ma vie : le rayon de la grâce méridionale, de cette grâce irrésistible du Midi, que j'ai ressentie non seulement dans les effluves de votre beau soleil, mais aussi dans la réception chaleureuse que vous me faites.

Aussi, j'estime que cette journée sera féconde pour notre démocratie laborieuse et républicaine (*Vifs applaudissements*).

L'histoire de la Mutualité est ancienne ; elle remonte aux corporations du moyen âge, qui ont été l'origine de ce grand mouvement mutualiste dont nous voyons aujourd'hui l'éclosion.

Comme toutes les choses humaines, comme toutes les institutions, cette idée s'était corrompue dans son application, de sorte que la grande effluve de la Révolution a été nécessaire pour libérer le travail et affranchir les travailleurs (*Applaudissements*).

Mais, comme il arrive toujours ou presque toujours, en France, pays de la logique à outrance, en 1791, la loi Chapelier détruisit l'association et son principe, en défendant que des réunions aient lieu pour la défense de prétendus intérêts communs.

Ainsi, on interdisait de se réunir, cela ne pouvait pas durer.

La liberté d'association, qui avait été rétablie en 1848, fut supprimée par l'Empire, et c'est l'impérissable honneur de la troisième République de l'avoir rétablie par la loi de 1884 sur les syndicats professionnels, et complétée par la loi de 1898 (*Vifs applaudissements*).

Eh bien ! mes chers concitoyens, j'aperçois l'aurore d'un ordre nouveau, plus rationnel et plus équitable, car l'Association décuplera les forces de la race humaine.

On a dit que j'étais socialiste, parce que j'avais dit à la Chambre que le contrat du travail n'était pas un contrat comme tous les autres contrats ; que la personne humaine elle-même y est engagée, la créature qui vit, qui pense et qui souffre.

Je ne m'en dédis pas. Ceux-là ont une vue singulièrement superficielle qui s'imaginent que l'organisation actuelle du travail est immuable, que el salaire sera toujours fixé tel qu'il l'est aujourd'hui, que les rapports entre le capital et le travail seront éternellement soumis aux mêmes règles. Sans parler des révolutions, de la science, dont les effets sont incalculables, est-ce que l'organisation du travail dans une centaine d'années ne sera pas aussi différente de celle d'aujourd'hui que la nôtre peut l'être de celle de la fin du dix-huitième siècle ? (*Vifs applaudissements*).

Le principe d'association s'organise de toutes parts. « Les ouvriers, suivant le mot de Littré, prendront de plus en plus la direction de leurs propres destinées. » La vie de l'atelier ira toujours s'élevant, se spiritualisant. Nous devons préparer le jour où le contrat de travail, au lieu d'être, comme il l'est encore trop souvent aujourd'hui, un arrangement imposé par l'une des parties à l'autre, sera une convention libre, délibéré par la raison des deux parties.

Des applaudissements frénétiques accueillent les paroles de l'orateur qui, après une pause de quelques secondes, reprend en ces termes :

De même que nous avons fait la République politique, nous devons faire la République économique ; et ni l'une ni l'autre ne se peut fonder par la discorde, la haine, la guerre des classes ; elles doivent être assises sur la discipline de la raison, le respect du mérite, la sagesse, la solidarité.

La salle est debout, haletante, les applaudissements éclatent de toutes parts, et M. Deschanel est obligé, pendant quelques secondes, de s'interrompre. On est absolument empoigné. M. Deschanel, après avoir rappelé que l'idée qui a toujours fait la force de la France et l'originalité de sa magnifique histoire, c'est l'idée de justice, termine ainsi son éloquente improvisation :

Je bois, Messieurs, à la ville de Montpellier, au département de l'Hérault !

Je bois aux 150.000 mutualistes représentés en ce jour !

Je bois à la République du travail, à la solidarité.

Fin du banquet

Après ce chaleureux discours, des applaudissements enthousisastes éclatent de toutes parts et tous les congressistes viennent à rangs pressés entourer M. Paul Deschanel. Quelques-uns de ces congressistes réclament la *Marseillaise,* et M. Paul Deschanel reprenant la parole, s'écrie :

— Oui, nous réclamons la *Marseillaise,* et nous nous séparerons tous au cri de : « Vive la République ! »

Un enthousiasme indescriptible suit cette dernière apostrophe du président de la Chambre et la *Marseillaise,* jouée par la musique du 2ᵉ génie, est reprise en chœur par les congressistes.

TRAVAUX DU COMITÉ TECHNIQUE SUPÉRIEUR

Le Comité technique supérieur, dont la composition a été indiquée pages 65 et 66, s'est réuni plusieurs fois pendant la durée du Congrès.

Dans sa première séance du samedi 21 avril, le Comité technique a composé son bureau de la façon suivante :

M. le docteur Gyoux, président ;
M. Darquier,
M. Marquis, } vice-présidents ;
M. Lepetit, secrétaire ;

et, conformément à l'article 5 du règlement, a nommé comme délégués aux diverses commissions :

1re *Commission*, MM. Darquier, l'abbé Grimaud, M. Neyrand ;
2e *Commission*, MM. Marquis et Lepetit ;
3e *Commission*, MM. le docteur Gyoux et Dethieux ;
4e *Commission*, MM. Bourrat, Marquis et Coll ;
5e *Commission*, MM. Hébrard, Corniller et Mabilleau.

Dans la séance suivante, le Comité technique aborde l'étude de plusieurs questions de la plus haute importance.

Avant de commencer les travaux, le président, M. le docteur Gyoux, demande que le Comité technique fixe sa jurisprudence en décidant que les vœux adoptés par lui ne soient pas soumis à la discussion d'une Assemblée générale du Congrès.

Ce vœu est adopté à l'unanimité.

Le président met ensuite en discussion la question des *assurances, vie* et *décès.*

M. Marquis fait remarquer que la Caisse d'assurances de l'État n'est pas assez connue, ni répandue ; il donne des renseignements sur cette Caisse.

M. Cavé voudrait qu'il fût créé au Ministère de l'Intérieur un bureau technique à l'usage des Sociétés de secours mutuels.

M. Mabilleau dit que ce bureau existe au Musée social et que les Mutualistes n'ont qu'à en user librement et largement.

M. Mabilleau donne lecture du vœu suivant :

« Le Congrès émet un vœu en faveur de l'organisation
» de la Mutualité française par le moyen d'un réseau
» d'Unions et de Fédérations capable d'aborder les ser-
» vices mutualistes supérieurs et avant tout l'assurance
» en cas de décès ».

Mis aux voix, ce vœu est adopté à l'unanimité et le Comité décide de soumettre cette question, qu'il juge de la plus haute importance pour l'avenir de la Mutualité, à l'étude du Congrès de Limoges.

Sur la proposition de M. Hébrard, il est décidé que le vœu qui vient d'être voté sera adressé au Comité d'organisation du Congrès de Limoges. M. le docteur Gyoux se charge de faire cet envoi.

M. Cavé prend ensuite la parole pour le dépôt d'un vœu tendant à la création d'un livret de pension mutualiste comportant, au point de vue de la retraite, l'indication des droits acquis par le sociétaire dans chacune des Sociétés auxquelles il se serait successivement affilié et permettant, par conséquent, la constitution de la pension en participation par ces Sociétés.

M. Hébrard demande quelques renseignements à M. Cavé sur la mise en pratique de ce livret. M. Darquier se joint à M. Hébrard pour avoir quelques données sur la façon dont l'auteur de la proposition conçoit la création et surtout le fonctionnement de ce livret.

Après les explications fournies par M. Cavé, le Comité adopte ce vœu à l'unanimité et décide qu'il sera transmis au Conseil supérieur de la Mutualité.

Un vœu de M. Marquis, demandant la création d'un Manuel mutualiste, est également adopté et renvoyé au Conseil supérieur.

MM. Marquis, Delmas et Neyrand, demandent la suppression de la distinction des Sociétés, en Sociétés libres et approuvées.

A ce propos, M. Mabilleau trouve qu'il y a injustice à priver les Sociétés libres de certains avantages tels que les subventions prélevées sur les fonds du pari mutuel.

M. Cavé ne croit pas que les sociétés libres renoncent jamais à leur liberté, quels que soient les avantages qu'on pourrait leur accorder ; il fait remarquer que si on refondait, en les unifiant, les collèges nommant les délégués au Conseil supérieur, les sociétés libres seraient lésées sur le nombre de leurs représentants.

M. Delmas partage l'opinion de M. Cavé.

M. le docteur Gyoux n'est pas partisan de l'unification des Sociétés et donne ses raisons.

Le Comité technique termine ses travaux par l'adoption et le renvoi au Congrès de Limoges d'un vœu de M. Marquis, relatif au remaniement des circonscriptions électorales. Il se sépare en exprimant le regret de n'avoir pas pu multiplier davantage ses séances et le désir que les futurs Congrès régionaux s'entourent des conseils d'un Comité technique analogue à celui de Montpellier.

RÉUNIONS DIVERSES

Indépendamment des assemblées générales, quelques autres réunions de groupes divers ont eu lieu au palais de l'Université, avant ou après les assemblées générales ; notamment une réunion des Mutualistes de l'Hérault ; une réunion de la Fédération régionale du Midi, et une réunion d'une centaine de Mutualistes universitaires sous la présidence de M. Cavé, assisté de M. Yon, inspecteur d'Académie de l'Hérault.

Dans cette dernière réunion, il a été discuté un certain nombre de points relatifs à la Mutualité scolaire. M. Cavé, après avoir fait l'historique du développement de la Mutualité scolaire grâce à l'appui généreux de la Ligue de l'enseignement, entre dans certains détails du fonctionnement de ces Sociétés ; il explique en particulier les avantages qui résulteront de l'établissement d'un livret de pension mutualiste permettant aux membres des Sociétés de passer d'une Société dans une autre en conservant leurs droits à la retraite dans les Sociétés auxquelles ils auront été successivement affiliés. Cette innovation complète les garanties offertes par la Mutualité scolaire.

M. Cavé répond ensuite à un certain nombre de questions qui lui sont posées par les mutualistes présents.

Sur la demande qui lui est adressée, il informe la réunion qu'un livre très clair et très précis sera publié sous peu, dans lequel seront résolues toutes les difficultés provenant du fonctionnement des Mutualités Scolaires. M. Yon s'est fait l'interprète de tous les mutualistes présents en remerciant M. Cavé et en l'assurant de toute la respectueuse déférence du corps enseignant à son égard.

En réponse, M. Cavé, en termes chaleureux et émus, a exprimé son admiration pour le dévouement admirable des membres de l'enseignement pour l'œuvre de la Mutualité scolaire

La Fédération régionale du Midi

La réunion statutaire annuelle de la Fédération régionale mutuelle du Midi a eu lieu dans la salle des fêtes de l'Université sous la présidence de M. Marquis. Assistaient à cette réunion, outre les membres de la Fédération : MM. Cavé, vice-président du conseil supérieur de la Mutualité ; docteur Gyoux, membre de ce conseil ; Darquier, représentant le 9e collège électoral mutualiste des Sociétés approuvées ; Mabilleau, professeur au Collège de France et directeur du Musée social ; Warnery, président du congrès ; de Casamajor, secrétaire général, etc., etc.

Cette séance a été ouverte par un discours de M. Marquis, qui a salué les divers membres du conseil supérieur de la Mutualité, notamment M. Darquier, son compétiteur au siège de représentant du 9e collège électoral, mais non son adversaire, et auquel il est particulièrement heureux de serrer la main.

A la suite du discours de M. Marquis, il a été donné lecture du rapport annuel et rendu compte de la situation financière de la Fédération mutuelle régionale du Midi, ainsi que d'un rapport sur les voies et moyens pour établir définitivement la réassurance dans la Fédération.

Il a été ensuite procédé à la distribution des récompenses décernées par la Fédération et au choix de la ville dans laquelle aura lieu, la réunion statutaire de 1901. Ce choix, sur la proposition de M. Marquis, s'est fixé, par acclamation, sur la ville d'Avignon, après retrait de la candidature de la ville de Privas.

Dans cette même séance, M. Marquis a été élu, par

acclamation, délégué au Congrès international qui se tiendra à Paris au mois de juin prochain. MM. Savoye et Blachère ont été confirmés, par vote, le premier comme trésorier-adjoint, le second comme secrétaire de la Fédération.

Union des Sociétés de secours mutuels de l'Hérault

Sur l'initiative des délégués des Sociétés de secours mutuels de l'Hérault venus au Congrès, une réunion a lieu le samedi, à 2 heures, à la Salle des Concerts.

M. Hickel, de Béziers, a ouvert la séance. En excellents termes, il a exposé le but de la future union. Il a fait un appel à l'esprit de concorde et de fraternité. Il a donné ensuite la parole à M. Léon Dupré, pour développer le projet d'union des Sociétés de secours mutuels de l'Hérault. Le délégué de l'Union du Commerce de Béziers a démontré l'utilité des Fédérations, les services qu'elles sont appelées à rendre à la Mutualité. Il a exprimé les regrets que lui causait l'absence des membres du bureau de la Fédération de Montpellier, qui poursuivent, a-t-il dit, un but louable, mais semblent oublier qu'une Société n'est forte et puissante que lorsqu'elle est l'émanation de la majorité.

M. Lapeyronie, de l'Aveyronnaise de Béziers, voudrait que les délégués présents, qui représentent la grande majorité des Sociétés de l'Hérault, nommassent une Commission arbitrale pour trancher le différend qui divise les Mutualistes de l'Hérault pour la constitution de la Fédération projetée.

M. Fraisse, de Riols, propose de nommer une délégation de trois membres par arrondissement pour tenter l'union de tous les Mutualistes dans une même Fédération. Cette proposition est acceptée à l'unanimité.

MM. Warnery et de Casamajor sont désignés comme arbitres pour l'arrondissement de Montpellier.

MM. Warnery, président du Congrès ; de Casamajor, secrétaire général, priés d'intervenir auprès de leurs camarades de Montpellier, acceptent avec joie de concilier tous les esprits, et d'amener les Membres du Bureau de la Fédération de l'Hérault, déjà autorisée, à entrer en pourparlers avec la délégation.

M. Gariel, directeur du *Petit Méridional*, qui assiste, en simple Mutualiste, à cette séance amicale, est prié de se joindre à la délégation de Montpellier.

M. Gariel accepte, dans un but de paix et d'union.

Sont désignés, pour l'arrondissement de Béziers : MM. Léon Dupré ; Asselineau, avocat ; Hickel, professeur. — Arrondissement de Saint-Pons : MM. Arkangel, maire de Saint-Pons ; Fraisse, de Riols. — Arrondissement de Lodève : M. l'Inspecteur primaire et M. Sabde, instituteur.

La séance est levée à 3 heures du soir.

RÉSUMÉ DES TRAVAUX DU CONGRÈS

En résumé, les décisions prises par le Congrès ont été les suivantes :

1° QUESTIONS MISES A L'ÉTUDE

PREMIÈRE QUESTION

Extension de la Mutualité aux femmes et aux membres de la famille

a) Vaut-il mieux créer des Sociétés composées uniquement de femmes ou accepter les femmes dans les Sociétés d'hommes ?

b) Comment organiser les Sociétés de femmes tant au point de vue de leur administration qu'à celui des services à assurer et des quotités à payer ?

c) Les couches devront-elles être considérées comme une maladie ordinaire et ne devront-elles pas être l'objet d'une indemnité spéciale ?

Quel devrait être le minimum de cette indemnité dans notre région pour qu'elle soit efficace ?

d) Si l'on admet que les enfants doivent participer aux secours pharmaceutiques et médicaux, la quotité payée par le père ou par la mère de famille ne doit-elle pas, pour faire ce service, être augmentée d'une somme fixe pour chaque enfant participant à ces secours ?

Quelle devra être, par tête d'enfant, la quotité à payer ?

RÉPONSE

a) La création de Sociétés de femmes seules est préférable toutes les fois qu'elle est possible ; dans le cas contraire, on doit les admettre dans les Sociétés d'hommes.

b) Les Sociétés de femmes doivent, au point de vue de l'administration, être organisées comme les Sociétés d'hommes, et la quotité à payer par la femme doit être égale à la cotisation payée par les hommes (1).

c) L'accident précédant les couches doit être considéré comme maladie ; mais les couches ne doivent pas être considérées comme maladie ordinaire donnant droit seulement aux secours statutaires ; toutefois, si dix jours après ses relevailles, la femme n'est pas rétablie, elle rentre dans la catégorie des malades ordinaires ; quant au chiffre de l'indemnité à accorder à l'occasion des couches, il est laissé à l'appréciation du bureau de la Société.

d) Les enfants doivent participer aux secours pharmaceutiques et médicaux ; la quotité à payer par le père ou la mère de famille doit être fixée non par tête d'enfant, mais par abonnement de famille. Les statuts doivent décider quel est le montant de cet abonnement et s'il peut être abaissé à 1 franc.

DEUXIÈME QUESTION

Mutualité rurale

a) Diffusion. — Quels sont les moyens pratiques pour arriver promptement :

1° A répandre les bienfaits de la mutualité dans les campagnes ?
2° A faire prospérer les sociétés mutuelles rurales existantes ?
3' A en créer dans les localités où il n'en existe pas encore ?

b) Résultats. — 1° Les syndicats coopératifs ou professionnels agricoles ont-ils intérêt à aider à cette extension de la mutualité ?
2° Dans l'affirmative, quel pourrait être leur rôle ?
3° Quels sont les avantages principaux, matériels et moraux, que les particuliers, les communes et l'Etat retireront du développement de cette branche principale de la Mutualité en France ?

RÉPONSE

a) Diffusion. — Les moyens pratiques pour arriver promptement:
1° A répandre les bienfaits de la mutualité dans les campagnes ;
2° A faire prospérer les Sociétés mutuelles rurales existantes ;
3° A en créer dans les localités où il n'en existe pas encore ;

---

(1) Cette décision a été prise à la majorité, contrairement aux propositions de la Commission.

résident principalement : 1° dans la création d'Unions ou de Fédérations départementales avec l'appui moral et pécuniaire, si possible, des pouvoirs publics ;

2° Dans la constitution d'un Conseil général de la Mutualité fortement organisé ;

3° Dans la création, dans chaque commune, d'une mutualité scolaire complétée par des mutualités d'adolescents afin de préparer ou d'alimenter les mutualités définitives d'adultes.

Sans vouloir toucher à la libre initiative individuelle ou collective, le Congrès conseille, dans les campagnes, la fusion des Sociétés de secours mutuels lorsque leur nombre ne correspondra pas à une nécessité absolue.

b) Résultats. — La Mutualité doit être le couronnement de la coopération ; le Syndicat, la Coopérative et la Mutualité forment une trinité qui doit être l'idéal de l'association ouvrière; les Syndicats coopératifs et professionnels agricoles, ont donc intérêt à aider à l'expansion de la Mutualité ; ils doivent être ses plus précieux auxiliaires.

Quant à leur rôle, il réside dans la création de caisses de retraite, de caisses de crédit agricole, de caisses de réassurance.

Les avantages matériels et moraux que les particuliers, les communes et l'Etat peuvent retirer du développement de la Mutualité en France sont nombreux ; les principaux sont les suivants:

Paix sociale pour les particuliers ; diminution des miséreux et des pauvres à soutenir par la commune quand la Mutualité sera devenue maîtresse chez elle ; suppression de l'assistance publique et des bureaux de bienfaisance, et meilleure utilisation des fonds confiés à ces grandes administrations publiques.

L'Etat trouvera peut-être lourde sa tâche, car la Mutualité sera bientôt sa fille aînée, et il faut doter les filles ; mais il se consolera bien vite, s'il songe à la valeur morale, à l'esprit sainement démocratique de nos œuvres et aux service sociaux qu'elles rendront à tous par leur sagesse et leur puissance.

TROISIÈME QUESTION

Mise en subsistance et mutation

a) La mutation étant une question bien distincte de la mise en subsistance et étant données les difficultés que présente la mutation, ne pourrait-on pas appliquer la mise en subsistance à tout sociétaire quittant une ville sans espoir de retour ?

b) Quels seraient les moyens les plus pratiques pour y arriver ?

c) Quel mode de règlement de Société à Société devrait-on admettre ?

d) Ne pourrait-on pas assurer la mise en subsistance d'un sociétaire qui irait s'établir dans une localitilé n'ayant pas de Sociétés de secours mutuels ?

Soit en ayant des correspondants privés ?

Soit en demandant à l'Etat de charger de ce service une catégorie de ses fonctionnaires ou de ceux des communes, les secrétaires de mairie, par exemple ?

RÉPONSE

La mise en subsistance (1) peut être appliquée à tout sociétaire qui quitte une ville sans espoir de retour, mais lorsque la mutation peut être appliquée, c'est à elle, sans aucun doute, qu'il faut avoir recours.

Quant aux moyens pratiques pour obtenir la mise en subsistance, ils résident :

1° Dans la constitution d'Unions départementales et de Fédérations régionales ;

2° Dans la vulgarisation de ces pratiques réciproques parmi tous les groupements mutualistes ;

3° Dans l'intervention des pouvoirs publics sous la forme d'un règlement d'administration publique qui, par application de l'article 8 de la loi du 1er avril 1898 et, après avis des unions, des fédérations et du Conseil supérieur de la Mutualité, réglementerait la mise en subsistance et la mutation dans les Sociétés de secours mutuels.

Le mode de règlement de Société à Société pourrait être fait à date fixe, par trimestre, par exemple ; mais le sociétaire, pour jouir de cette faveur, devra faire connaître son changement à la Société-mère ; pour faciliter cette charge, chaque Société devra ajouter dans ses statuts un article indiquant que chaque sociétaire sera tenu de prévenir à l'avance la Société de son départ, afin que celle-ci puisse s'occuper, sans délai, de rechercher les voies et moyens pratiques pour l'accréditer auprès de la Société correspondante.

______

(1) Cette réforme importante est déjà réalisée depuis de longues années dans certaines Sociétés de Montpellier qui correspondent avec des Sociétés similaires de la Savoie et de l'Aveyron, où leurs membres peuvent être mis en subsistance sans la moindre difficulté.

Le sociétaire ayant fait connaître son changement à la Société-mère, celle-ci adressera à la Société accueillante ses statuts avec l'état de la situation actuelle du sociétaire et l'engagement vis-à-vis de cette dernière de remplir les obligations du sociétaire reçu jusqu'au jour où il ne ferait plus partie de la Société-mère.

Afin de faciliter la mise en subsistance, le Congrès décide qu'il y a lieu de demander l'intervention de l'Etat pour que le sociétaire puisse effectuer ses versements mensuels ou trimestriels dans tous les bureaux de poste français; à cet effet, elle invite les législateurs présents au Congrès à agir auprès de leurs collègues pour que la proposition de M. Fleury-Ravarin soit votée par le Parlement et promulguée dans le plus bref délai possible. Cette proposition de loi a pour but de décider que les bureaux de poste soient admis comme intermédiaires entre le Mutualiste et les caisses publiques.

En ce qui concerne la mise en subsistance d'un sociétaire dans une localité n'ayant pas de Sociétés de secours mutuels, le Congrès repousse l'intervention de l'Etat et des communes, et décide qu'il est très désirable que le Mutualiste isolé ne soit pas abandonné par sa Société; mais, en raison des difficultés pratiques et des inconvénients qui résulteraient de l'emploi de correspondants officiels ou privés, il y a lieu de ne pas engager les Sociétés à assurer la mise en subsistance d'un sociétaire qui irait s'établir dans une localité où il n'existe pas de Société; dans ce cas, les secours en nature pourraient être remplacés par une indemnité pécuniaire aussi large que possible, à moins toutefois qu'il fût commode de solliciter et d'obtenir l'intervention d'une Société assez rapprochée du nouveau domicile du sociétaire pour établir un contrôle rigoureux.

A cette occasion, le Congrès invite les sociétaires qui s'établissent dans des centres où n'existe aucun foyer de Mutualité à en créer un sous les auspices et avec le concours de la Société-mère à laquelle il appartient.

QUATRIÈME QUESTION

Caisses de réassurances régionales

a) Comment organiser des Caisses régionales d'une façon pratique, surtout au point de vue du contrôle ?

b) Quelle cotisation est à adopter dans notre région ?

c) Après combien de mois de maladie, étant donnés les règlements des Sociétés de la région, la caisse de réassurances devra-t-elle commencer à donner des indemnités ?

d) Cette époque étant fixée, elle ne coïnciderait certainement pas, pour de nombreuses Sociétés, avec celle où elles finissent de donner des secours.

La Caisse de réassurances ne devrait-elle pas se charger des secours pendant cette période intérimaire, moyennant le paiement d'une quotité supplémentaire, et quelle devrait être cette quotité compensatrice ?

RÉPONSE

Les caisses de réassurances doivent être localisées dans les grandes villes, les centres importants, et ne pas dépasser les limites d'un département afin d'en faciliter l'administration et le contrôle. Cette caisse doit être libre et indépendante de toute Fédération, elle doit être accessible à tout sociétaire qui désire bénéficier des avantages de la réassurance pourvu qu'il satisfasse aux obligations imposées par les règlements aux Sociétés de secours mutuels.

La Caisse de réassurance, doit-être gérée par un bureau spécial avec la coopération des conseils d'administration des Sociétés réassurées.

Ceux-ci déléguent un ou plusieurs de leurs membres à ce service spécial, surtout au point de vue de l'encaissement des cotisations et du paiement des indemnités, ils sont constamment en rapport et en correspondance avec le bureau.

Une comptabilité pratique et spéciale met en compte courant les Sociétés entre elles.

De cette façon, on supprime les représentants et les correspondants spéciaux, et le sociétaire réassuré, pour le paiement de ses cotisations et de ses indemnités, s'adresse à la Société mère, où se fera, en même temps, le contrôle.

Cette simplification de travail, qui se réduit à un travail de bureau en compte courant avec les différentes Sociétés réassurées, permettra à chacune d'avoir des fonds dans chacune d'elles, et le service des cotisations et des indemnités se bornera à une question de comptabilité.

A chaque trimestre ou à chaque semestre, on établira la situation financière de chaque Société réassurée, qui se soldera par un débit ou un crédit et, suivant le cas, toute Caisse de réassurance aura à recevoir ou à verser à la caisse.

De cette façon, les administrateurs du siège social n'auront qu'à distribuer ou à recevoir, donnant à l'un ce que l'autre aura en trop, se préoccupant surtout d'accumuler des réserves qui leur permettront de faire face aux obligations contractées vis-à-vis des malades qui demanderont des secour ».

La Société mère, dans le cas où tel ou tel de ses membres aurait épuisé les secours auxquels il a droit chez elle, signifiera qu'elle abandonne le malade et le passe à la charge de la Caisse. Un simple certificat délivré par le Président de la Société à laquelle appartient le malade suffira, et, du jour au lendemain, la Caisse, avertie, le prendra à sa charge. Tout se réduira donc à un travail de comptabilité sévère qui, suivant le plus ou moins grand nombre des malades, sera plus ou moins chargé et, ainsi comprises, les Caisses de réassurance, *même régionales,* pourront fonctionner.

En ce qui concerne la cotisation à adopter, le nombre de mois pendant lequel la Caisse de réassurance devra intervenir, à quel moment elle devra prendre à son compte les malades délaissés par les Sociétés, le Congrès estime qu'il serait imprudent de le fixer dès aujourd'hui ; il aime mieux s'en rapporter à la décision que prendra chaque caisse de réassurance.

La question suivante a été posée au sujet de l'indemnité allouée à un sociétaire hospitalisé.

Sera-ce la caisse ou la famille qui la touchera ?

Le Congrès répond que les malades mariés et hospitalisés ne recevront pas l'indemnité, qui sera remise directement à leur femme.

Dans le cas où ceux-ci seraient célibataires, ils recevront la moitié de l'indemnité ; l'autre moitié leur sera remise à la sortie de l'hôpital.

En cas de décès du malade, cette seconde portion restera la propriété de la Caisse de réassurance, à moins qu'il n'ait des héritiers réservataires.

CINQUIÈME QUESTION

Livret individuel

Est-il préférable pour les Sociétés de secours mutuels ayant une caisse de retraites, de les délivrer par la constitution d'un fonds commun à capital aliéné, ou d'établir des livrets individuels pour chaque sociétaire ? (Versements à effectuer sur ces livrets par la Société à la Caisse nationale de retraites pour la vieillesse.)

RÉPONSE

Le Congrès, appréciant les avantages respectifs que présentent les systèmes du fonds commun et du livret individuel, convaincu que ces avantages sont dépendants des conditions locales et régionales dont les Mutualistes sont les meilleurs juges, se prononce pour l'entière liberté du choix laissé aux Sociétés dans l'organisation de leurs retraites.

Il émet, en outre, le vœu que les Unions mutualistes organisent les Caisses autonomes prévues par la loi.

Il émet aussi le vœu tendant à la création d'un livret de pension mutualiste comportant, au point de vue de la retraite, l'indication de droits acquis par le sociétaire dans chacune des Sociétés auxquelles il se serait affilié et permettant, par conséquent, la constitution de la pension en participation par ces Sociétés.

SIXIÈME QUESTION

Comptabilité

a) Etudier les moyens de simplifier la comptabilité que les Sociétés de secours sont tenues de fournir à l'Etat.

RÉPONSE

Le Congrès recommande aux Sociétés :

1° Le registre présenté par M. Rivet pour faciliter la tenue des écritures exigées par la loi fondamentale du 1er avril 1898 ;

2° Le travail présenté par M. Fabre, président de la Société La Catalane, de Béziers ;

3° L'étude faite par M. Pépin, professeur à l'Ecole des hautes études commerciales de Montpellier.

Il invite les présidents des Sociétés à porter une surveillance constante à la gestion des deniers ; il préconise le système d'une double comptabilité, l'une détaillée, qui incombe au trésorier, l'autre tout à fait sommaire, tenue par chaque président qui, par une simple addition, en comparant les recettes et les dépenses, devra être à même de connaître et de faire connaître la situation des fonds de la Société.

2° VŒUX ADOPTÉS PAR LE CONGRÈS

Vœu présenté par M. Jacques Gabriel au nom de la Société Le Foyer Montpelliérain

L'État s'émeut avec juste raison de la dépopulation de la France, mais encore rien n'a été fait pour enrayer le mal, rien, absolument rien.

Toutes les faveurs du gouvernement, toutes les améliorations, ont été, jusqu'à ce jour, pour les fortunés, les commerçants, les industriels, les grands et les petits propriétaires, viticulteurs, sériciculteurs, etc., etc., et tous les fonctionnaires de toutes les catégories ; mais les pères de famille, ceux qui ont charge d'enfants et qui n'ont, pour les élever, les entretenir, que le faible et souvent bien insuffisant revenu de leur salaire journalier, ont été jusqu'à ce jour considérés comme une quantité négligeable.

Cependant, cette classe laborieuse, la classe ouvrière, forme la majeure partie du contingent de l'armée française, la plus robuste et aussi la plus vaillante.

D'eux dépend donc la sécurité de la patrie, l'avenir de la France.

Un homme cependant a compris qu'il était de la plus grande nécessité de s'occuper de l'amélioration du père de famille. C'est M. Jacques Bertillon, et c'est pourquoi il a fait voter par plus de 60 Conseils généraux des vœux en faveur de l'amélioration du sort des pères de famille ayant trois enfants et au-dessus, car il a pensé que ce nombre-là et avec juste raison, est déjà une lourde charge.

Se faisant l'écho des doléances de M. Jacques Bertillon, président de l'Alliance nationale pour l'accroissement de la population française, en faveur des pères de famille, une quarantaine de députés, parmi lesquels MM. Suchet, Delpech-Cantaloup, Le Gaillard-Bancel, général Jacquey, l'abbé Lemire, Lerolle, Xavier Reille, etc., ont déposé, à la date du 3 avril courant, un projet sur le bureau de la Chambre des députés, invitant le gouvernement à étudier les voies et moyens pour améliorer le sort des pères de famille.

« Considérant que les Sociétés de secours mutuels approuvées ou libres sont presque exclusivement composées de pères de famille ou de futurs pères de famille ;

» Considérant que la loi bienfaitrice du 1er avril 1898 facilite dans le sens le plus large la fondation des Sociétés de secours mutuels, les Unions et les Fédérations ;

» Considérant que toutes ces Sociétés sont composées en majeure partie de petits employés, ou fonctionnaires, de modestes ouvriers ou journaliers, n'ayant pour toute ressource que le produit de leur modeste traitement ou salaire ;

» Considérant que toutes ces Sociétés assurent à leurs membres et la plupart aux familles des sociétaires les soins gratuits des docteurs, la gratuité des médicaments et une indemnité journalière en cas de maladie, et, quelquefois, une retraite, disons le mot, dérisoire, dont la moyenne est de 60 francs par an ;

» Considérant que toutes les Sociétés, dans leurs assemblées et tous les Congrès nationaux ou régionaux, ne se sont jusqu'ici occupés que des soins à donner aux sociétaires malades ; que ces questions reviennent en études devant les Congrès, et qu'il ne reste plus grand' chose à faire ou à améliorer sur ces questions ;

» Une seule chose, cependant, reste à faire : c'est l'amélioration du sort des sociétaires, des pères de famille, comme leur assurer l'existence pour eux et pour leurs enfants ;

» Considérant que cette question est du ressort des Sociétés de secours mutuels, puisque la devise de ces Sociétés est : se secourir et s'aider mutuellement les uns les autres ;

» Considérant qu'il est du devoir des Sociétés de secours mutuels d'éviter autant que possible le chômage à leurs sociétaires, aux pères de famille pour leur permettre d'entretenir leur famille ;

» Considérant que les pères de familles nombreuses sont l'avenir de la France ; que l'Etat vient leur enlever leurs fils aînés au moment où ils commenceraient à soulager le père et à apporter un peu plus de bien-être au sein de la famille ;

» Considérant qu'à l'âge de 40 ans un père de famille trouve avec peine du travail ; qu'il trouve toutes les portes fermées de toutes les administrations en général, alors que c'est à cet âge que l'homme a le plus besoin de travailler, et que c'est alors qu'il est dans toute sa force, et est de plus, alors, sérieux, assidu ;

Pour tous ces motifs, nous présentons à l'examen de toutes les Sociétés de secours mutuels le vœu suivant :

« Toutes les Sociétés de secours mutuels, approuvées ou non, et » syndicats professionnels, sont invités à étudier quel serait le meil- » leur moyen, le plus prompt possible, d'engager et même d'obli-

» ger l'Etat, les départements et les communes d'améliorer le sort
» des pères de famille à partir de trois enfants :

   » 1° **Par des dégrèvements d'impôts** ;

   » 2° En réservant au père de famille les places et emplois qu'il
» pourrait occuper suivant ses capacités et ses forces, sans tenir
» compte de son âge jusqu'à 60 ans ;

   » 3° En réservant au père de famille un bureau de tabac ;

   » 4° En décidant que les bourses des lycées et collèges pourront
» être délivrées à plusieurs enfants de la même famille ;

   » 5° Enfin, que toutes les autres faveurs dont disposent l'Etat, le
» département, la commune, soient de même réservées aux familles
» ayant au moins trois enfants. »

Vœu présenté par la Société de Secours mutuels
L'Avenir de Cette

Les deux délégués représentant la Société de secours mutuels
« L'Avenir », ont l'honneur de présenter à M. le Président du
Congrès, les propositions suivantes :

« 1° Notre Société, comptant des membres invalides, dont les
rentes viagères fournies par l'Etat sont disproportionnées, deman-
derait à ce que ces rentes viagères soient réparties par égales parts
aux ayants droit ; ainsi, la Société compte des membres participants invalides ayant atteint la limite d'âge, c'est-à-dire 70 à 80 ans
qui ont 25 ans de versement, et qui touchent invariablement les
uns 31 francs de majoration et bonification, tandis que d'autres, de
même catégorie, touchent jusqu'à 88 francs, différence qui ne
devrait pas exister. Il existe, en outre, des Sociétés où des membres
touchent jusqu'à 360 francs ; cette disproportion énorme devrait
s'améliorer afin qu'aucune différence n'existe entre aucune rente
pour les invalides de n'importe quelle Société ;

» 2° Pour ce qui concerne les membres participants de toute Société
de secours mutuels qui deviendraient invalides avant d'avoir atteint
la limite d'âge prescrite par les statuts, et cela à la suite de maladie
quelconque, accident ou autres cas, puissent être favorisés par
l'Etat, d'une rente viagère, comme l'indique l'article ci-dessus ;

» 3° Aucune différence comme catégorie de Société ne devrait être
faite pour ce qui concerne les articles ci-dessus, c'est-à-dire que
toute Société de secours mutuels, libre, approuvée, autorisée ou
autre, doit jouir des mêmes avantages en matière de subventions
que leur accorde l'Etat par égale part.»

Vœu présenté par La Fraternelle de Montpellier

« A l'effet de demander au Ministre de l'Intérieur d'intervenir auprès des Conseils généraux ou municipaux pour voter des subsides aux Sociétés de Secours mutuels pour l'envoi des délégués dans des Congrès soit régionaux ou nationaux. »

Vœu présenté par la Société de Secours mutuels La Famille Montpelliéraine

Attendu que, dans l'état actuel de la législation, les Sociétés de secours mutuels approuvées, mais non reconnues d'utilité publique, *ne peuvent pas former de demande en délivrance de legs* avant d'avoir été autorisées par l'autorité compétente à accepter les libéralités dont elles sont bénéficiaires ;

Attendu, en effet, que le décret du 26 mars 1852, pas plus que la loi du 1er avril 1898, ne donnent aux Conseils d'administration ou aux Présidents de ces Sociétés le droit d'accepter *provisoirement, à titre conservatoire*, les legs faits en leur faveur, et, par conséquent, de former, au même titre, *une demande en délivrance*, dont les effets définitifs, quoique subordonnés à l'autorisation du Gouvernement, rétroagiront, si cette autorisation est accordée au jour où la demande aura été introduite ;

Attendu que la *demande en délivrance* n'est pas seulement une simple mesure conservatoire, qu'elle a aussi pour objet de donner au légataire les moyens de conserver son droit aux *fruits et intérêts* des choses léguées ;

Attendu que, parmi les effets de la demande en délivrance, l'article 1014 du Code civil indique que cette demande fait courir au profit du légataire les intérêts de son legs ;

Attendu que la loi des 7-15 août 1881 a accordé aux Administrateurs des hospices, considérés comme établissements d'utilité publique, le droit d'accepter à titre conservatoire les dons et legs et, par suite, de demander la délivrance des legs avant l'autorisation accordée par l'Etat, et, par suite, d'avoir droit, plus tard, aux intérêts courus depuis le jour de la demande en délivrance jusqu'au jour de l'autorisation gouvernementale ;

Attendu qu'une loi de 1887 a accordé le même droit aux communes pour lesquelles le Maire a qualité pour accepter provisoirement les dons et legs ;

Attendu que ces lois ont eu pour objet de ne pas faire tourner contre ces établissements les délais, les retards et les garanties instituées dans leur intérêt, telles que l'autorisation du Gouvernement, mais de les replacer sous l'empire du droit commun, en ne les privant plus forcément des fruits courus pendant le temps qu'ils sont en instance pour se faire habiliter ;

Attendu que la loi du 1er avril 1898, en concédant aux Sociétés de secours mutuels approuvées, dans son article 20, des droits de propriété fort étendus, leur a donné une personnalité civile, qui ne diffère de celle des Sociétés reconnues comme établissements d'utilité publique, d'après l'article 33, qu'à propos des conditions dans lesquelles ces dernières pourront posséder et acquérir, vendre et échanger des immeubles ;

Attendu que les raisons qui ont fait accorder aux Hospices, en leur qualité d'établissements d'utilité publique, le droit aux intérêts de leurs legs à partir du jour de la demande en délivrance, peuvent être également invoquées en faveur des Sociétés de secours mutuels simplement autorisées ;

Attendu qu'il convient de faire disparaître cette lacune de la loi du 1er avril 1898, préjudiciable aux intérêts des Sociétés qui sont appelées à recevoir des legs assez fréquemment ;

Attendu, d'autre part, que les Sociétés doivent acquitter pour les legs le droit de mutation de 11 fr. 15 pour 100 francs ; que si les legs produisent des intérêts en faveur des Sociétés, à partir du jour de la *demande en délivrance*, ces intérêts gagnés permettront aux Sociétés d'acquitter une partie de ces droits d'enregistrement pendant les longs délais que demandent les formalités d'autorisation des Sociétés devant le Conseil d'Etat ?

Par ces motifs, le Congrès émet le vœu que la loi du 1er avril 1898 soit complétée ainsi, à l'instar de l'article 7 de la loi du 15 juillet 1850 :

« Les Présidents des Sociétés approuvées et reconnues, sur un » vote de leur Conseil d'administration, pourront toujours, à titre » conservatoire, accepter les dons et legs. La décision de l'autorité » qui interviendra ultérieurement aura effet du jour de cette accep» tation. »

Vœu présenté par la Société La Fraternité de Théziers

La Société la Fraternité, de Théziers (Gard), émet le vœu que les Sociétaires qui auront à subir une opération chirurgicale coûteuse soient admis dans les hôpitaux sans que la Société ait à payer.

M. le docteur Gyoux, avec une haute compétence, a fait ressortir les difficultés soulevées par cette question ; l'Administration des hôpitaux a un budget pour les indigents et nous devons le respecter ; la mutualité a pour mission de supprimer l'indigence, mais elle ne doit pas combattre les secours accordés aux malheureux.

Votre Commission, après discussion, à laquelle prennent une large part MM. Pargoire et Lapeyronie, émet le vœu modifié ainsi qu'il suit :

« Que toutes les Sociétés de secours mutuels puissent obtenir des tarifs de faveur pour l'hospitalisation de leurs membres, et que ces tarifs ne soient, en aucune circonstance, plus élevés que ceux concédés à d'autres catégories. »

Vœu présenté par M. Gaso, président de la Société Saint-Jacques-de-Castres, et par M. Cavé, membre du Conseil supérieur de la Mutualité.

La loi du 24 juillet 1891, article 3, porte :

« Qu'il sera prélevé 2 0/0 en faveur des œuvres localesde bienfaisance ».

La loi de finances des 16 et 17 avril 1895, article 47 :

« A l'avenir, les fonds du pari mutuel consacrés aux œuvres d'assistance seront affectés, jusqu'à concurrence d'un tiers, à l'agrandissement et à la construction des hôpitaux nécessités par la loi du 15 juillet 1893 sur l'assistance médicale gratuite ».

M. Gaso demande qu'une partie de ce prélèvement soit versée aux Sociétés de secours mutuels pour les aider à fournir des ressources complémentaires pour donner les soins à domicile aux sociétaires malades.

Vœu présenté par M. le Dr Gyoux, membre du Conseil supérieur de la Mutualité

« Le soussigné émet le vœu suivant :

» Confirmer le vœu approuvé par le Congrès national de Reims, que les récompenses honorifiques accordées aux Mutualistes, le soient, comme toutes les autres récompenses, le 1ᵉʳ janvier et le 14 juillet de chaque année ».

Vœu présenté par M. Hébrard, président de la Fédération du Tarn-et-Garonne et amendé par M. Darquier

« Considérant que la juridiction de droit commun appliquée jusqu'à présent aux Sociétés de secours mutuels, et entraînant la signification des actes de procédure à tous les membres du Conseil d'administration est une cause de ruine pour les Sociétés ;

» Que les tribunaux d'arbitrage institués par certaines Fédérations ne sont pas reconnus par la loi ;

» Emet le vœu, en attendant la création de conseils de prud'hommes de la Mutualité jugeant sans appel, que tous litiges entre Mutualistes soient déférés aux présidents ou directeurs d'Unions. »

Vœu présenté par MM. Lapeyronie, Martin et Rouquier

MM. Lapeyronie, Martin et Rouquier émettent le vœu que les Sociétés de secours mutuels se voient attribuer, tous les ans, les sommes importantes qui reviennent à l'Etat par suite de l'abandon qu'en font leurs propriétaires restés inconnus ; ces sommes sont récapitulées au budget national dans un tableau intitulé : « Voies et moyens » et inscrites sous les rubriques suivantes au budget de 1900 :

Successions en déshérence ;

Comptes abandonnés ou prescrits dans les Caisses d'Epargne ;

Dépôts d'argent non réclamés aux caisses des Postes;

Lots non réclamés aux tirages des valeurs ;

Objets non réclamés aux monts-de-piété ;

Objets perdus et non réclamés aux bureaux de police.

Il est à remarquer que ces ressources seraient souvent acquises à des malheureux qui ne réclament pas leurs droits, soit par ignorance, soit par défaut de ressources et par crainte de nombreuses formalités et démarches.

C'est un revenu pour l'Etat, mais, en fait, c'est un bien qui n'est pas acquis et qui appartient à la généralité. Or, les Sociétés de secours mutuels, par leur organisation, évitent à l'Etat, aux départements et aux communes de grandes dépenses qui se chiffrent par millions, car les ouvriers qui sont secourus et soignés par nos sociétés le seraient, à défaut, par nos institutions (bureaux de bienfaisance et hospices). Donc, ce serait un juste retour au peuple que l'encaissement par les Sociétés de secours mutuels des sommes tombées en déshérence et que l'Etat s'approprie chaque année.

Votre Commission vous prie d'appuyer ce vœu, qui se confond avec plusieurs autres de même nature, émis par la Société des ouvriers mégissiers de Graulet et par la Bienfaitrice de Puisserguier (Hérault).

Vœu présenté par la Société des Commis et Employés de Montpellier

Le Congrès émet les vœux suivants :

« 1° Ainsi qu'il a été voté l'an dernier au Congrès de Toulouse, que le Conseil supérieur de la Mutualité demande au gouvernement d'imposer aux pharmaciens, surtout pour les communes rurales, un tarif analogue à celui de l'assistance médicale ;

» 2° Que des Unions de Sociétés de secours mutuels se fondent dans les principales villes pour la création de pharmacies mutualistes (l'arrêt de la Cour d'appel d'Aix, intervenant dans le procès fait par les pharmaciens de Marseille aux pharmaciens mutualistes de cette ville, donne satisfaction aux Mutualistes ; toute équivoque est dissipée, et l'amélioration de ce service dans les Sociétés mutuelles se ressentira des créations de cette nature).

» 3° Au sujet de l'article 28 de la loi du 1er avril 1898, la Société des Commis et Employés prie le Conseil supérieur de vouloir bien demander qu'il n'y ait pas de limite dans la fixation de la pension de retraite ; que chaque Société puisse donner la retraite que ses fonds en caisse lui permettront. »

Montpellier, 20 avril 1900.

La même Société émet le vœu qu'il n'y ait pas de limite dans la fixation de la pension de retraite ; que chaque société puisse donner la retraite que ses fonds en caisse lui permettront.

Votre Commission a voté ce vœu à l'unanimité et vous prie de demander que l'article 28 de la loi du 1er avril 1898 soit modifié en conséquence.

Il est juste, en effet, que les membres de chaque Société soient traités en rapport avec les ressources de la Société.

Vœu présenté par M. Nat, au nom de la Colonie espagnole

M. Nat, au nom de la colonie espagnole de Béziers, émet le vœu que les Sociétés étrangères constituées par arrêté ministériel soient admises aux mêmes avantages que les Sociétés françaises.

Vœu présenté par M. Lapeyronie

M. Lapeyronie émet le vœu que les Sociétés de secours mutuels n'ayant pas de caisses de retraites participent, comme leurs sœurs plus fortunées et dans les mêmes proportions, à la répartition des sommes abandonnées dans les caisses d'épargne.

Vœu présenté par MM. Fournier, Martin et Rouquier

M. Fournier, de la Famille Montpelliéraine, et MM. L. Rouquier et Martin, de la Bienfaitrice de Puisserguier, émettent le vœu que les organisateurs des Congrès futurs rappellent, dans les questions mises à l'ordre du jour, les travaux faits sur ces mêmes questions par les Congrès antérieurs ou auteurs spécialistes, et mettent ces travaux à la disposition des congressistes pour qu'ils puissent en profiter.

Vœu présenté par M. Cavé

M. Cavé, membre du comité technique supérieur, émet le vœu qu'il soit créé au ministère de l'Intérieur un bureau spécial pour renseigner les diverses Sociétés de secours mutuels sur toutes les questions concernant la Mutualité.

Vœu présenté par M. Lapeyronie, de l'Aveyronnaise de Béziers

« Qu'une commission soit désignée à l'effet de préparer et soumettre au prochain Congrès un règlement qui serait à l'avenir appliqué pour le fonctionnement des Congrès régionaux ou autres, ladite Commission devant introduire dans ce règlement les articles ci-après :

« 1° Toute séance de Commission ou d'Assemblée générale donnera lieu à un procès-verbal ;

» 2° Le compte rendu sera autant que possible sténographié. Il en sera donné lecture à la séance suivante. Il devra être signé par le Président et par le secrétaire. Il sera conservé dans les archives et autant que possible imprimé et adressé aux Sociétés intéressées;

» 3° Des commissaires seront désignés par les organisateurs des Congrès et sanctionnés par les congressistes à l'effet de recueillir les demandes d'inscription pour prendre la parole. L'inscription des demandes se fera dans l'ordre où elles se produiront ; toutefois, l'auteur d'une proposition quelconque aura la priorité. En aucun cas et sous aucun prétexte, la parole ne pourra être refusée à l'auteur ou à l'un des auteurs d'une proposition soumise soit à une Commission, soit à l'Assemblée générale ;

» 4° Que les Congrès régionaux devront autant que possible ne pas se tenir dans la même ville, de façon à éviter les méfiances, les zizanies, les susceptibilités et à réduire à tour de rôle, pour chaque Société, les frais de voyage et de séjour que leur impose l'envoi des délégués au Congrès ».

Vœu présenté par M. Lapeyronie, de Béziers

M. Lapeyronie, de l'Aveyronnaise de Béziers, au sujet de l'affranchissement des convocations et circulaires des Sociétés de secours mutuels émet le vœu : « Que les Sociétés de secours mutuels soient autorisées par l'Administration des postes à adresser aux sociétaires et fédérés les convocations et circulaires sans affranchissement et à la seule condition que ces convocations ou circulaires ne soient pas sous enveloppe et qu'elles portent d'une façon apparente, à côté de l'adresse, le sceau de la Société.

» Que, tout au moins, si la franchise *totale* ne peut être immédiatement accordée par suite des prévisions budgétaires, lesdites Sociétés soient admises à bénéficier des avantages d'un abonnement à fixer après entente entre les directeurs locaux de l'administration et les présidents des Sociétés intéressées.

» Que surtout les Sociétés de secours mutuels soient dispensées, pour bénéficier d'une réduction quelconque, de mettre leurs envois sous bande, à la seule condition que ces envois n'aient pas lieu sous enveloppe ».

3° VŒUX RENVOYÉS AU CONGRÈS NATIONAL DE LIMOGES

POUR ÉTUDE COMPLÉMENTAIRE

Vœu présenté par le Conseil général de la Mutualité de Toulouse

« La Fédération des Sociétés de secours mutuels de la Haute-Garonne appuie avec énergie l'avis unanime du Conseil supérieur de la Mutualité, auprès du gouvernement, pour la disparition des Sociétés qui existent avec une simple autorisation révocable à volonté.

» Appelle particulièrement l'attention des pouvoirs locaux sur les Sociétés pseudo-mutualistes, telles que : Prévoyants de l'Avenir, Boule-de-Neige, Vétérans des armées de terre et de mer, Avenir du Prolétariat, etc., etc., qui, par des promesses extravagantes, par des calculs chimériques, par des privilèges attribués à telle ou telle catégorie de sociétaires (part de fondateurs, loteries, etc.), exploitent la crédulité de la foule en favorisant le petit nombre au détriment de la majorité et doivent ensuite par leur ruine inévitable discréditer la vraie Mutualité devant l'opinion publique.

» Le Conseil général de la Mutualité de la Haute-Garonne émet le vœu que toute subvention, départementale ou locale, soit refusée à ces Sociétés, qui se parent du titre de Mutualités, tant qu'elles ne se conformeront pas aux prescriptions de l'article 2 de la loi du 1er avril 1898.

» Le présent vœu sera transmis au Préfet de la Haute-Garonne au Maire de Toulouse, au Président du Conseil général et à la presse toulousaine.»

Vœu présenté par M. Fournier

De la pénétration de la Mutualité dans les connaissances utiles dans la guérison ou le soulagement des maladies dites incurables

Quand on songe aux maux qui affligent l'humanité et que, pour nombre d'entre eux encore, la science officielle se déclare impuissante, désarmée, on se demande si, pour ces maladies, les secrets de la nature resteront à jamais impénétrables pour la science, ou si surgira, un jour, comme en ces derniers temps, pour la rage, la diphtérie, des chercheurs heureux qui, à l'exemple des Pasteur, viendront combler les vides de notre thérapeutique.

Il suffit de réfléchir aux angoisses des familles en présence d'un cas dit incurable et dont la mort à échéance fixe est la suprême issue, pour s'émouvoir à la pensée qu'il peut, de par le monde, exister des remèdes capables de guérir, peut-être de consoler toujours.

En effet, vous tous qui êtes ici, Messieurs, n'avez-vous pas été étreints par un sentiment de douloureuse, d'angoissante compassion en assistant à l'agonie d'un être cher impitoyablement voué à la mort, faute de remède efficace, et n'avez-vous jamais dans vos voyages rencontré des gens vous disant merveille de telle ou telle médication, simple, facile, pour telle ou telle maladie déclarée incurable ?

Pour notre part, nous savons, dans ce dernier ordre d'idées, que les Indiens se jouent de la fluxion de poitrine comme nous d'un coryza ; on dit même qu'ils guérissent la tuberculose avec le lait de jument, que la fièvre typhoïde est un badinage pour certains empiriques, que les maladies de foie sont guéries rapidement, même lorsque la maladie en est à la dernière période, que le délire, les congestions disparaissent comme par enchantement sous l'action d'un remède de bonne femme.

C'est, pénétré par la double pensée de pitié et de bienfaisance qui unit tous les hommes de bonne volonté, que nous demandons au Congrès de Montpellier de vouloir bien appuyer le vœu suivant :

« Les Sociétés de secours mutuels, réunies en Congrès à Montpellier, avec extension à toutes les Sociétés de France, devront, par tous les moyens d'investigation et autres en leur pouvoir, s'informer de la médication usuelle ou empirique adoptée dans leur région ou ailleurs pour combattre les maladies dites incurables, les consigner soigneusement dans un travail qu'elles remettront aux organisateurs du futur Congrès mutualiste général ou régional pour être codifiées ou examinées par une Commission spéciale qui en fera un rapport dont un exemplaire sera immédiatement remis à chacune des Sociétés de secours mutuels existantes. »

Alfred FOURNIER.

La Commission des vœux propose de prendre en considération le vœu ci-dessus et de le renvoyer au prochain Congrès national qui se tiendra en 1901 à Limoges pour étude approfondie.

Montpellier, le 21 avril 1900.

Vœu présenté par M. Fournier

De l'extension de la Mutualité à tous les Français

Des discussions auxquelles nous avons eu l'honneur d'assister, de nos réflexions personnelles, il ressort clairement que la Mutualité est le levier de demain au moyen duquel se résoudront sans violence les questions diverses se rattachant à la question sociale.

L'Etat peut être appelé à donner aux décisions mutualistes la force de la loi, mais les Mutualistes doivent d'abord formuler leurs desiderata, les faire appuyer dans les Congrès, et ces derniers, en leur donnant une sanction efficace, les porter devant le Conseil supérieur chargé de les faire prendre en considération par nos législateurs.

C'est mû par le désir bien légitime de voir tous les Français participer aux bienfaits de la Mutualité que nous prenons la liberté de formuler le vœu suivant, que nous prions la sixième Commission du Congrès de Montpellier de vouloir bien voter et appuyer :

« Tout Français, six mois après sa naissance, devra être inscrit sur le rôle général de la Mutualité française, dont l'organisation spéciale est à entreprendre, pour participer aux avantages mutualistes dans la mesure et moyennant des conditions à déterminer ultérieurement.

» Au jour de la promulgation de la loi à intervenir, tout Français n'appartenant à aucun groupe mutualiste, sera tenu de se faire inscrire ou sera inscrit d'office, s'il est mineur, sur le rôle de la Mutualité française dans des conditions également à déterminer.

» Nommer une Commission chargée de préparer un projet de statuts pour la Mutualité française en s'inspirant d'un esprit de généreuse sollicitude pour les uns, de vues larges pour les autres ; le faire parvenir au Conseil apostillé par l'Union de Montpellier.

ALFRED FOURNIER.

La Commission des vœux prend en considération le vœu ci-dessus et propose de le renvoyer au prochain Congrès national, qui se tiendra en 1901, afin qu'il puisse être l'objet d'une étude approfondie.

Vœu présenté par M. Camille Reboul, de Mudaison

Considérant que la constitution d'une Caisse de retraites est un des buts principaux des Sociétés de secours mutuels, particulièrement des Sociétés rurales ;

Que ces Sociétés sont placées dans des conditions tout à fait défavorables, tant au point de vue des renseignements nécessaires, qu'au point de vue des avantages qui peuvent lui être concédés par rapport aux versements faits ;

Le Congrès émet le vœu que le Conseil supérieur de la Mutualité s'attache à fournir et à répandre le plus possible des indications nécessaires à ce sujet et à les faire pénétrer tout particulièrement dans les Sociétés rurales.

Vœu présenté par MM Martin Philémon et Rouquier Louis, au nom de la Société La Bienfaitrice de Puisserguier

Considérant que les administrateurs des Sociétés de secours mutuels ont pour devoir d'alléger par tous les moyens possibles le budget des dépenses des Sociétés ;

Considérant, en outre, que, dans la presque totalité des Sociétés de secours mutuels, les produits pharmaceutiques entrent pour une très large part, si ce n'est la plus importante, dans les dépenses ;

Décide de remédier à ce fâcheux état de choses et émet le vœu :

« Qu'il soit créé incessamment des pharmacies mutualistes dans les grands centres, avec succursales dans les localités rurales qui auront des Sociétés de Secours mutuels avec un minimum de 300 membres participants.

Vœu présenté par M. Lapeyronie, de l'Aveyronaise de Béziers

« Que les Sociétés de secours mutuels ne s'occupent pas en même temps, de caisses de retraites et de caisses de secours ; que les retraites et les secours, selon le conseil d'ailleurs exprimé par l'honorable M. Mabilleau, soient absolument distincts, à l'effet de créer entre chacune d'elles distinctement une communion d'idées complète qui leur permettra d'adopter, dans chaque catégorie, retraite ou secours, des règlements uniformes, qui feront certainement cesser les rivalités existant trop souvent entre des sociétés d'un même endroit, toujours bien intentionnées, mais trop souvent mal éclairées et mal comprises ».

Sur la demande de l'auteur de ce vœu, la Commission, considérant comme lui qu'il y a lieu de faire de cette question une étude complète, décide qu'il y a lieu de l'inscrire dans le programme du prochain congrès.

<h3 style="text-align:center">Vœu présenté par la Société de Secours mutuels
et de prévoyance de Clermont-l'Hérault</h3>

Pensions de retraite. — Les délégués de la Société de secours mutuels et de prévoyance de la ville de Clermont-l'Hérault au Congrès mutualiste de Montpellier, par l'organe de leur Président,

Emettent le vœu :

Que les Sociétés autorisées, approuvées ou reconnues d'utilité publique , dans tous les cas, lorsqu'elles en font la demande, aient leurs titres de pensions établis au nom de la Société elle-même, au taux de 5 0[0.

La jouissance du titre appartiendrait au sociétaire le plus âgé ou l'un des plus âgés — désigné par la Société. — Au décès du titulaire, la jouissance seule serait reportée à un autre sociétaire désigné par la Société comme précédemment. Le titre resterait toujours le même, sans renouvellement, puisqu'il serait au nom de la Société.

Les titres de pension des Sociétés de secours mutuels constitueraient donc un titre de propriété en faveur de la prévoyance des Sociétés de secours mutuels.

<h3 style="text-align:center">Vœu présenté par la même Société</h3>

Fonds inaliénables versés à la Caisse des Dépôts et Consignations ou à la Caisse Nationale des retraites. — Taux de l'intérêt. Les délégués de la Société de secours mutuels et prévoyance de la ville de Clermont-l'Hérault au Congrès mutualiste de Montpellier, par l'organe de leur Président.

Emettent le vœu :

Que les fonds versés à la Caisse des Dépôts et Consignations ou à la Caisse Nationale des retraites, soient productifs d'un intérêt au taux invariable de 5 0[0.

Elle émet l'avis que, dans tous les cas, il serait juste et même de droit que le taux existant ou accordé au moment du versement des fonds, soit maintenu, ne puisse donc être modifié, sauf dans le sens d'une augmentation.

Elle appuie son avis, de l'invariabilité du taux de l'intérêt, sur ce fait, que la Caisse des Dépôts et Consignations remploie les fonds des Sociétés en rentes sur l'Etat français. Ces titres ont toujours profité de la hausse des cours, constituant ainsi à la Caisse des Dépôts et Consignations une augmentation de capital, si elle voulait réaliser ses titres, tandis que le capital initial des Sociétés de secours mutuels reste le même. Il faudrait donc une compensation au profit des Sociétés de secours mutuels. Cette compensation devrait être l'invariabilité du taux de l'intérêt.

Il est clair que les Sociétés qui ont adressé des fonds à la Caisse des Dépôts et Consignations, il y a 10, 20, 30 et 40 ans, par exemple, possèderaient aujourd'hui un capital plus élevé si les titres de rentes sur l'Etat avaient été créés au profit des Sociétés et à leur nom, ce qui leur permettrait d'obtenir des revenus plus élevés, quoiqu'à un taux inférieur en apparence. Cet inconvénient doit être compensé par la sécurité que donnerait aux Sociétés l'invariabilité du taux de l'intérêt. Là est l'avenir de la prévoyance.

A capital invariable et inaliénable, taux d'intérêt invariable.

A cette seule condition, les Sociétés de secours mutuels peuvent compter sur un avenir pour leurs pensions de retraite.

Cet avenir doit tenir à cœur à ceux, et ils sont nombreux, qui considèrent nos institutions humanitaires comme les meilleures pour assurer aux travailleurs prévoyants des secours suffisants dans les circonstances les plus difficiles de la vie, notamment en cas de maladie ou de vieillesse. Si tout ce qu'on voudrait n'est pas immédiatement réalisable, c'est toujours un acheminement vers le but désiré : la tranquillité de la vie et l'indépendance chez tous les enfants d'une même Société, nous pourrions dire d'une même planète.

Vœu présenté par la même Société

Subvention de l'Etat aux pensions de retraite.— Les délégués de la Société de secours mutuels et de prévoyance de Clermont-l'Hérault au Congrès mutualiste de Montpellier, par l'organe de leur Président, émettent le vœu :

· « Que les subventions de l'Etat profitent aux anciens pensionnés comme aux nouveaux ».

En effet, parmi les nombreuses raisons qui rendent intéressants les pensionnés des Sociétés de secours mutuels, il faut bien admettre que ces raisons augmentent avec l'âge et l'ancienneté du Sociétaire.

Vœu présenté par MM. Philémon et Rouquier représentant la Bienfaitrice de Puisserguier

« Considérant que les Sociétés mutuelles satisfont, à la place des Bureaux de bienfaisance des communes, des départements et de l'Etat, en partie, aux lois sur la constitution des Caisses de retraite, et, en totalité, aux obligations de la loi du 16 juillet 1893 sur l'Assistance médicale gratuite,

» Les soussignés émettent le vœu que les Bureaux de Bienfaisance, les communes, les départements et l'Etat remboursent, sinon en totalité, du moins dans une large proportion, aux Sociétés mutuelles, les dépenses que celles-ci ont fait à leurs lieu et place».

Transmis au Congrès national de Limoges pour étude approfondie.

Vœu présenté par la Société de secours mutuels de Graulhet (Tarn)

« La Mutualité étant œuvre de prévoyance, la Société émet le vœu que le Gouvernement prenne à sa charge une partie des frais pharmaceutiques ».

Renvoyé au Congrès national de Limoges.

Vœu présenté par les Sociétés des Pyrénées-Orientales

« Que les Unions ou Fédérations approuvées puissent comprendre les Sociétés approuvées, autorisées ou libres. »

TRAVAUX DIVERS

ADRESSÉS

AU COMITÉ D'ORGANISATION DU CONGRÈS RÉGIONAL DE MONTPELLIER

ET SOUMIS A L'EXAMEN DES COMMISSIONS

EXTENSION DE LA MUTUALITÉ
AUX FEMMES ET AUX MEMBRES DE LA FAMILLE

Mémoire présenté par M. Datia, au nom du Conseil général de la Mutualité de la Haute-Garonne

Messieurs,

Avant d'aborder la discussion des questions soumises au Congrès, il y a lieu de féliciter les organisateurs d'avoir bien voulu inscrire, en tête de leur programme, les questions relatives aux femmes, qui sont, sans contredit, les meilleurs apôtres de la Mutualité. Ce sont elles, en effet, qui administrent et, reconnaissons-le, le plus souvent au mieux des intérêts de la famille, le revenu plus ou moins modeste que l'homme, dans notre organisation sociale, a le devoir de gagner. Comme la fourmi, elles sont donc naturellement prévoyantes et plus que nous aptes à apprécier les bienfaits de la Mutualité. Elles redoutent non seulement la maladie, mais encore le chômage qui souvent la provoque par les privations qu'il impose à tous, petits et grands. Appliquons-nous donc à leur faire connaître les avantages de la Mutualité. Persuadons-leur que la Mutualité double les forces morales par la sécurité qu'elle assure à ses adhérents. Elles se diront : « Si je suis malade, si les miens le sont à leur tour, nous n'avons rien à craindre, nous serons secourus ». Cette préoccupation ôtée de leur esprit, elles auront plus de résistance pour lutter contre les nécessités de la vie.

Je n'ignore pas que les discours les plus courts sont les meilleurs, aussi, en vous priant d'excuser cette petite digression, je m'empresse de passer à l'examen des questions qui nous sont soumises.

EXTENSION DE LA MUTUALITÉ AUX FEMMES ET AUX MEMBRES DE LA FAMILLE

a). — Vaut-il mieux créer des Sociétés composées uniquement de femmes ou accepter les femmes dans les Sociétés d'hommes ?

Il est préférable de créer des Sociétés composées uniquement de femmes, afin d'éviter l'antagonisme qui se produit fréquemment dans les Sociétés mixtes entre les deux éléments qui les composent.

Des Sociétés d'hommes accordent, sans paiement de cotisation, certains avantages aux femmes, tels que les secours médicaux et pharmaceutiques, mais, dans ce cas, la femme ne peut être considérée comme Mutualiste, mais simplement comme bénéficiaire de la Société à laquelle appartient son mari.

b). — Comment organiser les Sociétés de femmes tant au point de vue de leur administration qu'à celui des services à assurer et des quotités à payer ?

Les Sociétés de femmes peuvent être organisées de la même manière que celles des hommes, soit pour l'Administration, soit pour les divers services de la Société.

Quant à la quotité à payer, on doit tenir compte que le salaire des femmes est bien inférieur à celui des hommes et il est dès lors indispensable de proportionner cette cotisation au salaire moyen des membres de l'Association.

Si la Société accorde à ses membres les soins médicaux et pharmaceutiques, l'indemnité en argent à allouer par journée de maladie ne devra dépasser, dans aucun cas, le montant de la cotisation mensuelle.

c). — Les couches devront-elles être considérées comme une maladie ordinaire et ne devront-elles pas être l'objet d'une indemnité spéciale ?

Quel devrait être le minimum de cette indemnité dans notre région pour qu'elle soit efficace ?

Les couches doivent être considérées comme une maladie ordinaire et cela dans l'intérêt de la Société et de la sociétaire, la Société en exerçant son contrôle pourra s'assurer que la sociétaire ne se livre à aucun travail manuel qui pourrait lui être très préjudiciable dans l'état où elle se trouve ; la sociétaire de son côté, grâce aux secours qui lui sont accordés, peut s'entourer des soins dont elle a besoin.

Quant au principe de l'indemnité fixe, il doit être écarté, parce que, dans certains cas, cette indemnité pourrait être insuffisante et dans d'autres, trop élevée.

d). — Si l'on admet que les enfants doivent participer aux secours pharmaceutiques et médicaux, la quotité payée par le père ou la mère de famille ne doit-elle pas, pour faire ce service, être augmentée d'une somme fixe pour chaque enfant participant à ces secours ?

Quelle devra être par tête d'enfant la quotité à payer ?

Les Sociétés de Mutualité scolaire ont été créées pour résoudre avantageusement cette question; mais si, pour une cause quelconque on ne pouvait faire inscrire les enfants à une de ces associations et que la Société à laquelle appartient le père ou la mère de famille n'accorde les soins médicaux et pharmaceutiques qu'aux membres participants seuls, il est de toute équité que, si l'on veut en étendre le bénéfice aux enfants, le père ou la mère de famille versent une cotisation spéciale pour chaque enfant appelé à en bénéficier.

Cette cotisation, nous ne pouvons la déterminer, car elle dépend des conditions dans lesquelles la Société a assuré ces deux services.

Le Rapporteur, A. DATIA.

Toulouse, le 8 mars 1900.

Mémoire présenté par M. Neyrand, au nom de la Société La Vivaraise

Le décret de 1852, qui autorisait l'admission des femmes dans les Sociétés de secours mutuels et la création des Sociétés de femmes seules, eut d'heureux résultats et amena le rapide développement des Sociétés de secours mutuels. La loi d'avril 1898 autorise les femmes à entrer dans la Mutualité, même sans le consentement de leurs maris.

Chaque année, le Ministre de l'Intérieur adresse un rapport sur la situation morale et financière des Sociétés ; et dans chacun de ses rapports, depuis 1852, il constate que l'admission des femmes a été une cause de prospérité pour les Sociétés, soit mixtes, soit de femmes seules.

Aussi, dans les réunions et dans les congrès qui ont eu lieu dans les différentes villes, tous les orateurs, et les plus autorisés, J. Simon et H. Maze, par exemple, ont été unanimes à demander l'admission des femmes.

La première raison qu'ils ont donnée a été un peu égoïste, tirée de l'intérêt. Ils ont fait ressortir que l'admission des femmes ne peut être une charge pour une Société de secours mutuels. La femme est plus souvent malade que l'homme ; mais les journées de maladie sont moins nombreuses et surtout moins coûteuses chez la femme que chez l'homme.

En 1854, le président de l'Union de Versailles dit, dans son rapport : « L'admission des femmes dans notre association a été l'une des causes de notre succès, parce que l'Union, s'inspirant d'un principe généreux, s'est bien gardée, comme beaucoup d'autres Sociétés, d'exclure les femmes des bienfaits de la Mutualité. »

En 1858, le président de la Société de Saint-Joseph, au Havre, dit dans son rapport : « L'agrégation des femmes soulève quelques objections, mais la commission supérieure de la Mutualité a montré par de nombreux exemples que ces appréhensions sont sans fondement ; qu'au contraire, l'admission des femmes est une cause de succès, un gage de durée, un moyen de moralisation ».

En 1882, le président de la Société des Ouvriers de Soissons constate dans son rapport les heureux résultats de l'agrégation des femmes et des enfants. Le président de la Société du Val d'Ajol et le président de la Société du Pélican, à Nancy, en 1893, tiennent le même langage.

En 1886, le bureau de la Société de l'Union du Commerce, à Saint-Etienne, est unanime à proposer l'admission des femmes, en montrant que les Sociétés de femmes seules sont toutes florissantes. La statistique fait ressortir que l'avoir des Sociétés mixtes est de beaucoup supérieur à l'avoir des Sociétés d'hommes seuls.

Le même résultat avait été constaté auparavant à l'étranger. Dans le rapport de 1879 sur la situation des Sociétés de secours mutuels de la Belgique, le rapporteur déclare ceci : « La statistique montre que, contrairement à une opinion généralement reçue, l'admission des femmes constitue une charge moins onéreuse que la participation des hommes ».

Il ne faut donc pas s'étonner si l'abbé Borel, dans son *Manuel des Sociétés de secours mutuels* (1862), et M. Léopold Robert, dans son *Traité de l'organisation des Sociétés de secours mutuels*, conseillent l'admission des femmes et des enfants.

Dans les congrès de la Mutualité où cette question a été agitée, l'accord a été unanime. Le congrès de Marseille en 1886, celui de Saint-Etienne, en 1895, celui de Reims, en 1898, décident qu'il y a lieu de voter l'admission des femmes.

Ainsi, tous constatent qu'en n'écoutant que l'argument peu noble de l'intérêt, il faut admettre les femmes; mais n'y a t-il pas une raison plus élevée, un mobile plus noble, la justice ? Est-il juste d'ex-

clure des bienfaits de la Mutualité, la femme qui, par ses habitudes
d'ordre et d'économie, contribue puissamment au payement de la
cotisation du mari ? Refuser d'admettre la femme, c'est donc violer
les lois de l'équité, c'est aussi affaiblir le principe de la famille en
séparant les intérêts de ceux que Dieu a unis, en interdisant l'exercice public de la prévoyance à celle-là même qui la pratique sans
cesse dans l'intérieur du ménage ; c'est créer un antagonisme fâcheux entre l'intérêt de la famille et celui de la Mutualité. N'est-il
pas juste de faire disparaître des statuts cette inégalité choquante
qui exclut celle qui donne à la famille le plus de soins, de veilles,
de sacrifices et qui en retire le plus de souffrances et le plus de
fatigue?

C'est là ce qu'ont pensé les hommes généreux que j'appellerai
les apôtres de la mutualité, les J. Simon, les H. Mazo et son élève,
M. Lafitte, le distingué président de la Société d'Astalford (Lot-et-
Garonne).

Jules Simon dit dans son livre de *L'Ouvrière* : « Dans les classes
» ouvrières, les femmes travaillent autant que les hommes, et l'on
» peut dire qu'un grand nombre de ménages ne se soutiennent que
» par le travail, l'économie et les privations de la femme. Il y aurait
» donc imprévoyance et barbarie à les écarter des bénéfices de
» l'association. La Mutualité ne peut être réellement bienfaisante
» qu'à la condition d'unir tous les membres de la famille dans un
» même intérêt et une même espérance ».

Le 25 février 1885, M. Lubre, avocat à Paris, dit à une Société
de secours mutuels : « Il faut que vous ouvriez votre Société aux
» femmes, et après les femmes, aux enfants. Il faut que tous de-
» viennent membres des Sociétés de secours mutuels. Acceptez
» donc les femmes, acceptez les enfants et vous aurez réalisé un
» des progrès les plus considérables que puisse comporter la Mu-
» tualité. »

Dans une réunion générale des Sociétés de Saint-Etienne, en
1888, le regretté M. Mazo parle ainsi : « C'est à propos des femmes
» que je vais adresser mes plus vives critiques à la Mutualité sté-
» phanoise. Il y a à Saint-Etienne un nombre assez important de
» Sociétés de secours mutuels, et il n'y en a que deux parmi elles
» qui admettent les femmes et les enfants ! Est-ce bien possible?
» Vous présidents et administrateurs de ces associations, vous qui
» avez la responsabilité de leur direction, avez-vous bien réfléchi à
» l'isolement dans lequel vous laissez la femme? Eh quoi ! il n'y

» aura de place dans les œuvres morales et sociales que pour
» l'homme? Vous voulez que la femme reste séparée de l'homme
» sur le terrain de la prévoyance ? Vous repoussez la femme gar-
» dienne du foyer, la femme qui par son ordre et ses soins dirige la
» maison, permet à l'homme d'économiser, de payer sa cotisation
» mensuelle? Vous la repoussez, elle qui aura presque toujours in-
» culqué à son mari, à son frère, à son fils, l'esprit de prévoyance ?
» Non, Messieurs, vous n'avez pas mesuré la gravité de la faute que
» vous commettiez ainsi ; vous n'avez consulté suffisamment ni
» votre esprit, ni votre cœur.

» Si vous voulez avoir des institutions de prévoyance réellement
» dignes de ce nom, faites-y entrer les femmes. Je ne cesse de le
» répéter partout et toujours : Il nous faut non seulement les
» hommes, mais les femmes et les enfants pour constituer cette
» grande famille qui s'appelle la Mutualité française .».

E. NEYRAND,

Président de la « Vivaraise. »

Mémoire présenté par M. Vermont, président de la Société l'Émulation chrétienne de Rouen

Dès 1881, je signalais au Congrès Mutualiste de Rouen l'utilité et la facilité de l'admission des femmes dans les Sociétés de secours mutuels.

Une longue expérience a confirmé à cet égard mon opinion, que beaucoup partagent aujourd'hui.

Au point de vue du sentiment, de la famille, de la justice, de l'humanité, la question ne se pose même pas.

N'est-ce pas la femme qui, dans la population laborieuse, représente le mieux et le plus souvent l'épargne ? N'est-ce pas elle qui fréquemment paie la cotisation qu'oublierait le mari ? Lui interdire l'entrée des Sociétés de secours mutuels est une monstruosité qui repose uniquement sur une erreur.

On prétend que les femmes coûtent plus que les hommes. Cela dépend. Si vous voulez donner aux femmes les mêmes droits qu'aux hommes, vous aurez généralement de graves mécomptes et bien qu'on m'ait reproché quelquefois, à tort du reste, de négliger le calcul pour le sentiment, je signale le danger résultant des imprudences qu'il me paraît nécessaire d'éviter.

La Mutualité n'est pas la charité, et sous peine de fausser l'Institution, les droits des Mutualistes doivent être en rapport avec leurs obligations.

Or, la femme, gagnant moins que l'homme, ne peut payer une cotisation aussi élevée, d'où la nécessité de lui accorder des avantages moindres.

D'un autre côté, elle est plus souvent malade ou indisposée, elle a plus de propension que l'homme pour les médicaments et chaque mois elle peut prétendre qu'il lui est impossible de travailler, ce qui est une source d'abus impossibles à éviter si on donne aux femmes une indemnité de travail.

Plusieurs Sociétés de secours mutuels se sont formées dans la vallé de l'Andelle (Eure) depuis une vingtaine d'années qui, sur mon conseil, ont admis les femmes et, en leur donnant, contrairement à mes recommandations, une indemnité de travail ; toutes l'ont regretté et elles en sont réduites à se demander s'il faut refuser l'admission des femmes, ou s'il faut cesser de leur donner cette indemnité qui leur avait été imprudemment promise.

En sens inverse, j'ai décidé un assez grand nombre de Sociétés à admettre les femmes avec une cotisation inférieure à celle des hommes et en leur accordant les mêmes avantages, sauf la retraite qui est proportionnelle et l'indemnité de travail accordée aux hommes et refusée aux femmes ; toutes ces Sociétés fonctionnent très régulièrement. C'est ce que nous faisons à l'Emulation Chrétienne de Rouen, que je cite parce qu'avec les frais généraux et les pensions nous avons dépensé pour les femmes près de 500,000 fr. L'importance de ce chiffre en fait une base sérieuse de raisonnement.

Je demande donc l'admission des femmes, mais en n'exigeant pas d'elles une cotisation aussi élevée que celle des hommes, puisque leur labeur est moindre et j'insiste pour qu'elles n'aient pas d'indemnité de travail, sans quoi il y aura des abus et impossibilité de leur donner une pension de retraite.

La question de l'accouchement est plus délicate ; l'humanité exige qu'on étende à l'accouchement les secours de maladie, le calcul l'interdit, si on ne trouve pas de ressources spéciales qui permettent d'assurer ce service en dehors des autres. Nous avons, à l'Emulation Chrétienne, tourné, plutôt que résolu, la difficulté, en lançant à l'occasion de notre cinquantenaire une sonscription à laquelle les participants ont pris part comme les membres honoraires. Nous n'avons pas osé élever à nouveau la cotisation des femmes parce que nous étions parvenus à l'élever peu à peu de 10 fr. 20 à 18 fr. ou 24 fr.

Les exigences de la vie sont telles qu'à partir d'un certain chiffre l'élévation des cotisations éloigne par la crainte de ne pouvoir pas toujours la payer.

La Mutualité, pour être complète, doit s'étendre à la famille et, pour qu'elle conserve son caractère, il faut que chaque sociétaire paie une cotisation, je le pense du moins, tout en reconnaissant que l'extension à la famille entière de certains droits se pratique avec succès dans plusieurs départements.

Il faut pourtant bien reconnaître que c'est le paiement de la cotisation du mutualiste qui crée son droit, et que c'est en accoutumant les enfants à cette pensée qu'on les préparera à être des prévoyants.

C'est ce qu'a si bien compris M. Cavé, l'illustre fondateur des Mutualités scolaires, auquel on ne saurait accorder trop d'éloges.

Il y a donc lieu de multiplier le plus possible les Mutualités scolaires et, dans l'esprit le plus large, en admettant à leur bienfait tous les enfants sans distinction d'écoles.

Cependant, la Mutualité scolaire présente une lacune et un danger. Elle ne suit pas l'enfant à la sortie de l'école. Les avis sont partagés sur la question de savoir quels moyens peuvent remédier à cet inconvénient et comment on peut rendre leur épargne persévérante.

Pour ce motif, et à cause de cette difficulté, je pense que, dans les Mutualités bien organisées, nombreuses et possédant un capital important, il serait bon d'admettre les enfants, sinon dès leur berceau, ce qui serait dangereux, pour ne pas dire impossible, à raison des maladies et des décès du premier âge, tout au moins, dès un âge que les médecins de notre Société fixent à 7 ans et que nous avons abaissé un peu plus. Les maladies étant, à cet âge, rares et courtes et les décès extrêmement rares, on peut se contenter d'un droit d'entrée modique (0 fr. 50, par exemple) et d'une cotisation faible.

Nous admettons les enfants à partir de 6 ans avec une cotisation de 4 francs de 6 à 9 ans, et de 6 francs de 9 à 12 ans, cotisation qui s'élève plus tard progressivement. Ces cotisations faibles suffisent à assurer à l'enfant la gratuité du médecin, du pharmacien, du dentiste et de l'inhumation. Il est facile de comprendre qu'un enfant faisant partie de la même Société que son père et sa mère continuera d'être prévoyant beaucoup plus facilement que s'il fait partie d'une Société à laquelle son père et sa mère sont étrangers.

J'ai, au dernier moment, le très vif regret de ne pouvoir assister au Congrès de Montpellier, qui s'annonce si brillamment et dont les travaux ne peuvent manquer d'être utiles. J'ai espéré que je pourrais peut-être apporter une petite pierre, si petite soit-elle, à l'édifice que mes collègues vont construire.

Je propose donc :

1° D'étendre le plus possible la Mutualité aux femmes et aux enfants ;

2° De demander aux femmes une cotisation moindre qu'aux hommes ;

3° De ne pas leur donner d'indemnité de travail pour cause de maladie, sauf lors de l'accouchement ;

4° D'étendre à l'accouchement les secours de maladie, mais seulement après avoir assuré la continuité de cette grosse dépense par des ressources spéciales et suffisantes ;

5° De multiplier les Mutualités scolaires ;

6° Et cependant, d'admettre de préférence les enfants à partir de 6 ou 7 ans dans les Sociétés de secours mutuels dont leurs parents font déjà partie, quand ces Sociétés sont solidement établies. Il convient, dans ce cas, de ne demander, parmi les enfants, que des cotisations faibles.

Le Président de l'Émulation Chrétienne de Rouen :

H, VERMONT,
Avocat, ancien bâtonnier
Membre du Conseil supérieur de la Mutualité.

Mémoire présenté par la Société Le Foyer Montpelliérain

Dans une de ses dernières assemblées générales, les Membres participants du Foyer Montpelliérain ont été appelés à étudier, à discuter les diverses questions contenues dans le programme, et M. Jacques, secrétaire, a été chargé de faire un Rapport sur les décisions prises par le Foyer montpelliérain.

C'est surtout la première question qui a été la plus étudiée, parce qu'elle intéresse plus directement les Sociétés de secours mutuels qui, comme le Foyer Montpelliérain, admettent ou acceptent dans leur sein la femme et les enfants.

I. — Extension de la Mutualité aux femmes et aux membres de la famille

a) Vaut-il mieux créer des Sociétés composées uniquement de femmes ou accepter les femmes dans les Sociétés d'hommes ?

Le Foyer montpelliérain n'est pas partisan de la création des Sociétés de secours mutuels composées uniquement de femmes, car les deux Sociétés de secours mutuels créées à Montpellier, telles que la Famille Montpelliéraine et le Foyer Montpelliérain, acceptant tous les membres de la famille, même la veuve, et les faisant participer à tous les avantages dont jouit le sociétaire, chef de famille, nous sont un exemple que ces Sociétés se suffisent ; qu'il est utile de les propager, et que point n'est besoin de créer des Sociétés exclusivement composées de femmes mariées ou non.

D'abord, ce serait un surcroît de dépenses pour la famille, un grand dérangement, une perte de temps pour la mère, qui a à soigner son ménage, et un grand inconvénient, car on peut dire sans crainte que, si le père n'est pas mutualiste, il ne souffrira pas que la femme ou la fille le soient : si, au contraire, le père est partisan de la Mutualité, la femme ou la fille pourront l'être, et, alors, il arrivera parfois que le père sera convoqué à assister à une réunion en même temps que la mère ou la fille le même jour et à la même heure. On voit tout de suite les inconvénients, qu'il serait trop long d'énumérer.

De plus, il n'est guère possible d'admettre que ces Sociétés puissent être administrées par les femmes elles-mêmes.

Ce que l'on pourrait admettre, ce serait de chercher plutôt à créer des Sociétés de bienfaisance composées de dames et dirigées par elles.

b) Comment organiser les Sociétés de femmes, tant au point de vue de leur administration qu'à celui des services à assurer et des quotités à payer ?

Nous avons dit qu'il est difficile d'admettre que les Sociétés composées uniquement de femmes puissent être gérées et administrées uniquement par des femmes sociétaires ; d'abord, parce qu'elles ne sont pas aptes à ces fonctions, et puis, le temps leur manquerait. Ce qui nous le prouve, c'est qu'une société composée de femmes ou de demoiselles vient de se créer tout récemment et qu'elle est administrée par des hommes.

Quant à la quotité à payer, elle ne saurait être moindre de 1 franc ou de 1 fr. 50 par mois, afin de pouvoir assurer tous les services, frais de gestion, soins médicaux, pharmaceutiques, indemnités, secours, etc., car la femme est plus sujette à être malade et plus longtemps que l'homme.

c) Les couches devront-elles être considérées comme une maladie ordinaire, et ne devront-elles pas être l'objet d'une indemnité spéciale ?

Quel devrait être le minimum de cette indemnité dans notre région, pour qu'elle soit efficace ?

Dans les Sociétés composées uniquement de femmes, les couches pourraient être considérées comme une maladie ordinaire et donner droit seulement à l'indemnité journalière qui serait fixée pour toutes les sociétaires.

Tandis que dans les Sociétés d'hommes acceptant la femme et les enfants, les couches doivent être considérées comme une maladie accidentelle ou toute particulière et donner lieu à un secours ou une indemnité.

Cette indemnité pourrait être fixée à 1 franc ou 1 fr. 50 pendant 10 ou 15 jours.

d) Si l'on admet que les enfants doivent participer aux secours pharmaceutiques et médicaux, la quotité payée par le père ou la mère de famille ne doit-elle pas pour faire ce service être augmentée d'une somme fixe pour chaque enfant participant à ces secours ?

Quelle devra être, par tête d'enfant, la quotité à payer ?

Il est tout naturel que les Sociétés de secours mutuels acceptant les femmes et les enfants réclament de ces dernières une quotité mensuelle.

Pour le Foyer Montpelliérain, les quotités mensuelles sont les suivantes : Sociétaire hommes, 1 fr.; veuve, 0 fr. 75 ; femme 0 fr. 25, et enfant 0 fr. 10 jusqu'au cinquième inclus.

Nous reconnaissons que ces quotités sont suffisantes ; tout au plus si on pourrait élever la quotité de la mère de famille à 0 fr. 50.

Sans donner à la mère de famille ou à l'enfant malade une indemnité journalière, on peut donner un petit secours à la famille en cas de décès de l'une ou de l'autre.

D'après tout cela, nous concluons qu'il y aurait avantage à imiter l'exemple donné par les deux Sociétés de secours mutuels : la Famille Montpelliéraine et le Foyer Montpelliérain admettant à tout secours la mère et les enfants.

Quant aux autres questions, nous ne pouvons qu'approuver ce qui sera décidé dans l'intérêt de la cause mutualiste.

Mémoire présenté par M. Lacroix,
au nom de la Société de Secours mutuels L'Espérance
(dames et demoiselles de Montpellier)

MESDAMES,

Appelée à son début à participer à un Congrès mutualiste, votre Société aura à cœur de se faire représenter à ces grandes assises altruistes. Quoique jeune encore, elle saura se montrer à la hauteur de sa tâche, en envoyant deux déléguées siéger parmi les leaders mutualistes, qui se donneront rendez-vous les 19, 20, 21 et 22 avril 1900, à Montpellier.

La tâche qui vous incombe, Mesdames, est très ingrate, vos déléguées auront à soutenir le mémoire que j'ai l'honneur de soumettre à votre appréciation, et qui concerne la réponse à la première question soumise au Congrès par le Comité d'organisation.

Mesdames les déléguées, vous aurez à répondre victorieusement, comme vos aînées en Mutualité, aux différents Congrès régionaux ou nationaux, à ceux qui font un reproche au sexe féminin de se faire porter malade pour un *oui* ou pour un *non*, et à qui vous direz : les femmes ne se portent malades que quand elles le sont sérieusement.

Ceux-là, sans doute, envisagent la création de sociétés féminines comme un défi porté au sexe fort, en tant que ces groupements seront appelés à remédier à l'état de choses si choquante et inégale existant sur notre planète, concernant l'émancipation de la femme. De tout temps, à tort vraiment, la femme, considérée comme une quantité négligeable, reléguée au second plan dans notre organisation, n'a eu à s'occuper que des questions d'intérieur.

Nos lois l'empêchant de participer au mouvement rationnel, organisé de par la force des choses et les lois de la nature, pour le développement de nos idées personnelles au profit de nos semblables, la femme se trouvait donc isolée au point de vue moral et civilisateur. Depuis un certain temps, de nouvelles lois lui ont donné le droit de participer aux actes de l'état civil. En attendant, Mesdames, que les pouvoirs publics vous accordent de nouveaux avantages, la nouvelle loi du 1er avril 1898, sur les Société de secours mutuels, à l'article 3, vous donne le droit de faire partie de ces Sociétés, d'en créer et même d'exercer ce droit sans l'assistance de votre mari.

Le législateur, Mesdames, tout en vous accordant ces prérogatives, n'a pas eu sans doute l'idée de porter dans vos ménages des notes discordantes. Il est à croire que, dans toute société féminine, et principalement dans la vôtre, Mesdames, vous n'êtes pas entrées dans ce groupement mutualiste sans le consentement de votre mari.

Le législateur a voulu vous donner un droit, je l'en félicite au nom des défenseurs du féminisme ; mais il est à espérer que vous n'aurez jamais besoin d'en user.

A vous, Mesdames, appartient actuellement le droit et le devoir d'entrer et de participer au concert d'idées altruistes développées par les Mutualités existantes, nécessaires à la rénovation du genre humain et à l'extinction du paupérisme existant sur notre terre ; non par les moyens préconisés par certaines doctrines utopistes, mais par la Mutualité pure et sans compromission, aidée par sa sœur, la Fraternité.

Actuellement plus de 1000 sociétés féminines rayonnent dans toute l'étendue de la France. Tout prouve en leur faveur. Le Congrès national de Reims, en 1898, a eu à s'occuper du sexe féminin. Madame Reimbolt (de Toulon), MM. Fourdrinoy (de Chéreny, Nord), Arboux (de Paris), Ginas (de Lyon), Fournier (d'Angers), et d'autres dont j'oublie le nom, ont répondu victorieusement aux adversaires des institutions mutuelles féminines. Ils ont prouvé par des faits acquis que ces groupements étaient appelés de par les éléments qui les composent à vulgariser à travers les masses cet ensemble d'idées généreuses, de penchants ou d'instincts qui servent à l'entretien ou à la conservation de la Société et que l'on nomme « l'altruisme ».

EXTENSION DE LA MUTUALITÉ AUX FEMMES ET AUX MEMBRES DE LA FAMILLE.

a). — Vaut-il mieux créer des Sociétés composées uniquement de femmes ou accepter les femmes dans les Sociétés d'hommes ?

Réponse : Considérant qu'il existe dans la pluralité des Sociétés mixtes un antagonisme regrettable et préjudiciable aux intérêts mutuels de ces Sociétés entre participants des deux sexes ;

Qu'il est un fait acquis : quoique payant la cotisation égale à celle des hommes, les femmes n'ont aucun droit d'assister aux séances et par conséquent sont mises dans un état d'infériorité morale, à cotisation égale ;

La Société « l'Espérance » préconise la création de Sociétés composées uniquement de femmes.

b). — Comment organiser les Sociétés de femmes tant au point de vue de leur administration qu'à celui des services à assurer et des quotités à payer ?

Réponse : La Société « l'Espérance » préconise la forme administrative qu'elle emploie pour sa vitalité et dont voici la teneur :

Conseil d'administration. — Bureau : Une présidente ; un vice-président ; une vice-présidente ; une trésorière ; un trésorier-adjoint ; une secrétaire-générale ; un secrétaire ; un secrétaire-adjoint ;

10 ou 20 administratrices suivant le nombre des sociétaires.

La Société « l'Espérance » s'assure par ce moyen le concours de Mutualistes hommes, pratiquants et convaincus, lesquels seront appelés, dans leurs fonctions d'adjoints, à aider dans toute la mesure de leurs connaissances en Mutualité les dames composant le bureau et le Conseil d'administration.

De plus, la Société « l'Espérance » fonctionnera sous le patronage d'un Comité composé de Mutualistes participants ou honoraires de toutes les Sociétés Mutuelles de Montpellier, lequel sera chargé, lui aussi, d'aider de ses conseils et au besoin pécuniairement, au développement de la Société.

Quant aux services à assurer et aux quotités à payer, la Société « l'Espérance » préconise le système qu'elle a adopté pour ses statuts (*Voir spécimen ci-joint*), qui remplit le but que toute Société nouvelle doit poursuivre pour le bien-être de ses membres.

c). — Les couches devront-elles être considérées comme une maladie ordinaire et ne devront-elles pas être l'objet d'une indemnité spéciale?

Quel devrait être le minimum de cette indemnité dans notre région pour qu'elle soit efficace ?

Réponse : La Société « l'Espérance » est d'avis que les couches de femmes donnent droit aux mêmes secours que la maladie et de plus une indemnité spéciale, qui, pour être efficace dans notre région, ne doit pas être moindre de 50 francs, sous réserve, pour les Sociétés nouvelles, de n'accorder ces secours et indemnité, que quand les fonds en caisse atteindraient les chiffres de 1.000 à 2.000 francs, suivant le nombre de sociétaires.

d). — Si l'on admet que les enfants doivent participer aux secours pharmaceutiques et médicaux, la quotité à payer, par le père ou la mère de famille, ne doit-elle pas, pour faire face à ce service, être augmentée d'une somme fixe pour chaque enfant participant à ces secours ?

Quelle devra être par tête d'enfant la quotité à payer?

Réponse : La Société « l'Espérance » reconnaissant que les enfants doivent participer aux avantages moraux et pécuniaires, créés par les Mutualités, préconise la création de Mutualités scolaires, qui seront appelées elles-mêmes à donner à leurs membres les secours médicaux et pharmaceutiques prévus par leurs statuts, et laisse le soin aux organisateurs de ces Sociétés de fixer le taux de cette quotité, qui devra être en rapport avec les avantages créés.

L. LACROIX,
Rapporteur de « l'Espérance ».

SOCIÉTÉ DE SECOURS MUTUELS

DES DAMES ET DEMOISELLES DE LA VILLE DE MONTPELLIER

DITE

❧ L'ESPÉRANCE ❦

Créée et placée sous le patronage des Mutualistes de la Ville

Siège Social : A LA MAIRIE

BUT DE LA SOCIÉTÉ

1ᵉ Fournit les soins médicaux à ses membres participantes malades ou blessées.

2° Paie une indemnité quotidienne pendant trois mois (0 fr. 75 par jour pendant deux mois et 0 fr. 50 pendant le dernier mois) ;

3° Constitue des pensions de retraite sur livret individuel ;

4ᵉ Accorde des secours exceptionnels en cas de besoins urgents ;

5° Pourvoit à leurs funérailles ;

6ᵉ Contracte à leur profit des assurances ou réassurances en cas de vie, d'accident ou de décès ;

7° Paiera, dès que les fonds en caisse s'élèveront à 1000 francs, une indemnité spéciale pour les accouchement ;

8° Fournira, dès que les fonds en caisse s'élèveront à 2000 francs, les médicaments à ses membres participantes malades ou blessées.

OBLIGATIONS DE LA SOCIÉTAIRE

1° Etre présentée par deux membres du comité de patronage ;

2ᵉ N'être pas âgée de moins de 16 ans, ni de plus de 45 ans ;

3° Etre domiciliée à Montpellier ;

4° Avoir été **reconnue** valide par le médecin de la Société ;

5° Verser **en rentrant** un droit d'admission, fixé à 1 franc de 16 ans à 35 ans, et à 3 francs de 35 à 45 ans ;

6° **Payer la** cotisation mensuelle fixée à 0 fr. 75.

Les Membres honoraires paient une cotisation annuelle de 5 francs

Ont droit au titre de bienfaiteurs les personnes faisant un don à la Société de la somme de 100 francs.

Mémoire présenté par M. Fabre, au nom de la Société La Catalane de Béziers

La loi du 1er avril 1898 a appelé l'attention des Mutualistes sur les Sociétés de secours mutuels de femmes en réglementant leur organisation.

Si l'importance du rôle qui revient à la femme dans l'œuvre humanitaire qu'est la Mutualité n'a pas échappé au législateur et n'échappe pas aux délégués qui prennent part à ce Congrès, les masses mutualistes ne semblent pas en être également convaincues.

La femme ne doit pas, dans notre Société, être considérée comme un être distinct de l'homme quant aux droits et quant aux devoirs. Sans doute, il ne saurait nous venir à l'esprit de dire et de soutenir que la compagne de l'homme doit pouvoir participer au gouvernement et à l'administration des peuples ; mais, si telle n'est pas sa mission, il ne faut pas cependant la reléguer au second plan, lui cacher tout ce qui intéresse les progrès des Sociétés et surtout l'empêcher de participer aux œuvres humanitaires.

De par sa constitution, la femme est faible, elle souffre physiquement et matériellement plus que l'homme, car elle est plus sensible que lui ; doit-on encore aggraver une situation d'infériorité, qu'elle n'a pas voulue, en l'empêchant de se procurer des soulagements moyennant de très faibles sacrifices pécuniaires ?

Penser ainsi, ce serait manquer d'esprit de justice et d'égalité.

D'ailleurs, la femme est l'égale de l'homme par l'intelligence et l'esprit ; elle lui est presque toujours supérieure par le cœur. La mutualité est une institution qui procède des qualités du cœur plus que de celles de l'esprit ; comment songer donc à empêcher de bénéficier des avantages de cette institution le sexe qui possède le plus ces qualités ?

Priver la femme d'appartenir aux Sociétés de secours mutuels, ce serait la méconnaître, la diminuer à nos propres yeux et aussi aux yeux de cette partie de la Société qui, par sa situation aisée, n'a pas besoin de s'affilier aux œuvres d'assistance mutuelle.

La Mutualité, ai-je dit dans une lettre à M. le Ministre de l'Intérieur, avant que j'eusse connaissance de la loi de 1898, doit être un trait d'union entre le peuple, l'homme de travail et les classes privilégiées par la fortune, car elle seule peut permettre de résoudre pacifiquement le grand problème social toujours pendant, l'union des classes, l'harmonie dans la Société.

Pour que la Mutualité puisse être ce trait d'union entre l'ouvrier et les classes dirigeantes, il faut que nos jeunes générations soient de bonne heure initiées à l'idée mutuelle, il faut que l'enfant sache ce qu'est une Société de secours mutuels et qu'il soit petit à petit préparé à se joindre au groupe qui lui sera accessible ou lui conviendra le mieux. Qui, plus que la femme, peut faire l'éducation sociale, je dirai pour la circonstance l'éducation mutuelle de l'enfant?

Plus que jamais, de nos jours, l'éducation de la famille est laissée, dans les régions riches comme la nôtre spécialement, à la mère. Le père, après sa sortie de l'atelier ou du bureau ou retour des champs, prend à la hâte le repas et quitte aussitôt le logis pour revenir à son travail ou pour aller, trop souvent, hélas ! s'enfermer dans une salle de café ou de jeu. Il voit ses enfants, mais il ne vit pas assez avec eux ; la mère, au contraire, les a souvent autour d'elle ; elle parle davantage à leur cœur, elle l'élève, l'ouvre aux idées généreuses et en chasse ce ferment d'égoïsme qui semble se multiplier avec une rapidité incroyable dans notre France, jusqu'au point d'en faire une société où chacun voudra goûter le plus de plaisir possible, oubliant qu'il ne s'appartient qu'à demi et se doit à sa patrie plus encore qu'à lui-même.

D'aucuns diront que c'est là de la théorie et que, dans la réalité, le rôle de la femme est moins important.

Nous soutenons que son rôle social est des plus importants et, vouloir le réduire, équivaudrait à ramener notre société en arrière ; la femme, aujourd'hui, ne manque plus d'instruction, elle est plus que jamais accessible aux idées nobles ; le progrès ne lui apparaît plus comme un spectre qu'elle cherche à éviter, comme l'ennemi des traditions qu'elle a reçues ; elle a fait un grand pas, il importe de ne pas l'arrêter dans sa marche ascendante vers l'émancipation de son esprit et, dans les limites du possible, de sa personne. Loin de diminuer son influence, il faut l'augmenter en l'admettant là où elle a sa place toute désignée : dans les Sociétés de secours mutuels.

Que si l'on affirme que la femme n'a pas les qualités pour diriger un groupe, je répondrai qu'on se rappelle ce qu'est l'admirable Association des Femmes de France, ce que sont d'autres associations exclusivement féminines.

La femme a de l'intelligence, et pour diriger, et pour se laisser diriger et elle a du cœur, la plus précieuse des qualités, celle qui a inspiré et fait vivre les œuvres de bienfaisance.

Ajouterai-je que, dans une Société de secours mutuels, la femme peut rendre des services que l'homme est à peu près incapable de rendre ? La démonstration en est trop facile pour que je m'y arrête.

Quelque nombreuses et sérieuses que soient cependant les raisons qui militent en faveur de l'admission des femmes dans les Sociétés de secours mutuels, les présidents qui en sont partisans rencontrent des difficultés nombreuses. C'est là un indice de ce que la Mutualité n'est pas encore comprise sous son vrai jour et qu'on ne voit pas assez en elle une institution sociale des plus dignes d'intérêt. J'ose croire que si beaucoup de Sociétés persistent à fermer leur accès au sexe faible, c'est parce que, jusqu'ici, on n'a guère vu que des Sociétés d'hommes et qu'on craint de s'engager dans une voie qu'on croit périlleuse pour la prospérité financière de l'organisation.

Tout ce qui a été fait jusqu'ici n'est pas parfait et c'est là une raison pour ne pas vouloir s'entêter à rester dans le *statu quo*. Il faut faire preuve de courage et se montrer confiant dans l'avenir, sans oublier qu'un peu de bien accompli rend l'âme humaine meilleure. De là, la nécessité, pour les Mutualistes, d'étendre leur action bienfaisante sur la partie de la Société qui, jusqu'à l'heure actuelle, en a été presque privée et qui mérite d'autant plus d'être soulagée que la nature se montre pour elle prodigue de souffrance et de trop fréquentes désillusions.

Après ces considérations générales, j'examinerai les questions de la première partie du programme.

Vaut-il mieux créer des Sociétés composées uniquement de femmes ou accepter les femmes dans les Sociétés d'hommes ?

Je n'hésite pas à me prononcer pour la seconde partie de la proposition, sans cependant vouloir proscrire les Sociétés composées exclusivement de femmes.

Si, personnellement, je serais heureux de voir se multiplier les Sociétés d'hommes et de femmes, que j'appellerai « mixtes » dans le cours de cet exposé, et les Sociétés de femmes, il me semble cependant que les dernières ont l'inconvénient de continuer à séparer les deux sexes, d'aller à l'encontre du rapprochement moral, qui n'a rien de contraire aux bonnes mœurs, de deux êtres nés l'un pour l'autre.

D'autre part, les Sociétés exclusivement de femmes exigeraient, me semble-t-il, que les administrateurs — des mères de famille — s'imposent des occupations qui pourraient peut-être les distraire de leur vrai rôle.

Une association de femmes et surtout de femmes de la classe ouvrière pourrait, dans certains milieux, être mal accueillie, elle pourrait même ne pas inspirer toute la confiance voulue, car les réunions de ce genre ne sont pas encore entrées dans nos mœurs. J'ai déjà dit plus haut que la femme ne manque ni d'intelligence, ni d'instruction pour pouvoir administrer sagement une Société mutuelle, ce sont surtout les difficultés qu'éprouveraient les sociétaires à se réunir qui me paraissent être un obstacle sinon à la formation de Sociétés de femmes, du moins à leur multiplication.

Ce même inconvénient ne se présenterait pas dans les Sociétés mixtes. Dans les Sociétés d'hommes, en effet, on dispense, pour des raisons jugées valables, des membres d'assister aux réunions, les mères de famille, sociétaires, bénéficieraient de cette faveur, si elles en manifestaient le désir.

D'autres raisons me poussent encore à me prononcer en faveur des Sociétés mixtes :

Dans les centres populeux, les Sociétés de secours mutuels sont des réunions de personnes originaires d'un même département — de personnes exerçant le même métier ou la même profession — de personnes ayant appartenu à l'armée, à telle ou telle arme, à une administration.

Les Sociétés de secours mutuels de femmes peuvent-elles se constituer sur les mêmes considérations d'origine, de profession ?

Je crois que ce ne serait que difficilement.

Elles devraient être plutôt des Sociétés de quartiers, de paroisses... Il serait dès lors assez difficile de fixer les conditions que devraient remplir les sociétaires ; d'ailleurs, la facilité avec laquelle on transporte son domicile d'un point à un autre d'une ville ne manquerait pas de créer des incidents fâcheux.

Le même inconvénient ne se présenterait pas dans les Sociétés mixtes. S'agirait-il d'une Société de compatriotes, ne serait-il pas logique que des Aveyronnais, par exemple, ouvrent leurs rangs aux Aveyronnaises veuves, célibataires, mariées même..?

Des anciens militaires pourraient admettre les femmes d'anciens militaires qui, pour une raison quelconque, ne pourraient faire partie de la Société, les veuves, les orphelines d'anciens soldats.

Le même raisonnement s'applique aux Sociétés qui sont basées sur la similitude de profession.

Des objections ne manqueront pas d'être faites contre les Sociétés mixtes.

D'abord, certains Mutualistes craindront peut-être que la femme ne soit un ferment de désordre dans les réunions. Dans la plupart des départements, il existe une Société de secours mutuels des instituteurs et des institutrices. Les femmes y occupent très dignement leur place, elles font même partie du conseil d'administration et jamais leur présence n'a donné lieu au moindre désordre.

Je n'aurais même pas mentionné cette objection, si je ne l'avais entendu faire.

La femme, dit-on souvent, est plus souvent malade que l'homme.

Il faut distinguer. Si l'on considère les couches comme une maladie ordinaire, je conviendrai que la femme est plus souvent malade que l'homme ; dans le cas contraire, j'inclinerais volontiers à croire que non seulement elle n'est pas plus malade, mais qu'elle l'est moins, car, bien moins que lui, elle est exposée aux intempéries, aux accidents de l'atelier, à la fatigue, à une atmosphère viciée.

Cela m'amène à dire quelles sont les obligations que je crois devoir être imposées à la femme dans les Sociétés mixtes.

J'estime que la femme *sociétaire* doit payer la même cotisation que l'homme, que les couches ne doivent pas être considérées comme une maladie ordinaire donnant droit à une indemnité journalière de maladie, aux secours médicaux et pharmaceutiques. Ainsi donc, la femme payera autant que l'homme et, sauf pour les couches, aura droit aux mêmes avantages que lui.

J'ai déjà dit précédemment que la femme n'est guère plus malade que l'homme ; j'ajoute qu'elle ne sera pas plus à charge à la Société que lui. On admet, dans la majeure partie des Sociétés, que le sociétaire a droit à une indemnité lorsqu'il est dans l'impossibilité de travailler. L'occupation principale de la femme est de faire le ménage, lorsqu'elle peut y vaquer elle n'est pas dans l'impossibilité de travailler.

Arrive-t-il souvent que, dans une famille où il n'y a pas de servante, la femme garde le lit et ne fasse pas son ménage ? Assez rarement, à mon avis, et d'autant plus rarement que les malades imaginaires ne se trouvent pas dans les classes laborieuses. La femme donc qui est malade, sans cependant être dans l'obligation de garder la chambre, ne saurait avoir droit à l'indemnité pécuniaire ; elle ne pourrait obtenir que les secours médicaux et pharmaceutiques.

J'admets pour un instant que la femme soit plus souvent malade que l'homme. Ce n'est pas une raison pour l'exclure des Sociétés. La cotisation des membres participants hommes n'est pas toute absorbée par les soins à accorder aux malades ; chaque année, au moment de l'inventaire, la plupart des Sociétés constatent que le fonds social a augmenté par un excédent des recettes sur les dépenses. Serait-ce un mal qu'une faible part de la cotisation des membres hommes serve à secourir les femmes ?

Les Sociétés de secours mutuels vivent par l'esprit de solidarité ; il me semble que ce serait faire preuve de solidarité bien entendue et vraiment humanitaire que de participer au soulagement physique, au relèvement moral de la femme. S'il était même prouvé que la femme fût plus malade que l'homme et que, d'autre part, il fût constaté que dans les Sociétés mixtes, avec une cotisation uniforme, on arrive à de bons résultats, ce serait une raison de plus pour multiplier ces Sociétés.

En tout état de cause, mieux vaudrait réduire l'indemnité journalière de maladie pour pouvoir équilibrer le budget que de refuser les femmes.

J'ai déjà dit que les couches ne devaient pas être assimilées à une maladie ordinaire. Je crois qu'elles devraient donner lieu à une indemnité variant avec les ressources de chaque Société, sans cependant être inférieure, pour rester efficace, à 25 ou 20 francs, tarif moyen des sages-femmes.

De ce qui précède, je tire les conclusions suivantes :

1° Admission des femmes comme sociétaires dans les Sociétés de secours mutuels d'hommes, en leur imposant les mêmes obligations qu'aux derniers et en leur accordant les mêmes avantages dans les cas analogues.

2° Fixation d'une indemnité fixe de 25 à 20 francs au minimum pour les couches ;

3ᶜ Stipulation que, lorsque la femme n'aura pas de profession, elle n'aura pas droit à l'indemnité en argent, si elle peut vaquer à ses occupations de l'intérieur ;

4° Encouragements à la création de Sociétés de femmes dans les milieux favorables à ce mode de groupement.

A l'admission des femmes comme membres participants vient se greffer la question de la faculté pour les sociétaires, quel que soit leur sexe, d'obtenir pour leur famille — femme ou mari et enfants, — les secours médicaux et pharmaceutiques, seulement moyennant un versement supplémentaire.

C'est encore là une amélioration qui n'est pas près d'aboutir. Sans doute, dans quelques Sociétés, on est déjà arrivé à l'introduire, mais celles-là sont le petit nombre.

On objecte toujours la mise à sec de la caisse lorsqu'on propose d'étendre l'action bienfaisante de la Société.

Le père de famille — je parle de lui parce que jusqu'ici il a été le seul à bénéficier des avantages de la Mutualité — ne doit-il songer à assurer contre la maladie que lui ?

Sa santé est précieuse, celle de sa femme et de ses enfants ne l'est pas moins ; s'il peut se procurer l'assistance du médecin à peu de frais, pourquoi reculerait-il à s'imposer quelques sacrifices pour procurer les mêmes avantages à toute sa famille ?

Si des ouvriers, pères de famille, pouvaient obtenir pour leurs enfants les secours de la science médicale, que d'enfants seraient sauvés qui périssent parce que, faute de moyens, ils ne suivent que les traitements de bonnes femmes !

Nous nous intéressons à nous-mêmes ; combien plus devons-nous nous intéresser aux jeunes générations, pour donner à la France une race vigoureuse, capable de maintenir à notre patrie la place qu'elle doit occuper dans le concert des Nations ! Ce problème, qui préoccupe si vivement les éducateurs, ne doit pas laisser indifférentes toutes les personnes qui peuvent en faciliter la solution, en la hâtant le plus possible.

Ainsi donc, je n'hésite pas à me prononcer pour la participation aux secours pharmaceutiques et médicaux de la famille du sociétaire.

Quant à la quotité à payer, l'expérience permettra de la fixer, car elle variera selon les lieux. Il faut, et il est à peine besoin de le dire, s'efforcer de procurer aux sociétaires le plus d'avantages possibles sans cependant trop exiger d'eux ; la devise doit être : le maximum d'avantages, le minimum de charges.

Une somme de cinquante centimes pour la femme, de vingt-cinq pour chacun des trois premiers enfants, de quinze pour les suivants, serait suffisante pour la plupart des cas. D'ailleurs, les présidents qui adopteraient ces mesures pourraient fixer, après six mois ou un an d'expérience, la quotité à payer en ouvrant un ou plusieurs comptes spéciaux dans leur comptabilité sous les rubriques :

Femmes des Sociétaires — Enfants des Sociétaires
ou seulement : *Familles des Sociétaires.*

La Mutualité ne produira les bons effets qu'on en attend que si, de toutes parts, on s'engage résolument dans la voie des améliorations.

Joseph FABRE,
Président de La Catalane.

MUTUALITÉ RURALE

Mémoire présenté par M. de Laurens-Castelet, au nom du Conseil général de la Mutualité de Toulouse

L'assistance mutuelle dans les campagnes est loin d'avoir suivi le mouvement rapide d'expansion qu'elle a pris dans les villes pendant ces dernières années.

Les Sociétés de secours mutuels qui ont été fondées sous l'Empire sont presque les seules que nous retrouvons dans nos campagnes ; mais leur nombre est restreint, leur recrutement limité et imparfait.

Au cours de ces dernières années, le Gouvernement a fait de louables efforts pour répandre l'assistance dans les campagnes. Mais cette assistance officielle s'est immédiatement heurtée à une foule d'abus.

L'inscription sur la liste d'assistance est devenue souvent une faveur accordée aux électeurs amis de l'administration locale et le côté politique a fait perdre de vue le côté humanitaire.

L'assistance est devenue d'autant plus onéreuse pour les budgets communaux et départementaux que le contrôle était plus difficile, enfin elle devenait une prime à l'imprévoyance et souvent à la paresse, tout en abaissant le citoyen auquel elle enlevait une partie de son indépendance.

Les lois récentes votées par le Parlement viennent de codifier les efforts des hommes généreux dont le nom est attaché à l'essor de la Mutualité ; elles portent dans leurs textes les moyens d'améliorer le sort de l'ouvrier.

C'est à en répandre la connaissance et l'application sur tous les points du territoire que doivent tendre nos efforts.

Première question. — a) *Diffusion.* — Quels sont les moyens pratiques pour arriver promptement :

1° A répandre les bienfaits de la Mutualité dans la campagne ?

2° A faire prospérer les Sociétés mutuelles rurales existantes ?

3° A en créer dans les localités où il n'en existe pas encore ?

b) *Résultats.* — 1° Les syndicats coopératifs ou proportionnels agricoles ont-ils intérêt à aider à cette extension de la Mutualité ?

2° Dans l'affirmative, quel pour... être leur rôle ?

3° Quels sont les avantages principaux, matériels et moraux, que les particuliers, les communes et l'Etat retireront du développement de cette branche principale de la Mutualité en France ?

R. — Multiplier les Sociétés de secours mutuels, en en créant au moins une dans chaque village. Créer, à cet effet, des comités de propagande dans chaque canton.

Prier l'autorité administrative de ne laisser inscrire sur les listes d'assistance que les ouvriers sans ressources, qui ne peuvent prélever sur leur salaire la cotisation de la Société de secours mutuels. Le contraire serait une concurrence légale à la Société de secours mutuels. Inviter les contribuables qui ne vivent pas de leur travail à entrer dans ces Sociétés comme membres honoraires de manière à augmenter les ressources.

R. — Organiser des unions départementales ou cantonales destinées à centraliser les efforts des petites Sociétés de secours, à faire fonctionner la mise en subsistance qui permettra de faire entrer dans les Sociétés locales les ouvriers volants, gagés et maîtres-valets, lesquels restaient en dehors des mutualités précisément à cause de la mobilité de leur résidence.

Les Unions centraliseront les cotisations des caisses de retraites ; les petites Sociétés ne peuvent ni alimenter à elles seules ni administrer. Les Unions organiseraient également les réassurances.

Multiplier et favoriser le développement des Mutualités scolaires, ces pépinières des Mutualités de l'avenir. L'école deviendra aussi l'école de la prévoyance. Mais ces Mutualités scolaires doivent être ouvertes à tous les enfants, quels que soient les établissements qu'ils fréquentent, afin de préparer des générations de Français unis dans une fraternité et une solidarité communes.

De Laurens-Castelet,
Président de la Commission rurale
du Congrès de Toulouse.

Toulouse, Mars 1900.

Mémoire présenté par M. Vieillot, président de la Société scolaire de Montpellier

Quels sont les moyens pratiques pour arriver promptement :

1° A répandre les bienfaits de la Mutualité dans les campagnes ;

2° A faire prospérer les Sociétés mutuelles rurales existantes ;

3° A en créer dans les localités où il n'en existe pas encore.

Résultats. — 1° Les Syndicats coopératifs ou professionnels agricoles ont-ils intérêt à aider à cette extension de la Mutualité ?

2° Dans l'affirmative, quel pourrait être leur rôle ?

3° Quels sont les avantages principaux, matériels et moraux que les particuliers, les communes et l'État retireront du développement de cette branche principale de la Mutualité en France ?

Avant de rechercher les moyens de répandre les bienfaits de la Mutualité dans les campagnes, examinons les causes qui peuvent nuire au développement des Sociétés mutuelles rurales.

Le cultivateur a généralement l'instinct d'association peu développé ; il aime assez vivre à l'écart ; il se renferme volontiers en lui-même.

Le paysan ne prend un réel intérêt qu'à ce qui est simple, tangible, matériel, à ce qui frappe ses yeux. Or, les institutions de prévoyance reposent parfois sur un mécanisme assez compliqué. Puis, les avantages qu'elles procurent ne sont pas tous immédiats ; souvent même ces avantages ne doivent se réaliser que dans un avenir plus ou moins lointain. Le paysan a aussi une extrême méfiance contre toute nouveauté venant de la ville ; il est très difficile à convaincre, à entraîner ; l'ignorance et l'esprit de routine le dominent.

Ajoutons à tout cela des parents à soutenir, des enfants à élever et, trop souvent, par suite du désordre dans les affaires, des dettes à payer.

Voilà les obstacles qu'il s'agit de vaincre pour créer les Sociétés mutuelles rurales.

Nous pensons qu'il faudrait se préoccuper d'abord de montrer aux populations rurales, à l'aide d'exemples très simples, les bienfaits de la Mutualité.

Chacun sait, dans les campagnes, qu'en payant une prime annuelle, on peut s'assurer contre l'incendie ; il n'est pas plus difficile de s'assurer contre la maladie ; mais, point n'est besoin de recourir, à cet effet, à une Compagnie d'assurances qui prélèverait un bénéfice plus ou moins considérable ; il suffit de s'associer entre ouvriers, petits cultivateurs et petits commerçants, et de constituer un bureau qui administre gratuitement la Société.

Quant aux Caisses de retraite, elles sont à peu près ignorées dans les villages, mais les retraités y sont connus et leur situation très enviée. Un ancien fonctionnaire ou un ancien employé de l'Etat jouissant d'une modeste pension est souvent un objet d'envie pour les paysans ; ceux-ci ne songent pas qu'eux aussi, ils pourraient, s'ils le voulaient, s'assurer des avantages analogues pour leurs vieux jours.

Mais qui leur fera connaître les avantages de la Mutualité ? Qui leur indiquera les moyens de l'organiser, de s'associer soit par commune, soit par canton ? L'instituteur, sur le dévouement duquel on peut toujours compter, et qui verra dans cette œuvre un complément de l'éducation qu'il donne à l'école. Il montrera aux travailleurs comment une même Société peut, moyennant une prime annuelle, leur accorder des secours en cas de maladie et leur procurer une pension de retraite, leur évitant toute démarche, toute perte de temps, et leur présentant toute garantie. A mesure que les Sociétés scolaires mutuelles se développeront, l'action de l'instituteur, si nécessaire à l'heure actuelle, n'aura plus que rarement à s'exercer en dehors de l'école ; car les enfants ayant pratiqué l'association dès leur plus jeune âge, en auront reconnu les bienfaits et, devenus adultes, ils resteront partisans convaincus de la Mutualité.

Nous pensons qu'il y aurait lieu d'établir la Mutualité dans toute commune de quelque importance. Une Société qui assure contre la maladie doit être relativement peu nombreuse et assez concentrée, car une surveillance effective et incessante peut seule remédier aux abus qui tendent à se produire. Une Société de retraite doit, au contraire, comprendre un assez grand nombre de membres, car la mortalité ne peut suivre une marche régulière que si le nombre des têtes soumises au risque est considérable.

Les Sociétés mutuelles comprenant en même temps les secours en cas de maladie et les retraites pourraient donc exister dans toute commune importante.

Pour les petites communes, le groupement s'impose. Il pourrait s'effectuer par groupe de trois ou quatre ou par canton. Mais là encore, plus que dans les autres cas, il faut qu'un apôtre de la Mutualité, ou simplement l'instituteur, suscite le mouvement.

Il arrive parfois que le groupement existe déjà, mais dans un autre but : nous voulons parler des Syndicats.

Des syndicats coopératifs ont quelquefois pris naissance au sein de Mutualités existant antérieurement ; inversement, ne pourrait-on prendre, comme point de départ, le syndicat pour créer la Mutualité ? Nous n'y voyons que des avantages Les syndicats coopératifs sont composés d'ouvriers et concentrés ; ce serait un lien de plus entre leurs membres.

Quant aux syndicats agricoles, si l'on considère qu'ils s'étendent à tout un canton, parfois à un arrondissement, et qu'ils comprennent plus de propriétaires et de cultivateurs que d'ouvriers proprement dits, il nous paraît plus difficile d'y rattacher la Mutualité.

Les ouvriers reçoivent, en échange des services qu'ils rendent, un salaire dont ils peuvent disposer. Trop souvent, ils dépensent entièrement ce salaire pour la satisfaction de leurs besoins personnels, soit qu'ils espèrent pouvoir toujours gagner leur vie en travaillant, soit qu'ils ignorent l'existence de la Mutualité, soit, enfin, qu'ils comptent pour les mauvais jours sur le Bureau de bienfaisance et l'Assistance publique, qui constituent, aux yeux de quelques-uns, la tranquillité sur l'avenir. Dans tous les cas, ils sont imprévoyants ; car, qui peut affirmer que la maladie et les infirmités ne l'atteindront pas ? Quant aux établissements de bienfaisance, ils deviendraient bientôt insuffisants si la prévoyance et l'économie individuelles ou mutuelles n'étaient pas pratiquées par les ouvriers. Et quelle humiliation, pour celui qu'une assurance contre la maladie et la vieillesse aurait pu rendre indépendant, que d'aller implorer des secours !

Quiconque a le sentiment de sa dignité personnelle souffre vivement de se voir réduit à cette extrémité.

Quant aux communes et à l'État, ils pratiquent eux-mêmes la prévoyance et ils font un excellent placement en accordant des secours aux Mutualités. En effet, n'y a-t-il pas un avantage matériel et moral à venir en aide aux travailleurs économes dans la constitution d'une retraite, si, par ce moyen, l'Etat peut éviter de les avoir plus tard complètement à sa charge dans les établissements de bienfaisance qu'il n'entretient qu'à grands frais ?

En résumé, on peut affirmer que la Mutualité rurale bien comprise assure aux ouvriers la sécurité de l'avenir, supprime les mécontents, élève les caractères et atténue dans une certaine mesure les charges futures des communes et de l'Etat.

J. VIEILLOT,

Directeur de l'Ecole normale,
Président de la Société scolaire de secours mutuels
de Montpellier.

Mémoire présenté par M. Lecocq, professeur au Lycée d'Avignon

1° DIFFUSION

Sur la question de la diffusion de l'idée mutualiste dans les campagnes, je me permettrai d'appeler l'attention du Congrès sur les services que peuvent rendre, à ce sujet, les Mutualités scolaires.

Les difficultés que rencontre la Mutualité quand elle veut pénétrer dans les milieux exclusivement agricoles et en particulier dans les pays de culture générale et extensive, à propriété morcelée, sont multiples et proviennent de causes diverses.

Il est d'abord évident que la prévoyance et, par suite, la forme supérieure de la prévoyance qu'est la Mutualité ne s'imposent pas aux travailleurs des champs avec la même urgence qu'aux ouvriers des villes. Les ouvriers agricoles et les petits propriétaires qui, par la forme de leur existence, ne se distinguent pas des ouvriers agricoles, sont moins directement menacés que les travailleurs des usines ou des fabriques, que les ouvriers des villes, quels qu'ils soient. Les conditions du travail des champs, pour rude qu'il paraisse, ne peuvent pas se comparer, au point de vue de l'hygiène, avec celles que doit subir l'ouvrier dans son atelier ou à l'usine. Le campagnard reste robuste et sain au lieu de s'étioler comme l'ouvrier urbain. Il est moins menacé par la maladie : il pense moins à en prévoir la venue. Ce n'est pas pour lui, au même degré que pour l'ouvrier des villes, une nécessité de parer au risque de maladie par son adhésion à la Mutualité.

A cette première raison, s'en ajoute une autre plus forte encore. L'habitant des campagnes répugne à l'association ; il est, d'essence personnel et individualiste ; sa vie, elle-même, le pousse à persévérer dans cet individualisme qui est le fond même de son caractère. Il est volontiers méfiant et jaloux ; il aime à vivre dans le petit coin qui est à lui et à s'y renfermer. Il entoure son petit bien de haies et de clôtures ; et de même, dans toute son existence sociale, il aime à rester séparé des autres, ne sentant pas la nécessité de l'association, et, croyant voir dans toute organisation associée un risque personnel pour ce qui est son bien propre. Il craint, s'il s'associe, d'être dépouillé et reste ainsi enfermé dans son égoïsme individuel et personnel.

C'est ce qui fait que la Mutualité pénètre difficilement dans les campagnes et que l'idée d'association, qui s'est si facilement répandue dans les villes, chemine si lentement dans les milieux purement ruraux.

Il n'y a, à mon sens, qu'un remède possible à ce mal : il faut faire l'éducation mutualiste des paysans de France.

La Mutualité ne pourra se développer dans les campagnes que par l'école. L'école sera le grand agent de propagation des idées mutualistes : elle seule peut donner aux populations rurales une autre mentalité et lutter victorieusement contre des préjugés enracinés au plus profond des esprits. Par l'école, et par elle seule, nous ferons aux travailleurs de la terre, petits propriétaires ou ouvriers, une âme nouvelle.

La Mutualité scolaire, qui en tous lieux doit être encouragée a, dans les campagnes, une importance plus considérable que partout ailleurs. Elle a une véritable mission sociale, c'est de faire connaître la Mutualité à des gens qui y sont réfractaires et de faire pénétrer l'esprit de solidarité là où règne l'individualisme le plus absolu.

La Mutualité scolaire, installée dans les écoles de village, prépare pour l'avenir des générations de Mutualistes ruraux : les enfants qu'elle aura élevés dans les principes de la solidarité et qu'elle aura familiarisés avec la pratique de l'association mutualiste ne seront pas, quand ils seront parvenus à l'âge d'homme, rebelles comme l'auront été leurs pères aux idées d'union qui nous sont chères. L'éducation combattra, en eux, les préjugés héréditaires, et d'autre part, les résultats de la prévoyance mutualiste sont trop sensiblement avantageux pour que les habitants des campagnes n'en sentent point toute l'importance, pourvu qu'ils puissent les vérifier.

On est pratique dans les campagnes : quand on aura fait comprendre aux populations rurales qu'il y a pour elles un intérêt matériel, tangible, à venir à la Mutualité, elles seront bien vite convaincues.

Or, ce n'est point par des discours ni par des raisonnements, qu'on peut espérer les persuader. On se méfie dans les villages des belles paroles. On ne touchera les paysans qu'en leur montrant des résultats sensibles, et c'est ce que promet de faire la Mutualité scolaire.

A mon sens, les Mutualités scolaires contiennent en germe les Mutualités rurales de demain. C'est pourquoi, dans les campagnes, il y a lieu, selon moi, de préférer les petites Mutualités se bornant à une ou deux communes aux grandes Mutualités qui embrassent tout un canton ou tout un arrondissement.

Les grandes Mutualités scolaires ont, certes, des avantages : elles s'administrent plus facilement ; les risques s'équilibrent mieux ; mais il n'est pas possible d'en tirer les Mutualités d'adultes qui doivent en sortir pour répandre jusque dans le dernier de nos villages la prévoyance mutualiste.

Au contraire, les petites Mutualités scolaires se transforment d'elles-mêmes, sans effort ni difficulté, en Mutualités d'adultes ayant leurs racines à l'école, partant de l'enfance même pour rayonner sur la vie tout entière.

Il me serait facile de citer, à l'appui de ma thèse, des exemples pris dans le département de Vaucluse, que je connais plus particulièrement.

A Villes-sur-l'Auzou, commune rurale de 1100 habitants, la Mutualité scolaire, dès sa fondation, s'est étendue de l'école à la commune entière ; elle réunit, dans une même organisation mutualiste, 67 enfants des écoles et 64 adultes de tout âge.

A Sablet, près l'Ouvèse, 968 habitants, la Mutualité scolaire, fondée en août 1899, comprenait, après cinq mois d'existence, 80 enfants. Les avantages de la Mutualité ont été, grâce à cette petite Mutuelle, si vite saisis de tous qu'un certain nombre d'hu-

bitants du pays ont demandé la transformation de la Société de
secours mutuels d'enfants en une Société pouvant recevoir des
adultes, et que de nouveaux statuts ont été rédigés dans ce sens.
La nouvelle Société est maintenant à la veille de fonctionner.

A la Tour-d'Aigues, où l'on n'avait jamais pu jusqu'à ce jour
établir de Société de secours mutuels, il est entendu que la Mutualité scolaire s'étendra, dès sa formation, aux adultes de tout âge,
et ainsi, la Mutualité, du même coup, sera installée à l'école et aura
conquis drcit de cité dans la commune.

Ce n'est donc pas seulement pour un avenir éloigné que travaillent nos petites Mutualités d'enfants; c'est, pour peu qu'elles rencontrent un terrain favorable, pour ainsi dire immédiatement
qu'elles installent définitivement la prévoyance mutualiste dans les
pays où elles sont fondées.

Par un singulier changement, ce sont les enfants qui font l'éducation des parents et les gagnent à la cause de la Mutualité par
l'exemple qu'ils leur donent.

L'éducation mutualiste des populations rurales ne peut se faire
que par la Mutualité scolaire, qui donne à tous la meilleure et la
plus vivante des leçons de choses. Toute propagande est faible si
on la compare à celle qu'elle fait sans bruit, mais d'une façon
incessante.

Elle seule fera pénétrer la Mutualité dans les campagnes.

C'est, il me semble, le premier devoir de tous ceux qui s'intéressent au développement de la Mutualité rurale d'encourager la
fondation des Mutualités scolaires dans les communes agricoles, et
de leur assurer une prospérité qui leur permettra d'étendre leur
influence des enfants aux adultes. Quand nous serons arrivés à
établir dans chacun de nos villages une Mutualité scolaire, nous
aurons, en quelque sorte, entouré la France agricole d'un réseau
d'œuvres qui la retiendront à jamais dans les saines idées de
prévoyance et de solidarité qui sont la garantie de l'avenir.

2° LES SYNDICATS COOPÉRATIFS ET PROFESSIONNELS AGRICOLES
ET LA MUTUALITÉ RURALE

Le programme des questions soumises au Congrès se préoccupe
de l'appui que la Mutualité peut recevoir des syndicats agricoles,
coopératifs ou professionnels, et de l'intérêt que ces derniers peuvent avoir à l'extension de la Mutualité.

Il me semble qu'il est bon de se demander, en premier lieu, si les Syndicats agricoles ont eu en France plus de développement que les Mutualités rurales et si, de ces deux formes d'association, l'une a été plus favorisée dans son extension que l'autre.

En d'autres termes, les Mutualités rurales pourraient-elles être fondées par des syndicats agricoles préexistants et pourrions-nous espérer voir un grand mouvement mutualiste se former dans les campagnes sous la protection d'une vaste organisation syndicale qui l'aurait précédé ?

Il y a évidemment en France un certain nombre de syndicats agricoles, dont beaucoup ont une indéniable importance. Mais, en général, les opérations de ces syndicats ont été restreintes à un certain nombre d'objets très limité, dont l'achat au meilleur compte possible des engrais, paraît être généralement le plus important.

Mais ce que nous rencontrons difficilement, surtout dans les pays de propriété divisée, c'est l'association coopérative directe, c'est la coopération réelle des producteurs, c'est l'association réalisée qui pourrait être la première ébauche d'une organisation mutualiste.

C'est que, justement, ce qui manque le plus aux agriculteurs, c'est l'esprit d'association : c'est que l'idée de solidarité n'a pas encore pénétré dans les campagnes ; c'est que l'isolement et l'individualisme sont avant tout le fond même de la vie des travailleurs des champs.

Si bien qu'il n'y a que bien rarement, dans les milieux ruraux, d'association véritable et que, par conséquent, il serait vain d'espérer faire sortir la Mutualité rurale de syndicats agricoles, trop peu nombreux d'abord, et surtout, s'inspirant trop peu de l'idée féconde et vivifiante d'association.

La Mutualité rurale ne doit guère compter sur les organisations déjà existantes pour gagner du terrain ; mais, en revanche, elle pourra quand elle aura pénétré au cœur même des campagnes, et qu'elle aura introduit avec elle l'habitude et la pratique de l'association, aider puissamment à la constitution de ces syndicats et de ces coopératives qui s'implantent si difficilement à l'heure actuelle.

Les agriculteurs ne s'associent pas, parce que l'association leur répugne, que tout en eux tend à la vie individualiste.

La Mutualité étant la forme la plus simple et la plus claire, et en même temps la forme la plus avantageuse de l'association, c'est, à mon sens, celle qu'on introduira le plus facilement dans la campagne.

Quand la Mutualité, pénétrant par l'école, se sera définitivement établie et aura fait sentir aux populations rurales les bienfaits de l'association, ces populations ne seront plus rebelles, comme elles le sont, à l'extension de ces organisations de tout genre qui, en multipliant les efforts de l'union, assurent une prospérité plus grande.

De plus, les agriculteurs ne s'associent pas, parce qu'ils ne savent pas s'associer.

Il faut, pour s'associer, une certaine habitude. L'association demande certains sacrifices, oblige à oublier son intérêt immédiat pour un intérêt commun plus éloigné. Tout cela demande une certaine pratique, j'allais dire un apprentissage.

La Mutualité avec ses avantages multiples sera justement cet apprentissage nécessaire. A l'école de la Mutualité, les agriculteurs apprendront à savoir s'associer.

La Mutualité rurale a donc des devoirs sociaux en un sens plus étendus que la Mutualité des villes. Elle a non seulement à prévoir des malheurs et à en atténuer les effets, elle a non seulement à assurer le repos des dernières années pour les travailleurs vieillis ; elle a, en plus, comme mission sociale, à préparer dans la vie rurale une réforme profonde, celle qui substituera peu à peu l'association à l'individualisme égoïste.

Il est indiscutable que la crise agricole dont les effets se font si rudement sentir dans les pays de petite propriété, ne peut être conjurée que par un changement complet dans la forme intime de la Société rurale.

L'association seule peut permettre aux petits propriétaires l'acquisition des outils perfectionnés qui augmentent la production et diminuent le prix de revient ; elle seule aussi pourra amener la suppression des intermédiaires qui, sachant s'associer, sont maîtres des prix et imposent aux producteurs les cours qu'ils fixent.

Il faut donc amener à l'association sous toutes ses formes les agriculteurs qui s'y montrent réfractaires.

La Mutualité les y amènera et elle fera ainsi une œuvre véritablement féconde.

Elle ne sera plus seulement l'association défensive qui permet de diminuer l'effet de certains maux ; elle préparera l'association productrice qui ne se contente pas de remédier au mal, mais engendre la prospérité.

Ce n'est donc pas elle qui peut recevoir l'appui des syndicats agricoles, ce sont les syndicats agricoles qui doivent compter sur elle pour prospérer ou, pour parler plus exactement, pour existor.

La grande idée qu'il faut propager par tous les moyens dans les campagnes, c'est l'idée de solidarité qui, jusqu'à présent, y a difficilement pénétré.

La Mutualité, aidée par l'école, l'introduira jusque dans le plus petit de nos villages et assurera ainsi pour l'avenir, par le rayonnement des organisations solidaristes auxquelles elle aura préparé la voie, une prospérité nouvelle à la France agricole.

Jules LECOQ,
Professeur au Lycée d'Avignon.

Mémoire présenté par M. Fabre, président de la Société de Secours mutuels La Catalane de Béziers

Il importe de provoquer dans les campagnes la formation de Sociétés de secours mutuels. L'ouvrier des villes est, en général, dans une situation bien plus défavorable que celui des campagnes, mais ce dernier n'en reste pas moins très digne d'intérêt ; et, lorsque je dis ouvrier, j'entends parler aussi du petit cultivateur, de celui qui, ne possédant pas assez pour vivre du revenu de sa terre, doit aller à la journée.

Pour répandre les bienfaits de la Mutualité dans la campagne, le premier moyen est de la faire connaître. On peut arriver à ce résultat par des conférences publiques données par des Mutualistes éclairés, par la voie de la presse ; mais, il y a mieux que les conférences, que les articles de journal.

De nos jours, tous les villages de France ont un instituteur instruit, ouvert à toutes les idées de progrès. L'instituteur peut beaucoup pour la Mutualité. Il suffirait que l'Administration de l'Instruction publique appelle l'attention de son personnel sur l'importance de la Mutualité, lui donne des instructions précises pour qu'aussitôt ce personnel se mette à l'œuvre, fasse connaître la Mutualité, sans apparat, et se mette à la tête, d'accord avec les personnes les plus influentes du lieu de la Société naissante. L'instituteur est pris au sérieux, et sa voix sera sûrement écoutée, plus même que celle d'un conférencier ; son action ne sera pas momentanée, mais continue et efficace autant que discrète.

D'autre part, l'instituteur sera un organisateur intelligent, qui pourra éviter les tâtonnements du premier moment et aboutir du premier coup. Enfin, ce fonctionnaire, ce modeste apôtre de la vérité, n'est l'homme d'aucun parti ; il suffira qu'il prenne l'initiative de la formation d'une Société de secours mutuels pour réunir autour de lui toutes les bonnes volontés, les hommes de toutes les nuances et ainsi contribue même à un apaisement.

Peut-être dira-t-on que c'est tirer l'instituteur de son rôle et le faire sortir de sa neutralité. Si l'instituteur est l'apôtre de la vérité, pourquoi ne serait-il pas celui de la bienfaisance, de l'humanité ? S'il est bien pénétré de l'esprit de la Mutualité, s'il n'obéit qu'à des idées généreuses, éclairées par des instructions sagement données, non-seulement il ne pourra pas encourir le reproche de sortir de la neutralité où il doit se tenir, de se mettre au service d'un groupe politique, mais encore il se fera mieux apprécier, s'attirera une plus grande confiance.

Quant aux moyens de faire prospérer les Sociétés mutuelles rurales, nous n'en voyons guère que deux : le premier consisterait à faire appel aux familles riches pour en obtenir des secours en argent, en nature même ; le second, à obtenir des subventions des municipalités. Ces moyens sont bien faibles. Il y en aurait bien un autre, mais j'ose à peine le mentionner ici, car il va à l'encontre de certains intérêts : il serait à désirer que les docteurs qui donnent leurs soins aux Membres des Sociétés rurales, et urbaines aussi, se montrent quelquefois moins exigeants.

Comme conclusion, je prends la liberté d'émettre le vœu suivant :

« Considérant que l'instituteur peut beaucoup pour la diffusion de la Mutualité dans les campagnes, sans manquer à son rôle d'éducateur, mais en l'élargissant, les membres du Congrès régional de Montpellier prennent la respectueuse liberté de prier Monsieur le Ministre de l'Instruction publique de vouloir bien engager les membres du personnel enseignant primaire à faire connaître les bienfaits de la Mutualité, à provoquer la formation de Sociétés de secours mutuels ».

Il serait oiseux de s'attacher à démontrer longuement que les Syndicats coopératifs et professionnels agricoles ont intérêt à aider à l'extension de la Mutualité ; je rappellerai seulement que la loi de 1884 autorise les Syndicats professionnels à créer, entre leurs membres, des Sociétés de secours mutuels.

Il y a, d'ailleurs, trois sortes de syndicats quant à leur composition : des syndicats de patrons, des syndicats d'ouvriers et des syndicats mixtes ; ces derniers sont, malheureusement, les moins nombreux. Patrons et ouvriers doivent entretenir les meilleurs rapports, leurs intérêts sont intimement liés, ils contribuent à leur bien-être commun. Les premiers comme les seconds doivent craindre également les crises.

Qu'appréhende l'ouvrier ? La cessation du travail et toute la suite de privation qu'elle entraîne.

N'est-il pas juste que les plus fortunés, les patrons, songent à améliorer le sort de l'ouvrier en lui accordant une participation plus large aux bénéfices, en l'engageant à s'enrôler dans une Société de secours mutuels qu'ils auront fait naître et à laquelle ils accordent leur appui moral et matériel ?

A plus forte raison, les Syndicats d'ouvriers sont-ils intéressés à se constituer en Sociétés de secours mutuels ; les Syndicats mixtes sont dans le même cas, l'union qui y règne déjà entre patrons et ouvriers y gagnera.

Dans les campagnes, il n'y a de docteur en médecine que dans les centres importants ; ils rayonnent de là dans les communes environnantes.

Un ouvrier viendra-t-il à être malade, le docteur n'est pas appelé tout de suite, car il en coûte de le faire venir du bourg voisin, le malade attend et son état empire jusqu'au point de devenir très grave, mortel même. Lorsque l'homme de l'art est appelé, il est quelquefois trop tard : un homme meurt que la science aurait pu sauver.

Si le docteur est appelé, il ne viendra que rarement, car les visites fréquentes seraient la ruine pour le pauvre ménage. Peut-être même le docteur mettra-t-il peu d'empressement à répondre à l'appel qui lui est fait, craignant de ne pouvoir être payé. Ce cas sera rare, je me hâte de l'ajouter ; mais peut-on affirmer qu'il ne s'est pas présenté ?

Si l'ouvrier appartient à une Société de secours mutuels, aussitôt qu'il se sentira atteint, il pourra faire appeler le médecin et enrayer le mal. D'autre part, il ne craindra pas de l'appeler aussi souvent qu'il faudra. De son côté, le médecin répondra à l'appel qu'on lui adresse, car non seulement il ne doit pas craindre que ses honoraires restent impayés, mais il a à contenter par son assiduité auprès des sociétaires malades la Société elle-même, ce qui équivaut à tout un illage, à plusieurs quelquefois ; il montrera de l'empressement pour se faire une bonne réputation.

Le premier résultat matériel immédiat est donc la conservation d'existences précieuses.

L'ouvrier, pendant sa maladie, touchera le plus souvent une indemnité en argent qui lui permettra de faire vivre sa famille. Vingt sous, dix sous, sont peu de chose dans la poche d'un riche, mais avec vingt sous, avec dix même, l'ouvrier a du pain pour une femme et des enfants, et ainsi à la souffrance physique ne s'ajoute pas, pour le malade, la souffrance morale qui résulterait de l'obligation de demander du crédit ou de tendre la main à la charité. Une fois rétabli, il ne devra pas songer à redoubler d'ardeur pour éteindre des dettes. Le Mutualiste ne sera pas cet homme aigri contre la Société qui, se voyant dans une mauvaise situation, verra, dans l'homme aisé, un ennemi qu'il faut faire disparaître pour s'emparer de ses richesses et en jouir à sa place. Lorsque le corps et le cœur de l'homme sont sains, la tête l'est aussi et l'imagination se laisse moins facilement bercer d'illusions fallacieuses et décevantes si l'on fait un retour sur la réalité.

Ainsi donc, pour l'ouvrier mutualiste des campagnes : facilité de se procurer les secours médicaux et pharmaceutiques, moyen efficace de lutter victorieusement contre la maladie, satisfaction de ne pas voir sa famille privée des aliments de première nécessité sans avoir à recourir aux dettes ou sans absorber les petites économies rassemblées au prix de beaucoup de peine, pas d'humiliation pour lui-même ni pour les siens.

Les Sociétés de secours mutuels donneront plus de cohésion aux communes ; les habitants se réuniront assez souvent et pourront s'entendre sur des questions importantes pour tous ; si les opinions les divisent, ils pourront arriver à s'entendre sur le terrain de la bienfaisance et de l'humanité. Les sommes que les municipalités inscrivent sur leur budget pour l'assistance publique pourront être accordées à la Société ou aux Sociétés de secours mutuels, et s'il n'en résulte pas une économie, la destination de la dépense ne sera plus la même.

Les bons effets de l'organisation et du bon fonctionnement de la Mutualité se feront sentir dans toute la France. La force des peuples est faite de la force de tous les citoyens, elle est en raison directe de leurs progrès matériels, intellectuels et moraux.

Si la Mutualité contribue à faire diminuer la mortalité, si elle sert de trait d'union entre les prolétaires et les capitalistes et évite, des premiers contre les derniers, les attaques qui ont pour effet de diminuer le travail national, de lui faire subir des crises dont bénéficient nos voisins toujours prêts à profiter de nos divisions, est-il besoin de rechercher pour l'Etat d'autres avantages ?

Le gouvernement a si bien compris que, dans notre Société démocratique plus que dans toute autre, la Mutualité devait se développer, qu'il a fait une loi active et consacre, tous les ans, des sommes considérables pour assurer la prospérité des institutions mutuelles.

En résumé, il n'est pas de Français qui ne doive s'intéresser à la Mutualité ; parce que cette institution sociale, en contribuant au bien général de l'individu, contribue aussi à la prospérité de la nation. Aussi faut-il que les personnes qui, par leur situation et leurs connaissances, peuvent contribuer à la prospérité des Sociétés mutuelles, ne leur ménagent ni leur temps, ni leur expérience. Si l'on sert son pays sur le champ de bataille, on le sert aussi en travaillant modestement, mais sûrement, à son avancement dans la voie du progrès.

Il faut à la Mutualité des hommes actifs.

Joseph Fabre
Président de La Catalane.

Mémoire présenté par MM. Martin Philémon et Rouquier Louis, au nom de la Société La Bienfaitrice de Puisserguier

Depuis le 1ᵉʳ janvier 1894, date de l'application de la loi du 15 juillet 1893, sur l'assistance médicale gratuite, jusqu'au 31 décembre 1899, la Société de secours mutuels « La Bienfaitrice » a payé à ses membres participants malades : 4.358 fr. 15, d'indemnités journalières ; 765 fr. 95 de secours accidentels ou temporaires; elle a versé aux familles des membres décédés 420 francs pour frais de funérailles et a payé : 1° 2794 francs pour honoraires des médecins et 2° 4.851 francs pour frais pharmaceutiques.

Il résulte donc que, pendant ces cinq années, la Société a déboursé 5.541 fr. 10 pour indemnités journalières, secours divers et frais de funérailles, et 2° 8.648 fr. 10 pour frais pharmaceutiques et médicaux.

Si la Bienfaitrice n'avait pas existé, il est évident que ladite somme de 8.648 fr. 10 aurait été à la charge de la Commune, du

Département et de l'Etat, dans les proportions fixées par le tableau A annexé à l'article 27 de la loi précitée.

Cette proportion basée sur la valeur du centime communal de Puisserguier est de 70 0/0 pour la Commune et de 30 0/0 pour le Département et l'Etat.

Il ressort de cet exposé succinct que, du 1er janvier 1894 au 31 décembre 1899, la Bienfaitrice a économisé les sommes suivantes, savoir :

A la Commune	6.053.67
Au département et à l'Etat	2.594.43
	8.648.10

Qu'a t-elle reçu en retour ?

500 fr. 21 que l'Etat a versés à son fonds commun de retraite, 60 fr. de subvention départementale et 800 fr. environ de subventions communales, au total 1360 francs soit le sixième et demi, environ, de la dépense.

Si on considère que les Bureaux de bienfaisance, les Communes, les Départements et l'Etat ont un grand intérêt moral et matériel à voir prospérer les Sociétés mutuelles, on avouera que les subventions allouées à la Bienfaitrice, *prise pour base dans notre exposé*, sont plus que modestes et sont loin d'être en rapport avec les services rendus et les sacrifices qu'elle a dû s'imposer pour le soulagement relatif de ses membres ; nous insistons sur le mot «relatif», car la Société, obligée de faire face à toutes les dépenses qui lui incombent, forcée d'économiser en vue du placement annuel d'une certaine somme à son fonds de retraite pour avoir droit à la subvention proportionnée de l'Etat, n'a pu secourir qu'avec parcimonie plusieurs de ses membres malades et nécessiteux.

A notre humble avis, si on veut voir prospérer les Sociétés mutuelles rurales, si on veut que les membres de ces associations, gagnant souvent à peine de quoi vivre, puissent, en cas de besoin, être utilement secourus sans avoir recours à la charité publique ou privée et sans solliciter l'aide (quelquefois intéressé) des Communes et des Bureaux de bienfaisance ; si on veut, enfin, recruter des adhérents à la cause mutualiste et les conserver, il faut que les déshérités de la fortune soient certains d'avance que l'association qui les recevra, ou dont ils font déjà partie, sauvegardera, non seulement leur fierté naturelle, mais encore leur liberté politique et religieuse et que, le cas échéant, et à moins de circonstances imprévues et exceptionnelles, les secours de leurs camarades leur suffiront.

Pour arriver à ce résultat, pour développer l'idée de Mutualité, pour augmenter le dévouement de ses adeptes, pour attirer les indifférents et ramener ceux que la perspective des obligations imposées aux Communes par la loi du 15 juillet 1893 a pu contenter et que le vote probable du projet de loi Guieysse, sur les retraites ouvrières, pourrait encore écarter et pour beaucoup d'autres motifs qu'il serait trop long d'énumérer, il est nécessaire que l'Etat, les départements, les Communes et les Bureaux de bienfaisance s'imposent des sacrifices, sinon égaux, du moins proportionnés aux économies que leur procurent les Sociétés de secours mutuels, en satisfaisant à leur place, en partie, aux obligations imposées par les lois sur les Caisses de retraites et, en totalité à celles concernant l'assistance médicale gratuite, afin de grossir leur fonds commun et d'augmenter leurs recettes pour leur permettre de soulager efficacement les infortunes.

Sans entrer dans d'autres détails, que le manque de temps et le cadre restreint que nous nous sommes imposé, ne nous permettent pas de développer avec toute l'ampleur nécessaire, nous concluons qu'il est de toute urgence que le Congrès et la Commission compétente étudient avec soin les observations qui précèdent, afin que, s'il y a lieu, un vœu en ce sens soit adressé aux pouvoirs publics.

Telles sont, Monsieur le Secrétaire général, les propositions qui nous semblent propres à faire prospérer les Sociétés de secours mutuels rurales.

Nous espérons que les considérations ci-dessus, émises simplement et sans prétention, pourront être utiles à notre belle cause, et nous nous mettons d'ores et déjà à la disposition de la Commission compétente pour l'éclairer, si besoin est, sur certains points obscurs que, dans notre hâte, nous n'avons pu élucider suffisamment.

Puisserguier, le 14 avril, 1900.

Rouquier,

Secrétaire de La Bienfaitrice,

Administrateur de la Société des secrétaires et employés de Mairie
du département de l'Hérault.

MISE EN SUBSISTANCE ET MUTATION

Mémoire présenté au nom du Conseil général de la Mutualité de Toulouse, par M. Coll

I

La mutation étant une question bien distincte de la mise en subsistance, et étant données les difficultés que présente la mutation, ne pourrait-on pas appliquer la mise en subsistance à tout sociétaire quittant une ville sans espoir de retour ?

Cette question peut, sous une autre forme, se traduire ainsi :

« Suppression pure et simple de la mutation. Dans la pratique, s'en tenir absolument à la mise en subsistance. »

Il ne faut pas craindre de mettre en lumière les difficultés considérables que présente la mutation. Il arrive souvent qu'un Mutualiste âgé change de résidence et se voit obligé d'abandonner sa Société-mère. Quand, dans la contrée où il établit à nouveau son foyer, il demande à être affilié à la Société locale, celle-ci refuse quelquefois de l'admettre parce qu'il est trop âgé. En échange d'une cotisation peu importante, le nouveau venu constituerait pour la Société accueillante une charge trop lourde. On voit en quelle fâcheuse posture se trouve placé l'intéressé. Vainement, dès sa jeunesse, il aura fait preuve de prévoyance. Il a peut-être versé pendant 10, 15 ou même 20 ans dans sa Société-mère. Eh bien ! non seulement il perd le bénéfice de ses versements antérieurs, mais encore on ne lui tient aucun compte de ses antécédents et de l'esprit de solidarité dont il a donné la preuve. Vétéran de l'armée mutualiste, il se voit rejeté hors du rang au moment même où il devrait être certain de recevoir, en cas de besoin, la récompense des sacrifices passés. Une pareille solution est anti-mutualiste. Elle est encore plus contraire à l'équité, si la Société-mère assure une retraite à ses membres les plus anciens et si, par le fait de son départ, notre mutualiste perd tout droit à une pension. Voilà bien, en substance, les principaux reproches qu'on a adressés à la mutation.

Comme palliatif et même comme panacée, des esprits généreux et clairvoyants ont proposé la mise en subsistance. Ce nouveau procédé permet de conserver aux participants, même s'ils vont résider très loin, tous les avantages auxquels ont droit ceux qui restent au giron de la Société. L'idée est excellente et la combinaison ingénieuse, car elle permet de respecter les droits acquis et elle est conforme à l'équité la plus stricte. C'est dire qu'elle a toutes nos préférences. Mais est-elle bien pratique ? Nous ne le pensons pas. Il passera encore beaucoup d'eau dans le canal de Palavas avant que la mise en subsistance puisse être généralisée et avant qu'on puisse renoncer tout à fait à la mutation.

Que la mise en subsistance soit un procédé compliqué, entraînant une comptabilité minutieuse, c'est ce qui ne saurait être nié. Si tous les statuts se ressemblaient, si les cotisations étaient uniformes partout et si les avantages assurés étaient identiques pour toutes les Sociétés, passe encore : les écritures seraient réduites au strict minimum. Mais avec la diversité actuelle des statuts, avec les différences considérables qui existent entre Sociétés quant aux droits et aux devoirs respectifs, combien de complications possibles ! Sans doute, nos secrétaires et nos trésoriers sont dévoués et zélés, ils ne reculent jamais devant la besogne ; cependant, si nous les mettons dans l'obligation d'ouvrir des comptes à l'infini et de correspondre avec de nombreuses Sociétés étrangères, ne compliquerons-nous pas leurs fonctions plus qu'il ne conviendrait ? Je veux bien que la difficulté soit mince pour des comptables de profession. Et dans les Sociétés rurales ? Nous savons qu'on éprouve des difficultés pour y trouver des secrétaires et des trésoriers suffisants. Pense-t-on qu'il sera possible d'y faire tenir, avec ordre et clarté, tant de comptes et d'écritures ? Ceci nous paraît au moins prématuré.

En fait, on sait que dans nos pays, — et je fais allusion ici au pays toulousain et au Bas-Languedoc, la mutation fonctionne depuis bien longtemps à la satisfaction générale. Quand ils n'ont pas dépassé 45 ou 50 ans, les nouveau-venus sont admis sans discussion et, très souvent, sans droit d'entrée, dans une nouvelle Société, sur le vu d'un *exeat* régulier de l'ancienne. C'est par milliers qu'on compte, chaque année, les cas de mutation. Le nouveau-venu dans une Société se plie purement et simplement aux statuts de sa nouvelle famille mutualiste et toute complication est ainsi évitée. Il ne subit guère, parfois, qu'un dommage. Il perd les droits à la retraite qu'il pouvait avoir acquis dans sa Société-mère. Mais, pour dire vrai, combien, à l'heure actuelle, existe-t-il, dans notre collège, de Sociétés de secours mutuels qui assurent réellement la retraite ? à quel âge et dans quelles proportions ? Vous ne savez que trop ce qui en est et quel effort énorme nous avons encore à faire pour obtenir des résultats palpables au point de vue des retraites.

De tout ce qui précède, nous croyons pouvoir conclure que, de longtemps encore, il ne sera pas possible de renoncer à la mutation. Toutefois, on devra résolument entrer dans la voie de la mise en subsistance, qui est seule conforme à l'équité et à la véritable Mutualité. Et, en attendant que la mise en subsistance puisse être généralisée par l'intermédiaire des Unions départementales, comme l'a recommandé le Congrès de Toulouse, on devra s'efforcer de l'appliquer dans les cas suivants :

1° Quand le mutualiste, en raison de son âge avancé, se verrait refuser l'entrée dans une nouvelle Société ;

2° Quand la Société-mère assure une retraite à ses membres ;

3° Chaque fois que les deux Sociétés seront disposées à s'y prêter.

La solution mixte que nous proposons nous paraît seule pratique.

II

Quels seraient les moyens les plus pratiques pour y arriver ?

III

Quel mode de règlement de Société à Société devrait-on admettre ?

Ces deux questions ont été traitées au Congrès de Toulouse. Il nous paraît utile d'y revenir.

IV

Ne pourrait-on pas assurer la mise en subsistance d'un sociétaire qui irait s'établir dans une localité n'ayant pas de Sociétés de secours mutuels ?

Soit en ayant des correspondants privés ?

Soit en demandant à l'État de charger de ce service une catégorie de ses fonctionnaires ou de ceux des communes, les sociétaires de mairie, par exemple ?

Il faut d'abord s'entendre.

Vous nous dites : « Voici une localité privée de Société de secours mutuels. Un de nos membres y vient résider : nous allons le mettre en subsistance ».

Nous avouons ne pas comprendre comment la chose sera possible. Par définition même, la mise en subsistance présuppose toujours l'existence simultanée d'une Société-mère et d'une Société-accueillante.

Votre quatrième question, si nous avons réussi à en pénétrer le sens, doit pouvoir se traduire ainsi : Est-il possible de continuer tous les avantages sociaux à un membre détaché dans une localité dépourvue de Société de secours mutuels ?

Une expérience constante permet de répondre négativement.

De nombreux abus sont constatés, tous les jours, au siège même des Sociétés, malgré le contrôle incessant des visiteurs et des bureaux. Qu'on relise les procès-verbaux de la première Commission du sixième Congrès national de Reims, on y trouvera la preuve de ce que nous avançons. Si la situation est telle pour les malades placés au voisinage immédiat de la Société, que se passera-t-il loin de tout contrôle ? Nous avons eu récemment sous les yeux un exemple bien topique. Un membre d'une Société parisienne qui rayonne sur tout le territoire, détaché en province et isolé de sa localité, tombe malade. Il était guéri au bout de six jours. Mais comme la Société en question n'accorde d'indemnité de maladie qu'à partir du huitième jour, notre bonhomme prolonge volontairement son indisposition... jusqu'au dixième ! Nous citons un fait, on en pourrait citer mille

Pour remédier à ce fâcheux état de choses, vous vous demandez s'il ne serait pas possible d'avoir des correspondants privés. D'abord, il sera très difficile de créer des correspondants. La tâche ingrate... et platonique, d'intermédiaire et de surveillant n'est guère attrayante, et peu de gens voudront s'abaisser, pour l'amour de l'art, à l'exercice de cette basse police. En outre, eût-on réussi à former des correspondants, il est infiniment probable que la Société n'en recueillerait aucun bénéfice sérieux ; car, vivant côte à côte avec le membre détaché, nos mandataires ne sauraient pas souvent résister au plaisir d'être agréable à un voisin, à un ami ; en fait, tous les certificats demandés seraient concédés avec la plus gracieuse bienveillance, au grand dam de la caisse sociale que l'on se figure trop aisément inépuisable. Le « carottier » dont nous parlions tout à l'heure n'avait éprouvé aucune peine, croyez-le, à se procurer toutes les attestations nécessaires pour authentiquer sa pseudo-maladie de dix jours. En résumé, la solution qui consisterait à avoir des correspondants privés ne nous paraît pas pratique.

Restent les fonctionnaires. La proposition de faire intervenir ce nouvel élément n'est point faite pour nous surprendre. Elle est bien française, elle était fatale.

Eh bien ! nous crions de toutes nos forces : « casse-cou ! »

Par grâce, n'introduisons pas de gaîté de cœur les « fonctionnaires » dans le « fonctionnement » de nos Sociétés.

Les correspondants-fonctionnaires auraient, en premier lieu, tous les défauts des correspondants-libres. De plus, ils consentiraient difficilement à voir leur travail augmenter et non leur traitement. Il faudrait sans doute les payer, directement ou indirectement. Ensuite, ne seraient-ils pas tentés d'en user avec nos sociétaires comme ils en usent avec les assistés ? Il est malheureusement trop vrai que, dans les communes, les amis politiques seuls ou presque seuls sont inscrits sur les listes d'assistance. Le même système de favoritisme ne tarderait pas à s'introduire en mutualité. Tel membre détaché, en bons termes avec les pouvoirs locaux, pourrait impunément commettre tous les abus sans que la Société en soit prévenue. Tel autre membre, d'un parti opposé, se verrait soumis, en cas de maladie à une tyrannique surveillance et à une suspicion constante. On voit, sans qu'il soit besoin d'insister, que le système proposé a plus d'inconvénients que d'avantages.

Pour toutes ces raisons, nous concluons que, sauf de rares exceptions, il est impossible — même avec l'aide de correspondants — de continuer à assurer les avantages sociaux autres que la retraite à un membre détaché dans une localité dépourvue de Société de secours mutuels.

Le Rapporteur : COLL.

Toulouse, le 8 mars 1900.

Mémoire présenté par M. Joseph Fabre, au nom de la Société La Catalane de Béziers

La mutation et la mise en subsistance sont intimement rattachées à la prospérité de la Mutualité.

Une bonne fraction d'ouvriers n'habitent que momentanément la ville. Ils y ont été attirés parfois par de fausses apparences de bien-être ; l'expérience personnelle les tire bien vite de leur illusion et ils soupirent souvent après leur retour au village natal. Je ne prétends pas faire ici le procès de cette tendance qu'a l'homme des campagnes à émigrer dans la ville. D'autres ouvriers ne sont dans une ville que momentanément, pour l'exécution de grands travaux, pour des installations nouvelles.

Ces ouvriers, sous prétexte que, dans quelques années, ils quitteront la ville, refusent de s'affilier à une Société de secours mutuels. Pour les y attirer, il leur suffirait de savoir que, dans le cas d'un déplacement, ils pourraient continuer à jouir des avantages de la Société de leur ancienne résidence en continuant à remplir les obligations que leur imposent les statuts.

Deux moyens se présentent pour assurer ces avantages. Le premier, la mutation, ou le passage d'une Société dans une autre avec jouissance immédiate des avantages que présente la dernière, n'est pas bien pratique. C'est, cependant, à mon avis, le moyen qui convient le mieux à l'esprit de la Mutualité.

On peut objecter contre la mutation que le nouveau sociétaire, objet de la mutation, va jouir, contrairement à ce que prévoient les statuts de la presque totalité des Sociétés, immédiatement des secours de toute nature sans même qu'il ait versé le droit d'entrée ;

Que la Société d'où vient le sociétaire ne peut verser dans la caisse de celle où il va appartenir le droit d'entrée sans se priver d'une somme qu'elle avait estimée nécessaire à la création d'un capital social ;

Que le sociétaire partant pourra ne pas trouver dans la nouvelle localité de Société dans laquelle il puisse entrer... :

Que les charges nouvelles, s'il existe une Société, peuvent être pour lui plus lourdes que les anciennes et le mettre dans l'impossibilité de rester mutualiste.

La seule mesure qui pourrait faciliter la mutation serait le versement par l'État ou les communes, dans la caisse de la nouvelle Société, de la somme représentant le droit d'entrée. Cette mesure n'entraînerait pas de grosses dépenses pour les communes. Il est vrai qu'il resterait encore la faveur de la jouissance immédiate. Cette faveur pourrait être accordée sans trop d'inconvénients ; d'ailleurs, les Sociétés de secours mutuels tendant à se fédérer, les fédérations pourraient régler la question complexe de la mutation par une entente commune. Il ne faut pas oublier que la mutation est une faveur accordée à titre de réciprocité.

Reste la subsistance, ou faculté, pour un sociétaire qui se déplace, d'obtenir d'une Société de secours mutuels de sa nouvelle résidence les secours que lui accordait la ou une Société du lieu d'où il vient, tout en continuant à figurer sur les contrôles de cette dernière.

Le sociétaire en subsistance, il convient de bien établir ce point, ne fait pas partie de la Société du lieu où il vient d'arriver ; celle-ci ne lui sert que de correspondant. D'autre part, la subsistance doit s'appliquer et à l'ouvrier qui quitte momentanément une ville et à celui qui la quitte sans espoir de retour.

Le moyen le plus pratique pour arriver à la subsistance serait l'entente entre les Fédérations régionales, qui en traceraient les grandes lignes et en demanderaient l'adoption aux Sociétés des différentes contrées du pays.

En principe, j'estime que le sociétaire en subsistance devrait jouir de tous les avantages de la Société à laquelle il appartenait en continuant à en remplir les obligations.

A la fin de l'année, il interviendrait entre les deux Sociétés un règlement de comptes. A cet effet, la Société qui aurait un subsistant lui ouvrirait un compte ainsi intitulé, par exemple :

M. A..., membre participant de la Société de secours mutuels La....., de B....., entré en subsistance le.....

Dans l'*Avoir* de ce compte, on porterait toutes les sommes versées par le subsistant ; dans le *Doit*, les sommes dépensées.

Les dépenses occasionnées par les envois d'espèces devraient être à la charge du sociétaire en subsistance.

Mais, dira-t-on, le tarif du médecin sera-t-il le même dans la nouvelle résidence que dans l'ancienne ? S'il est plus réduit, il n'y a pas d'intérêts lésés ; s'il est plus élevé, le subsistant sera à charge à sa Société d'origine. Dans ce dernier cas, la différence entre le tarif ou le taux des tarifs ne sera jamais assez considérable qu'elle ne puisse être portée en frais généraux, surtout si les Sociétés adoptaient un versement supplémentaire de dix centimes par mois et par sociétaire pour couvrir les dépenses provenant des frais généraux, ou mieux, d'administration. Je reviendrai sur ce versement supplémentaire en traitant de la comptabilité.

Il importerait que le sociétaire en subsistance remît au président de la nouvelle Société des instructions très précises pour éviter toute difficulté ; le seul dépôt des statuts ne saurait toujours suffire.

Pour ce qui est de la subsistance d'un sociétaire qui irait s'établir dans une localité n'ayant pas de Société de secours mutuels, il me semble que la solution la plus pratique serait de demander à l'Etat d'inviter les maires des communes à charger de ce service les secrétaires de mairie. L'Etat pourrait aussi en charger les percepteurs des contributions directes.

Je conclus de ce qui précède, que la mutation, qui présente des difficultés très grandes, mérite, parce qu'elle répond mieux que la subsistance au véritable esprit de la Mutualité, d'attirer l'attention des pouvoirs publics et des Mutualistes ;

Que la subsistance doit être acceptée par toutes les Sociétés ;

Que les Fédérations ou unions de Sociétés peuvent beaucoup pour la faire adopter dans toute la France ;

Que le gouvernement doit être consulté sur les moyens facilitant la mise en subsistance dans les localités où il n'y a pas de secours mutuels ;

Qu'il doit être invité à charger de ce service, soit les secrétaires des mairies, soit les percepteurs ; de préférence les premiers, parce que leurs rapports avec le subsistant sont plus faciles, plus fréquents et leur contrôle plus efficace.

Joseph FABRE,
Président de la Catalane.

Mémoire présenté par M. Vernhes, délégué de la Société La Famille Montpelliéraine

a) La mutation étant une question bien distincte de la mise en subsistance, étant données les difficultés que présente la mutation, ne pourrait-on pas appliquer la mise en subsistance à tout sociétaire quittant une ville sans espoir de retour?

Oui ! car la Mutualité étant une des plus nobles et plus belles institutions que nous puissions avoir pour nous entr'aider, il n'est pas juste que nous puissions délaisser un membre dans aucun cas et manquer à notre admirable devise de « un pour tous et tous pour un ». Nous nous devons donc tous mutuellement aide et protection.

La mutation et la mise en subsistance, que beaucoup de mutualistes confondent, forment pourtant deux choses bien distinctes l'une de l'autre ; la mutation devant s'appliquer à un sociétaire qui quitte sa localité pour aller résider dans un autre sans espoir de retour ; et la mise en subsistance, au contraire, s'applique à un sociétaire qui va habiter une nouvelle localité, pour une durée plus ou moins longue; avec espoir de retour.

Jusqu'à aujourd'hui, la mutation ayant été inapplicable à cause des grandes difficultés qui se dressent lorsqu'on veut l'appliquer, il sera bien difficile de résoudre la question posée. Ainsi, par exemple, un sociétaire se trouve dans l'obligation d'abandonner sa Société pour cause de départ sans aucun espoir de retour, il peut arriver qu'il soit matériellement impossible qu'une autre Société puisse l'accepter, soit à cause de son âge déjà avancé à ce moment, car ce sociétaire pourrait être ou pourrait devenir une lourde charge pour la nouvelle Société, ou bien pour d'autres raisons qui peuvent se présenter ; et pourtant, ce sociétaire qui aura versé ses cotisations pendant des années, et n'aura jamais, ou à peu près, bénéficié des avantages de la Mutualité, peut-il être délaissé, s'il a versé pour la caisse de retraite ? ce serait bien injuste, pourtant, d'abandonner surtout ce sociétaire, et de lui laisser perdre le fruit de ses cotisations.

Il est donc humainement impossible, et la Mutualité souffre horriblement de cette lacune, de délaisser un membre qui aura toujours été un modèle, juste, au moment où il pourrait avoir besoin, et alors que ce serait son droit, d'être aidé.

Puisque la mutation est difficilement applicable l'on pourrait abandonner la mutation jusqu'à ce qu'on ait trouvé une solution pour pouvoir la rendre applicable, et puisque la mise en subsistance peut s'appliquer pour un temps limité, pourquoi ne pourrions-nous pas l'appliquer pour un temps indéfini ?

b). Quels seraient les moyens les plus pratiques pour y arriver ?

En se mettant en communication directe ou par l'intermédiaire des Fédérations ou Unions de Sociétés, avec les Sociétés de la nouvelle résidence, dont le but ou les règlements seraient le plus en harmonie avec celles qui auraient à mettre un membre en subsistance ; l'aspirant devrait, pour être admis, avoir au moins cinq années de versements dans sa Société-mère, être muni d'un certificat délivré par le Président et visé par le médecin qui déclarerait s'il existe une maladie chronique ; que sa conduite est sans reproche vis-à-vis de sa Société, en un mot qu'il est digne de toute la bienveillance de la nouvelle Société qui l'admet en subsistance.

c) Quel mode de règlement de Société à Société devrait-on admettre ?

Le subsistant étant soumis aux mêmes obligations que dans sa

Société-mère, et sa Société ayant à lui fournir toujours les mêmes avantages, il est indispensable qu'un règlement de comptes ait lieu, si ce n'est trimestriellement, au moins par semestre ; en fin d'année, si la Société subsistante a des excédents de fonds, elle les retournera à la Société-mère. Si, au contraire, elle a fait des avances, la Société-mère sera tenue de rembourser ces avances dans le délai d'un mois au plus ; à défaut de cela, la Société subsistante aurait le droit de prononcer l'exclusion de son subsistant, et celui-ci serait tenu de payer un franc par an en plus de ses cotisations, pour frais de correspondance ; de cette façon, le sociétaire pourrait avoir toujours les mêmes avantages que s'il était toujours au sein de sa Société.

Ne pourrait-on pas assurer la mise en subsistance d'un sociétaire qui irait s'établir dans une localité n'ayant pas de Sociétés de secours mutuels ?

Soit en ayant des correspondants privés ? Soit en demandant à l'Etat de charger de ce service une catégorie de ses fonctionnaires ou de ceux des communes, les secrétaires de mairie, par exemple ?

Il me semble qu'il vaudrait mieux que cette question fût l'objet d'un vœu au Congrès national, demandant que ce service fût fait par un fonctionnaire de mairie.

Paul VERNIIES.

***

LIVRET INDIVIDUEL

Mémoire présenté au nom du Conseil général de la Mutualité de Toulouse, par M. Mouné

MESDAMES,
MESSIEURS,

Chargé de présenter un rapport sur les questions soumises par le Congrès de Montpellier à la cinquième Commission, j'ai dû faire abnégation de mes idées personnelles en Mutualité pour me conformer à l'opinion de la majorité des membres de notre Fédération, qui désire maintenir le fonds commun inaliénable, tout en favorisant l'institution du livret individuel dans nos Sociétés, afin d'engager les jeunes gens sortant de la Mutualité scolaire à entrer dans les Sociétés d'adultes.

Ceci dit, nous avons à examiner les questions suivantes, mises à l'étude à la cinquième Commission :

Livret individuel. — Est-il possible, pour les Sociétés de secours mutuels ayant une Caisse de retraites :

1° De les délivrer par la constitution d'un fonds commun à capital aliéné ?

2° Ou d'établir des livrets individuels pour chaque sociétaire ? Versements à effectuer sur ces livrets par la Société à la Caisse nationale des retraites pour la vieillesse.

Les questions posées à la cinquième Commission du Congrès de Montpellier ont déjà fait verser des flots d'encre ; le troisième Congrès national de Paris, en 1889, traita et trancha cette question.

M. Hippolyte Maze, le grand Mutualiste, posa au Congrès la question de la manière suivante : « Le système du livret individuel est-il le meilleur en matière de retraites, et y a-t-il lieu de l'appliquer dans les Sociétés de secours mutuels ? »

Le Congrès, après de longues et courtoises discussions, émit le vœu que les Sociétés de secours mutuels devaient maintenir le fonds commun comme meilleur mode de constitution de retraites. La Commission avait cependant admis le livret individuel dans les Sociétés, mais seulement pour les membres qui le désireraient et à titre personnel.

Le Congrès rejeta à la presque unanimité les vœux présentés par M. Prosper de Lafitte et par M. Puteaux, vœux ayant trait à l'adoption du livret individuel.

La question ainsi tranchée par tous nos hommes ayant qualité en Mutualité, ne devait plus être traitée dans nos assises pacifiques. Mais M. Joly, de Saint-Étienne, membre du Conseil supérieur, a fait connaître, dans un *leader* article de l'*Echo Mutualiste du Centre*, en date du 1er décembre 1899, que cette question, qu'on devait croire morte, existait toujours et plus vivace que jamais. Je ne saurais trop engager les personnes s'intéressant à la question à lire l'article de M. Joly, qui est très suggestif.

Si nous nous plaçons au point de vue purement mutualiste, nous devons écarter de nos Sociétés le livret individuel, conformément aux résolutions du Congrès de Paris.

Mais, dans la pratique actuelle, deux partis sont en présence :

1° Les partisans du fonds commun. Etant donné la décroissance progressive du taux de l'argent et le taux de faveur accordé aux versements faits à ce versement, soit 4,50 0|0, il se trouve dans nos Sociétés de nombreux membres qui luttent fermement contre le livret individuel ;

2° Les partisans du livret individuel au taux de 3,50 0/0, qui comprennent surtout les créateurs des Sociétés scolaires moralement intéressés au maintien de leur œuvre.

Les premiers nous disent :

Le fonds commun inaliénable prévu par l'article 21 de la loi du 1ᵉʳ avril 1898 jouit d'un taux de faveur de 4 1|2 0|0, auquel viennent s'ajouter les bonifications et subventions de l'Etat et les moyens prévus par les statuts des Sociétés pour alimenter ce fonds. En outre, que deviendront les versements de nos membres honoraires, les dons, les legs, etc., faits à la collectivité ?

Le jour où les sommes versées par nos bienfaiteurs seront attribuées au livret individuel, vous verrez disparaître de nos Associations et les philanthropes et les membres honoraires.

Comme le dit fort bien M. Joly aux partisans du livret individuel :

« Vous prétendez qu'il est immoral, que la collectivité profite des économies de l'individualité? Serait-il plus moral, par exemple, que l'individualité profite des économies de la collectivité ? »

Egoïsme, personnalité d'une part ; altruisme, solidarité d'autre part, il faut choisir.

En Mutualité, le choix était fait depuis longtemps : le livret individuel devait être condamné au profit du fonds commun.

Messieurs, il est incontestable que les obstacles sont très grands dans les Sociétés pour arriver à organiser les Caisses de retraites. Malgré les subventions et majorations de l'Etat, les pensions sont d'une insuffisance notoire.

M. le député L. Ricard l'a démontré au Congrès de Toulouse, en faisant la statistique de la moyenne des pensions servies, qui ne dépasse pas 71 francs par an et dont le nombre arrive à peine au total infime de 35.000 pour 2 millions de mutualistes.

Mais, nous disent les partisans du fonds commun, ce n'est pas avec le livret individuel que cette solution se résoudra. Prenons un enfant ayant versé une cotisation annuelle de 3 francs par an, depuis l'âge de 3 ans (cotisation prescrite par les petites Cavé) jusqu'à l'âge de 60 ans. Il n'arrivera à posséder qu'une rente de 78 francs.

Le Congrès de Reims, en 1898, résolut la question des retraites de la manière suivante :

« Le minimum de la retraite devait être, pour qu'elle présente une utilité vraiment sérieuse, au moins de 360 francs. Il y a donc lieu de conseiller aux sociétaires de commencer leurs versements le plus tôt possible, à 20 ans, par exemple, s'ils ne veulent pas que la cotisation spéciale à la retraite soit trop élevée. Le Congrès estime, après calculs faits, qu'une cotisation annuelle de 20 francs est suffisante pour assurer à 60 ans une rente de 360 francs, à la condition de cotiser depuis l'âge de 20 ans. »

Cette résolution du Congrès ne pourra jamais être atteinte avec le livret individuel tel qu'il fonctionne actuellement qui, pour un versement égal de 20 francs par an, n'aura produit à l'âge de 60 ans que la somme de 236 fr. 64 de rente.

Avec le livret individuel, pour s'assurer une rente de 360 francs, il faudra verser par année :

A 16 ans, 39 fr. à capital réservé, ou 25 fr. à capital aliéné.
A 20 — 50 — 31 —
A 25 — 68 — 41 —
A 30 — 94 — 54 —

Tels sont les arguments invoqués par les partisans du fonds commun.

Pour le parti opposé, un élément nouveau est entré en jeu et a modifié la question du tout au tout :

Je veux nommer la Mutualité scolaire.

On sait comment fonctionnent les Sociétés de secours mutuels scolaires. L'enfant y est admis dès l'âge de 3 ans jusqu'à l'âge de 16 ans, époque à laquelle il peut entrer dans une Société d'adultes. La cotisation est de 10 centimes par semaine, dont la moitié est employée à le soigner lorsqu'il est malade et dont l'autre moitié est destinée à constituer une pension de retraite. Ces Sociétés ont adopté la méthode du livret individuel, à capital réservé, les unes au profit des sociétaires, les autres au profit de la Société.

Cette nouvelle institution changera forcément le système actuel de la Mutualité. Il faudra compter avec les petites Cavé et tenir compte de leurs propositions, si nous voulons attirer cet élément dans nos Sociétés d'adultes ; les rejeter, serait tarir nous-mêmes la source de nos adhésions futures.

Il faudra donc prendre les enfants avec ce qu'ils apportent. Une question très importante pour nos Sociétés est en jeu : c'est le passage des enfants de la Mutualité scolaire aux Sociétés d'adultes.

Une entente en ce sens existe entre la Mutualité scolaire toulousaine et le Conseil général de la Mutualité de la Haute-Garonne.

Pour faciliter le passage, nous devons respecter le livret individuel.

On objecte que bien des changements vont se produire dans l'administration de nos Sociétés avec ce livret. La responsabilité sera plus grande pour les administrateurs, il y aura un surcroît continu de travail pour nos secrétaires et pour nos trésoriers ; nous serons peut-être obligés d'avoir des salariés pour la tenue de nos écritures.

Que deviendront alors les fameux principes de la gratuité des fonctions en Mutualité ?

Messieurs, cet argument me paraît assez faible : au lieu d'un ou deux trésoriers, on en nommera six ou huit, et l'inconvénient que l'on signale sera évité.

La Mutualité scolaire étant une élite qui fait preuve de prévoyance, loin d'entraver le mouvement qui recrute ses membres, c'est un devoir pour nous de le faciliter et de l'encourager.

Donc, encourageons la Mutualité et le livret aux personnes qui le désirent.

Fonds commun et livret individuel peuvent vivre et donner de bons résultats dans notre milieu, fait surtout de dévouement et de liberté.

Nous admettons la solution mixte suivante :

Dans chaque Société, les deux systèmes fonctionneront à la fois, savoir :

1° *Le fonds commun inaliénable, auquel on verserait les subventions, donations, legs, cotisations des honoraires, etc. . ;*

2° *Le livret individuel de chaque sociétaire, auquel on verserait la part de la cotisation affectée à la retraite et que chaque sociétaire pourrait grossir à son gré.*

Le Rapporteur : J. MOUNÉ,

Secrétaire général de la Fédération de la Haute-Garonne.

Toulouse, mars 1900.

Mémoire présenté par M. Vieillot, président de la Société scolaire de Montpellier

Est-il préférable pour les Sociétés de secours mutuels ayant une caisse de retraites : de les délivrer par la constitution d'un fonds commun à capital aliéné ? ou d'établir des livrets individuels pour chaque sociétaire ?

Lorsqu'une Société de secours mutuels n'exige pas de cotisations spéciales en vue de pensions de retraite, elle ne peut affecter aux pensions que les fonds restés libres chaque année : 1° après avoir pourvu aux dépenses que comportent les maladies et les secours accordés aux veuves et aux orphelins ; 2° après avoir constitué pour les exercices suivants un fonds de réserve.

Les Sociétés de secours mutuels approuvées sont autorisées à verser à la Caisse des dépôts et consignations les fonds qu'elles affectent à perpétuité à leurs pensions de retraites. Ces capitaux figurent au crédit de la Société, à un compte particulier, et jouissent d'un taux d'intérêt de 4 1[2 pour cent.

Lorsqu'une Société, possédant un fonds commun de retraites, accorde une pension viagère à un membre participant, la Caisse des dépôts et consignations prélève, sur le fonds commun, le capital d'une rente correspondante, et verse ce capital à la Caisse nationale des retraites, qui se charge du paiement de la rente au sociétaire pensionné. Le capital à verser est plus ou moins élevé, pour une même rente, selon qu'il doit être réservé ou aliéné. Remarquons, en passant, que le système le plus avantageux est le système des rentes à capital aliéné, car la différence entre les deux sommes à verser pour une même rente, placées à intérêts composés, reconstitue en moyenne le même capital, à l'époque du décès du rentier, avec cet avantage que les fonds restent disponibles au lieu d'être immobilisés.

Il est bon d'ajouter, cependant, que, si l'argent des Sociétés appartient aux participants, les subventions de l'État ne sont données aux Sociétés qu'à la condition expresse qu'elles seront employées intégralement à la constitution des fonds sociaux, et ne pourront être aliénées ; de telle sorte que les Sociétés ne jouissent en définitive que des revenus de ces subventions.

Comment établit-on, dans le cas qui nous occupe, le montant des pensions de retraite ? Dans plusieurs Sociétés, la quotité de la pension viagère est fixée chaque année, sur la proposition du Conseil d'administration, en assemblée générale. Le Conseil prend évidemment pour base l'état plus ou moins florissant de la Société ; il en résulte que deux sociétaires admis à la retraite dans les mêmes conditions d'âge et d'années de sociétariat, à trois ou quatre ans d'intervalle, peuvent jouir de pensions différant sensiblement entre elles, car il peut être attribué à l'un, comme pension, le quart des versements qu'il a effectués, et à l'autre le cinquième seulement. Cette inégalité ne peut se justifier que par la difficulté de fixer pour chacun le montant de la pension à laquelle il a réellement droit.

Nous allons essayer de montrer que l'usage du livret individuel permettrait de résoudre cette difficulté.

Les fonds affectés aux pensions, avons-nous dit, sont les fonds restés libres après avoir accordé des secours et avoir constitué un fonds de réserve; ils peuvent se trouver augmentés: 1° des intérêts annuels des subventions de l'Etat: 2° des ressources dont les statuts autorisent l'emploi au profit des pensions de retraite. Le total de ces économies pourrait être divisé, à la fin de chaque année, par le nombre des membres participants, et le quotient ainsi obtenu serait versé au nom de chaque sociétaire, à la Caisse nationale des retraites ; la rente à laquelle donnerait droit ce versement, en tenant compte de l'âge actuel du sociétaire et de l'âge auquel il doit toucher sa pension, serait inscrite sur son livret. La même opération se répétant pour chaque année de sociétariat, le total des rentes inscrites sur le livret donnerait, soit à 55 ans, soit à 60 ans, le montant de la pension du sociétaire.

Mais si nous calculons ainsi plus équitablement le taux de la pension, nous ne l'élevons pas, et dans une Société constituée surtout en vue des secours, il reste bien faible. Or, la légitime ambition des travailleurs ne se borne plus à obtenir des soins et des subsides en cas de maladie. Ils comprennent parfaitement que la retraite leur est d'une importance plus grande encore, car ils voudraient éviter de tomber à la charge de l'assistance publique, lorsqu'après une vie honnête et laborieuse, l'âge et les infirmités leur interdisent tout travail. Il y aurait donc lieu d'exiger une cotisation spéciale en vue de la retraite. Le montant de cette cotisation serait versé intégralement par la Société à la Caisse nationale des retraites, et la rente correspondante serait inscrite sur le livret de chaque sociétaire. La pension de retraite serait ainsi constituée par deux éléments : une part des économies réalisées par la Société, et la cotisation spéciale.

On nous objectera peut-être que le livret individuel pourrait être pris par chacun, en dehors de la Société. Cela est evident, mais, outre que le livret pris isolément ne donnerait pas droit à la subvention de l'Etat, du quart des sommes versées au fonds de retraite, nous savons par expérience que la plupart des membres ne le prendraient pas. Or, comme ce livret nous est nécessaire pour calculer le montant de la pension d'une manière équitable, nous pensons qu'il pourrait être utilisé en même temps pour recevoir, par les soins de la Société, des versements spéciaux en vue de la retraite, versements qui resteraient la propriété du titulaire du livret, et qui pourraient être faits à son choix, à capital aliéné ou réservé. Nous estimons même que la Société pourrait servir d'intermédiaire pour tout versement qu'un sociétaire désirerait opérer sur son livret, en dehors de la cotisation spéciale, que ce versement supplémentaire fût en argent ou en bulletins-retraites. Ce serait un secours moral d'une réelle importance que de faire connaître aux sociétaires en possession d'un livret individuel, l'usage des bulletins-retraites, et comment on peut économiser et rendre productives les sommes les plus faibles que peuvent prélever, les uns sur le petit verre, les autres, sur le colifichet ou le bibelot.

C'est en raison de ces avantages, qui nous paraissent indiscutables, que nous préconisons l'usage du livret individuel.

J. Vieillot,

Directeur de l'Ecole normale,
Président de la Société scolaire de secours mutuels
de Montpellier.

Mémoire présenté par M. Parayre, délégué de Céret (Pyrénées-Orientales)

Est-il préférable pour les Sociétés de secours mutuels ayant une caisse de retraites de les délivrer par la constitution d'un fonds commun à capital aliéné ? ou d'établir des livrets individuels pour chaque sociétaire ? (Versements à effectuer sur ces livrets par la Société à la Caisse nationale des retraites pour la vieillesse).

Parmi les innovations réalisées par la nouvelle loi sur les Sociétés de secours mutuels, celle qui passionne le plus vivement les Sociétés est, sans contredit, l'institution du livret individuel.

Y a-t-il des avantages réels, certains, à établir les livrets individuels? Voilà la question que se pose tout membre soucieux de ses intérêts et des intérêts de sa Société.

Si nous comparons les dépenses des diverses Sociétés de secours mutuels, nous constaterons que, dans les Sociétés qui ont un fonds de retraites, les dépenses sont bien moins élevées que dans celles qui n'en possèdent pas. Et, si nous examinons attentivement le « Rapport annuel » du ministre de l'intérieur au Président de la République, nous verrons que les Sociétés de secours mutuels qui ont le fonds de retraites le plus important sont aussi celles qui ont le plus fort capital au disponible.

Combien de Sociétés ne voit-on pas dont les recettes balancent à peine les dépenses, et qui souvent seraient en déficit si ce n'était le concours sûr et dévoué de nombreux membres honoraires ! Ces Sociétés ne sont pas, en général, celles qui ont en vue de donner une retraite.

Pourquoi ces différences, qui semblent tout d'abord anormales, entre ces diverses Sociétés ?

Parce que celles qui n'ont pas de fonds de retraites ne pensent pas à économiser pour l'avenir, parce que la plupart des sociétaires n'ayant plus rien à espérer que leur indemnité journalière en cas de maladie, cherchent à tirer parti du capital disponible ; et, j'en sais qui, chaque année, quoique robustes et bien portants, trouvent, à la mauvaise saison, l'occasion de se faire rembourser leurs cotisations, bien modestes, encore lorsque ce n'est pas davantage.

Le Bureau, le Conseil, tout le monde, dans la Société, connaît ces abus, pourtant on les tolère. Et comme j'en faisais la remarque au Président d'une de ces Sociétés : « Pourquoi, me dit-il, cher-
» cher à augmenter toujours le capital ? Pour ceux qui sont à venir ?
» Que nous ne connaissons peut-être pas ! Tant vaut-il en laisser
» profiter ceux qui depuis longtemps déjà font partie de la
» Société. »

Je conviens que le raisonnement de ce Président est juste jusqu'à une certaine mesure ; mais, je constate une fois de plus, que l'esprit d'économie est à peu près banni de ces Sociétés.

Je ne dis pas que ces mêmes membres n'existent pas dans les Sociétés ayant en vue une retraite ; mais ils y sont bien peu nombreux, et on les y supporte d'autant moins que la Caisse des retraites est bien établie et offre, ce qui est, j'en conviens, jusqu'ici assez rare, un petit revenu sûr et certain à chaque membre. On est plus économe dans ces Sociétés, je dirai même moins gaspilleur, parce que chaque membre sait que l'argent économisé ira grossir le fonds de retraites.

Jusqu'ici, cependant, les Sociétés de secours mutuels n'ont pu accorder que des pensions souvent dérisoires, qui ne méritent certes pas toujours le nom de retraites ; parce que les fonds destinés à ces pensions n'intéressent pas assez directement les sociétaires.

« La prospérité de ce fonds, dit avec juste raison le Commentaire de la nouvelle loi, n'intéressait pas assez directement les sociétaires qui n'en possédaient aucune parcelle en propre et qui, d'autre part, n'étaient pas assurés d'en retirer un profit certain si ce n'est celui d'être, à une époque donnée, candidat à la pension.

» Avec le livret individuel, au contraire, que prévoit l'article 22, le sociétaire acquiert une certitude absolue de toucher une retraite s'il atteint l'âge déterminé par les statuts. De plus, il suit nécessairement le mouvement de son livret, il suppute la répercussion mathématique de chaque versement sur le quantum de sa retraite, dont la formation s'opère, pour ainsi dire, sous ses yeux. En sorte que, non seulement il fait chaque jour l'apprentissage de la prévoyance, mais encore, il est vivement incité à l'épargne. »

J'estime donc que sans augmentation de cotisation, par le seul fait de l'économie, il sera versé, avec le livret individuel, chaque année, une somme plus importante qu'avec le fonds commun ; de même qu'aujourd'hui les Sociétés ayant un fonds de retraites trouvent le moyen de réaliser plus d'économies que celles qui n'en ont pas.

Et d'ailleurs, quoi de plus juste que le livret individuel ? Plus jeune on entrera dans la Société, plus forte sera la retraite. Tandis que, en général, par le fonds commun, tous les sociétaires avaient les mêmes droits, ceux qui entraient à 55 ans et ceux qui entraient à 18. Cependant les premiers ne comptaient que 20, 25 ou 30 ans de présence au moment de la liquidation de leur retraite, alors que les autres comptaient 37, 42 ou 47 ans de présence, selon l'âge exigé par les statuts.

D'autres raisons me poussent encore à souhaiter l'introduction du livret individuel dans les Sociétés de secours mutuels.

La nouvelle loi donnant à chaque déposant la faculté de faire des versements volontaires en vue d'augmenter leur pension, il arrivera fréquemment que les membres économes, soucieux de leur avenir, augmenteront par des versements supplémentaires la quote-part de la Société. Et beaucoup atteindront la soixantaine (qui n'auraient jamais songé à prendre un livret de la Caisse des retraites) avec une pension raisonnable, qu'on ne peut pas espérer du fonds commun, mais que donnera sûrement le livret individuel, qui, comme un bon compagnon, tiendra toujours le sociétaire en éveil, toujours prêt à lui rappeler ses devoirs de prévoyance, s'il venait quelquefois à les oublier.

Ce n'est pas seulement au point de vue moral que le livret individuel présente des avantages ; c'est aussi au point de vue matériel.

Un exemple va nous le démontrer :

« La Fraternelle » de Céret, qui se compose de 200 membres, s'est imposé une cotisation supplémentaire de 0,25 centimes par membre et par mois, pour être affectée spécialement au service des retraites. C'est donc 600 francs par an qu'elle consacrera à cet objet, somme qui augmentée des subventions annuelles, représentera un capital total de 1.000 francs environ.

Supposons que la Société en question verse en fonds commun ; la retraite qu'elle servira à ses membres à 60 ans d'âge et 20 ans de présence ne pourra dépasser 40 francs par an.

Il arrivera même (d'après le tableau que nous avons dressé à cet effet) qu'à certaines époques, les intérêts seront insuffisants à accorder des retraites à tous les ayants droit, et qu'il faudra prélever une certaine somme sur le disponible, pour faire face aux pensions exigées par les statuts.

Tandis que si la Société plus haut désignée verse cette somme sur les livrets individuels, à capital aliéné, la moyenne des membres (25 ans d'âge dans notre Société) atteindra une pension de 51 fr. 25, c'est-à-dire un quart en plus (tabl. 3 de la Caisse des retraites) ; et il y a lieu de remarquer que les tableaux fournis par la Caisse des retraites comportent l'intérêt à 3 1|2 pour cent alors qu'il est de 4 1|2 pour cent pour les Sociétés de secours mutuels.

On objectera, peut-être, que, par le livret à capital aliéné, la Société ne verra plus augmenter son fonds de retraites.

Il est certain, en effet, que les avantages que l'on n'a pas aujourd'hui par le fonds commun se retrouveront plus tard; mais à une époque fort reculée, dans 60, 80, 100 ans peut-être ou même plus.

D'ailleurs, le livret individuel peut être à capital réservé.

Ceux qui viendront après nous trouveront, avec le fonds commun, un capital tout créé ; mais dont les membres d'aujourd'hui ne retireront que des avantages très restreints.

Je pense, dans ces conditions, qu'il est préférable de donner une pension plus importante aux membres actuels, qui, tous les jours, s'imposent des sacrifices en vue d'une petite retraite et de laisser à ceux qui nous suivront le soin d'imiter leurs aînés et de suivre leurs exemples d'économie et de prévoyance.

« La constitution des retraites par le livret individuel doit donc être considérée comme un réel progrès dont il est permis d'attendre les plus heureux résultats ».

Cependant ce nouveau système de retraites ne laissera pas de présenter certaines difficultés dans son application.

Pour les Sociétés nouvelles, rien de plus facile : on prendra un livret à chacun de ses membres et tout sera dit. Mais pour les Sociétés ayant déjà un fonds créé, celles ayant des membres âgés de plus de 60 ans, la difficulté sera plus grande. Je crois cependant avoir résolu la question.

Dans ce cas, on calculera le montant de la retraite moyenne que l'on pourrait accorder par le fonds commun en y versant la part que l'on se réserve de verser sur les livrets individuels. Cette retraite sera accordée à tous les membres âgés aujourd'hui de plus de 45 ans lorsqu'ils auront atteint l'âge fixé par les statuts pour avoir droit à la pension.

Seuls, les membres âgés de moins de 45 ans au 1er janvier 1900 seraient pourvus du livret individuel. Il est évident que les membres âgés auront une retraite bien moindre que les membres plus jeunes, puisque les premiers pourront y verser moins d'annuités ; un membre de 45 ans versant 10 francs par an aura, à 65 ans d'âge, 50 francs environ ; un membre de 25 ans aura 180 francs.

Pour parer à cet inconvénient, à cette inégalité, on distribuera les intérêts du fonds commun existant à ce jour aux membres faisant actuellement partie de la Société, proportionnellement à leurs années de présence au 1er janvier 1900.

Les retraites seront ainsi proportionnées dans une certaine mesure ; dans tous les cas, elles le seront exactement par rapport aux versements faits directement par la Société elle-même.

Ces calculs, néanmoins, sont assez longs, assez compliqués et beaucoup de Sociétés reculeront peut-être devant ce travail. Mais si elles ont à cœur de donner à chaque sociétaire l'habitude de la prévoyance et de lui assurer une retraite plus importante qu'elles n'ont pu lui accorder jusqu'ici, elles n'hésiteront pas à se mettre résolument à l'œuvre et à constituer dorénavant les retraites par voie de livret individuel.

C'est, je crois, le meilleur moyen d'inciter les sociétaires à l'épargne et de leur assurer, à l'avenir, une pension capable de les mettre à l'abri de la misère et de les soulager dans la vieillesse.

J. Parayre.

Céret, le 21 mars 1900.

COMPTABILITÉ

Mémoire présenté par M. Pépin

Il faut poser en principe qu'on ne saurait imposer un système comptable uniforme aux Sociétés de secours mutuels. Ces Sociétés ont bien un but commun, qui est de secourir leurs adhérents ; mais elles n'emploient pas toutes les mêmes moyens ni les mêmes formes pour y arriver.

Demander aux Sociétés de secours mutuels de se plier aux exigences d'un système comptable déterminé, ce serait créer des difficultés souvent insurmontables. Il est bien plus rationnel de plier la comptabilité aux besoins des Sociétés.

Tout ce qu'il convient de faire à cet égard, c'est de rechercher s'il n'y a pas en cette matière, comme en toutes choses, un principe général qui, une fois dégagé, puisse s'appliquer, avec quelques modifications de détail, à toutes les Sociétés de secours mutuels, ou tout au moins à la plus grande partie d'entre elles.

La comptabilité des Mutualités doit être simple et rapide en même temps que très claire. Si l'on examine dans quelles conditions fonctionnent la plupart de ces associations, on reconnaît sans peine qu'il serait difficile d'exiger des trésoriers, surtout dans les petites communes rurales, de grandes connaissances comptables. De l'ordre, de la probité, de l'honnêteté, du dévouement et une instruction très élémentaire doivent suffire dans la plupart des cas. Exiger une véritable instruction comptable, ce serait priver les Mutualités de concours précieux et gratuits.

On devra donc, d'une manière générale, supprimer tous les rouages inutiles et se rapprocher des règles de la comptabilité élémentaire, qui tient compte seulement des recettes et des dépenses, tout en permettant d'obtenir les contrôles indispensables et de connaître la situation des divers débiteurs et des divers créanciers.

Mais l'administration préfectorale, en obligeant les Sociétés de secours mutuels à fournir, au moins une fois l'an, un état statistique développé sur la situation financière, vient compliquer la difficulté de l'organisation comptable. Les éléments nécessaires pour remplir cet état statistique ne peuvent, en effet, être fournis rapidement et sûrement que par la comptabilité.

Dans les cadres qui suivent et qui sont proposés, non pas à titre de modèles absolus et immuables, mais seulement à titre de guide, les exigences de la tutelle préfectorale n'ont pas été perdues de vue. Mais il a été tenu compte également des considérations générales qui précèdent.

Le principe qui se dégage de ces modèles, très élastiques d'ailleurs, peut être appliqué par toutes les Sociétés. Les quelques opérations inscrites dans les cadres ne font que mettre en évidence la clarté, la rapidité et la simplicité du système comptable, ainsi que la facilité que donne ce système de fournir à l'État les renseignements financiers dont il a besoin.

Tableau.

Réglure et fonctionnement du Livre de Caisse (Côté des Recettes)

DATES		ÉMARGEMENT DES COTISATIONS	LIBELLÉS EXPLICATIFS	Montant des Recettes effectuées	DÉCOMPOSITION ET RÉPARTITION DES RECETTES							Intérêts des fonds placés à la Caisse des Dépôts et C.	
MOIS et ANNÉE	JOURS				Subventions, dons et legs	Cotisations		Amendes	Droits d'entrée	Recettes diverses	Retrait de fonds à la Caisse des Dép. et Consignations		
						Membres honoraires	Membres participants					Fonds libres	Fonds de retraites
1	2	3	4	5	6	7	8	9	10	11	12	13	14
			Reports										
1899 Janvier.	10		Touché à la Caisse des Dépôts et C. . .	400	»	»	»	»	»	»	400	»	»
	15		Intérêts pour 1898. Caisse des D. et C.	250	»	»	»	»	»	»	»	200	50
Février.	4	XX	Martin Léon. 1er et 2e trim. 1899 (1) . .	12	»	12	»	»	»	»	»	»	»
	»	XXX	Justin Jules. 4e trim. 98, 1er 99 et amende.	15	»	»	12	3	»	»	»	»	»
	9	XXX	Abric Ernest. Droits d'entrée et cot. 99.	30	»	»	24	»	6	»	»	»	»
	»		Ville de Montpellier. Subvention 99 . .	150	150	»	»	»	»	»	»	»	»
	15	X	Dumas Ulysse. Don et cot. 4e tr. 98 . .	26	20	6	»	»	»	»	»	»	»
Mars . .	6		Vente d'un vieux bureau.	15	»	»	»	»	»	15	»	»	»
			(Au bas de la page) *A reporter* . . .	898	170	18	36	3	6	15	400	200	50
			(Arrêt du livre de caisse au 31 décembre)										
			TOTAL DES RECETTES	4000	200	300	2000	100	200	50	900	200	50
			TOTAL DES DÉPENSES	1568 50									
1900 Janvier.	1		RESTE EN CAISSE.	2431 50						2431 50			
			(Après le 1er janvier, les opérations se continueront comme plus haut.)										

(1) Pour les cotisations de l'exercice en cours, on pourrait supprimer la désignation de l'année. On ne l'indiquerait que pour les cotisations des exercices qui précèdent ou qui suivent.

Observations et remarques diverses relatives au Livre de caisse
(Côté des recettes)

« 1° Si la Société ne comprend que des hommes, rien à changer au modèle ci-contre, qui répond à la fois aux besoins comptables de la Société et aux exigences de l'administration préfectorale, en ce qui concerne les tableaux financiers à remplir.

» 2° Si la Société comprend à la fois des hommes et des femmes ou des hommes, des femmes et des enfants, on n'aura qu'à élargir la colonne 8 et à la diviser en deux ou trois colonnes (une pour chaque catégorie de sociétaires).

» 3° En ce qui concerne l'émargement des cotisations (col. 3), se servir d'un signe quelconque (croix, trait, paraphe, X, etc.) pour indiquer que le versement du sociétaire a été inscrit au compte de l'intéressé sur le Grand Livre, ou sur les fiches. On peut remplacer les signes indiqués par le numéro du folio du grand Livre où le compte du sociétaire est ouvert.

» 4° Le report au Grand Livre des cotisations encaissées peut se faire également par le moyen des souches des reçus. Dans ce cas on supprime la colonne 3 du Livre des recettes. L'émargement se fait sur la souche elle-même par un signe quelconque, mais qui, une fois adopté, doit rester toujours le même. On peut alors se dispenser de mentionner sur le Livre de caisse le nom des sociétaires et le motif de leur versement. Les cotisations encaissées y sont portées en bloc sous la rubrique « cotisations », soit par journée, soit par période de 5, 10 ou 15 jours, suivant l'importance de la Société.

Parfois, l'association désigne un certain nombre de ses membres chargés de recueillir les cotisations dans leur quartier ou dans une région déterminée. Ces sociétaires délivrent eux-mêmes les quittances et envoient les fonds avec un bordereau au trésorier. Il suffit dans ce cas d'inscrire en recettes et en bloc le montant brut du bordereau, et en dépenses, les frais retenus par les encaisseurs. Le bordereau sert de pièce justificative de recettes. Il sert en même temps à reporter les cotisations payées au Grand Livre des sociétaires.

» 5° Il serait utile de totaliser, sur les souches des reçus, le montant des sommes encaissées, comme fait la poste sur les talons des mandats délivrés. Le total indiqué sur les souches, à une date quelconque, coïnciderait toujours avec le total des recettes. On aurait là un contrôle précieux obtenu sans augmentation sensible du travail du trésorier.

» 6° Lorsque la Société reçoit avis du montant des intérêts qui lui sont dus par la Caisse des dépôts et consignations, on les inscrit en recettes (col. 5, 13 et 14) et on les porte en même temps en dépenses (col. 4, 16 et 17). La situation de la caisse ne change pas, mais on obtient ainsi la véritable situation des comptes de dépôts et consignations, aussi bien pour les fonds libres que pour les fonds de retraites. Si on fait application du paragraphe 5 qui précède, il est nécessaire de délivrer pour cette opération un reçu fictif afin de maintenir la concordance entre le total des recettes et le total des souches de reçus.

» 7° Pour avoir le chiffre exact des recettes diverses (col. 11) réellement effectuées, il faudra déduire du total le solde en caisse, porté au début de chaque année dans cette colonne. L'inscription de ce solde à cette place dispense de créer une colonne de plus et permet de maintenir la concordance permanente entre le total de la colonne 5 et celui des colonnes 6 à 14.

» 8° Si la Société fait des prêts remboursables à ses membres, on créera une colonne de plus pour noter les remboursements effectués. Cette colonne aura du côté des dépenses, sa contre-partie par une colonne intitulée « prêts remboursables ». La différence entre les totaux des deux colonnes donnera, à une date quelconque le montant des prêts non encore remboursés. »

TABLEAU.

Réglure et fonctionnement du Livre de Caisse (Côté des Dépenses)

DATES — MOIS et ANNÉE	JOURS	LIBELLÉS EXPLICATIFS	Total des dépenses effectuées	Frais généraux ou de gestion (1)	Honoraires des médecins	Frais pharmaceutiques	Secours en argent aux malades	Frais funéraires	Secours aux veuves	Secours aux orphelins	Secours aux vieillards infirm. et inc.	Dépenses diverses	Rentes viagères servies aux sociét.	Mobilier	Versements à la Caisse des Dépôts et Consignat. — Fonds libres	Versements à la Caisse des Dépôts et Consignat. — Fonds de retraite
1	2	3	4	5	6	7	8	9	10	11	12	13	14	15	16	17
1899 Janvier	15	Caisse des Dépôts et C. Intérêts de 1898	250	»	»	»	»	»	»	»	»	»	»	»	200	50
Février	10	Achat d'un cartonnier	40	»	»	»	»	»	»	»	»	»	»	40	»	»
»	»	Achat d'un coffre-fort	200	»	»	»	»	»	»	»	»	»	»	200	»	»
	12	Secours à Martin et à la Vve Joubert.	75	»	»	»	50	»	25	»	»	»	»	»	»	»
	15	Honoraires du docteur X.	40	»	40	»	»	»	»	»	»	»	»	»	»	»
	»	Note du papetier	18	18	»	»	»	»	»	»	»	»	»	»	»	»
	25	Frais pharm. et secours à Manuel, infir*	160	»	»	40	»	»	»	»	120	»	»	»	»	»
Mars	5	Frais funér. Justin et secours à ses orph.	200	»	»	»	»	50	»	150	»	»	»	»	»	»
	10	Timbres-postes	15 50	15 50	»	»	»	»	»	»	»	»	»	»	»	»
	20	Subvention à la fête mutualiste . . .	20	»	»	»	»	»	»	»	»	20	»	»	»	»
	»	Pension Lacour. 2ᵉ semestre 98 . . .	50	»	»	»	»	»	»	»	»	»	50	»	»	»
	»	Versement à la Caisse des Dépôts . .	500	»	»	»	»	»	»	»	»	»	»	»	400	100
		(Au bas de la page) *A reporter* . . .	1568 50	33 50	40	40	50	50	25	150	120	20	50	240	600	150
		(Arrêt du livre de caisse au 31 décemb.) Amortissement du mobilier : 1/10 . .												24		
		Valeur du mobilier à ce jour												216		
		C. des Dépôts et C. Retraits de l'année (Col. 12 des Recettes)													400	»
		Versements nets de l'année													200	150
		Total au début de l'année													5000	6500
		Avoir à la C. des Dépôts et C. à ce jour.													5200	6650
1900 Janvier		Les opérations de dépenses de la nouvelle année se continuent comme plus haut.														

(1) Les frais généraux comprennent les dépenses de loyer, de correspondance, de fournitures de bureau, d'entretien du mobilier, les frais de recouvrement, etc., et, en général, toutes les dépenses d'administration.

Observations et remarques diverses relatives au Livre de Caisse
(Côté des dépenses)

1° Si la Société comprend des hommes et des femmes, on élargira les colonnes 7, 8 et 12 pour les diviser en deux parties (une pour les hommes, une pour les femmes), afin de pouvoir satisfaire facilement aux exigences de l'administration préfectorale.

2° Si elle comprend des enfants, on établira entre les colonnes 8 et 9 une colonne nouvelle pour enregistrer les dépenses relatives à cette catégorie de sociétaires (frais de pharmacie, de médecin, secours, etc.). C'est encore pour remplir l'état statistique annuel demandé par la préfecture que cette colonne est nécessaire.

Nota. — Il est bien entendu que, suivant les Sociétés, on supprimera dans les deux modèles qui précèdent, les colonnes inutiles, de même que l'on en créera de nouvelles s'il y a lieu.

Bien arrêter le cadre des tableaux avant de livrer à l'imprimeur. — Ne rien faire par à peu près. — Prendre un registre de dimensions suffisantes, mais non exagérées, et donner aux colonnes destinées à enregistrer les sommes la largeur qui convient (15 à 18 millimètres dont 4 ou 5 pour les centimes). Laisser toujours quelques colonnes en blanc pour les subdivisions ultérieures qui deviendraient nécessaires.

TABLEAU.

<h1 align="center">Grand Livre des Sociétaires</h1>

N^{os} d'inscription sur le registre matricule	NOMS des Sociétaires	PROFESSION	ADRESSE	1898 TRIMESTRES				1899 TRIMESTRES				1900 TRIMESTRES				Continuer les mêmes colonnes sur toute la largeur du registre ouvert (verso et recto).
1	2	3	4	1er 5	2e 6	3e 7	4e 8	1er 9	2e 10	3e 11	4e 12	1er 13	2e 14	3e 15	4e 16	
2045	Abric Ernest. . P	Employé . .	Rue des Balances, 12 E. V	»	»	»	»	6	6	6	6 9/2	»	»	»	»	
340	Dumas Ulysse . H	Négociant .	Boul. Pasteur, E. V.	6	6 7/5	6 24/9	6 15/2 99	»	»	»	»	»	»	»	»	
2258	Justin Jules . . P	Commis . .	Celleneuve.	6	6	6 7/10	6 4/2 99	6 4/2	»	Démissionnaire le 14 mars 1899.						
1575	Martin Léon . ., H	Industriel .	Castelnau	6	6 25/6	6	6 22/12	6	6 4/2	Décédé le 5 avril 1899.						

Observations et remarques diverses relatives au Grand-Livre des sociétaires

1° Dans la colonne 2, P signifie membre participant, H, membre honoraire. Si c'était nécessaire, on aurait un Grand-Livre pour chacune de ces deux catégories de sociétaires.

2° La date sous forme de fraction (1) portée au-dessous de la cotisation trimestrielle est celle du versement. En cas d'erreur ou de contestation, on peut facilement, en se reportant au Livre de caisse, ou aux talons des reçus, faire les vérifications nécessaires. La notation au Grand-Livre des versements effectués est rapidement faite, puisqu'on n'a qu'à inscrire un chiffre et une date abrégée. Pour cette date, il suffira, comme nous l'avons fait remarquer à propos du Livre de Caisse (côté des recettes), de ne porter l'année que pour les cotisations versées en dehors de l'exercice auquel elles s'appliquent. Lorsqu'un sociétaire verse en même temps plusieurs trimestres, la date du versement est indiquée dans la colonne du dernier trimestre payé. — Exemples : Abric, Martin.

3° On placera les sociétaires sur le Grand-Livre *par ordre alphabétique*, en ayant soin de laisser entre deux noms, au moins trois lignes d'intervalle, ce qui permettra d'inscrire les sociétaires nouveaux à leur rang alphabétique. On n'a pas besoin ainsi d'avoir un répertoire.

4° Si la cotisation annuelle n'est pas fractionnée, la colonne de l'année ne sera divisée qu'en deux parties: 1° somme versée ; 2° date du versement. Au besoin une seule suffirait: on n'aurait qu'à indiquer au-dessous du chiffre de la cotisation la date du versement, comme il est dit au paragraphe 2.

5° On peut facilement faire servir le Grand-Livre pendant 10 à 15 ans, suivant le format du registre adopté.

6° Si la cotisation était versée mensuellement, il faudrait, dans le cadre relatif à chaque année, faire 12 colonnes (une pour chaque

---

(1) Le numérateur indique le jour, le dénominateur le mois. — Janvier correspond à 1, février à 2, mars à 3....... et décembre à 12.

mois). Le système alors ne serait plus pratique, car on ne pourrait faire servir le Grand-Livre que pour un petit nombre d'années. Il y aurait donc lieu de substituer au modèle tracé le système des comptes individuels, soit sur un registre, soit sur des feuilles séparées que l'on réunirait au moyen d'une reliure mobile, soit encore sur des fiches. Le cadre de ce compte, une fois arrêté, serait imprimé afin d'abréger le travail du comptable.

Nous donnons ci-après un modèle qui peut servir aussi bien pour le registre que pour les feuilles séparées et les fiches.

TABLEAU.

Modèle de Grand-Livre pour les Sociétés
à cotisations versées mensuellement

NOM, PROFESSION, RÉSIDENCE ET NUMÉRO MATRICULE DU SOCIÉTAIRE

MOIS	1898		1899		1900		1901	
	Somme versée	Date du versement	Somme versée	Date du versement	Somme versée	Date du versement	Somme versée	Date du versement
Janvier. . .	1 50	4 janvier						
Février. . .	1 50	15 février	7 50	15 avril				
Mars. . . .								
Avril. . . .	6 »	30 mai						
Mai								
Juin			1 50	20 juin				
Juillet . . .	1 50	31 Juillet	1 50	25 juillet				
Août. . . .	1 50	25 septembr.			Décédé le 15 mars 1900.			
Septembre .	1 50	5 octobre						
Octobre . .			7 50	27 décembre				
Novembre .	4 50	20 janvier 99						
Décembre .								
Totaux. .	18 »		18 »					

(Répéter ici le même cadre pour les années qui ne pourraient point trouver place sur la largeur de la feuille)

— 282 —

Continuer les mêmes cadres pour les années qui suivent sur toute la largeur de la feuille.

Modèle de fiche tenant lieu de compte individuel

Nom et prénom du sociétaire . . . .
Date et lieu de naissance. . . . . . .
Date de l'entrée dans la société . . .
Numéro d'inscription. . . . .

Résidence (1) . . . . }

I. — Versement des cotisations						II. — Renseignements divers				
						SECOURS PAYÉS					
Années	Trimes-tres	DATE des payements	Somme versée	TOTAL de la cotisa-tion annu-elle		Date de l'autorisat. de payement ou de la décision accordant le secours	Date du payement	Montant du secours	Observa-tions		
1898	1er 2e 3e 4e	15 mars 20 septemb. 15 sept. 99	6 6 12	24							
						DONS, LEGS ET AMENDES					
						Date du versement	Montant du versement	Détail du versement			Observat. et motifs des amend.
								Dons	Legs	Amend	
1899	1er 2e 3e 4e	27 novemb.	18								
						PRÊTS GRATUITS					
1900	1er 2e 3e 4e					Dates des prêts	Montant des prêts	Dates des rembour-sements	Sommes rembour-sées	Observa-tions	
1901	1er 2e 3e 4e										

Ce cadre se continuera jusqu'au bas et au verso de la fiche.

Donner aux cadres qui précèdent le développement nécessaire et les continuer au dos de la fiche, s'il y a lieu. En créer de nouveaux suivant les besoins des sociétés, notamment pour la mise en subsistance, la mutation, les livrets individuels de retraites, etc.

(1) Chaque changement de domicile est indiqué dans l'accolade. Le dernier domicile porté est le bon.

Les fiches, rangées par ordre alphabétique, seraient placées dans des boîtes spéciales ou dans des casiers particuliers. On pourrait aussi, — ce qui vaudrait mieux, — les réunir sous la forme d'un registre au moyen d'un biblorhapte ou d'une reliure mobile. Les fiches des sociétaires décédés, rayés ou démissionnaires seraient enlevées au fur et à mesure et classées aux archives. Pour chaque adhérent nouveau, on établirait immédiatement une fiche que l'on placerait à son rang alphabétique.

On peut objecter que le système des fiches, mêmes réunies sous forme de livre, est moins sûr que le registre, parce que rien ne garantit que des feuilles ne seront pas, à un moment donné, soustraites ou égarées. Pour répondre à ce reproche, il suffit de faire remarquer qu'avec un registre matricule bien établi et bien tenu, il est facile de s'assurer à tout moment qu'aucune fiche ne manque. D'ailleurs le système des feuilles mobiles, non numérotées, mais rangées seulement par ordre alphabétique, est employé actuellement pour les Livres de comptes des grandes banques qui ont presque toutes abandonné les anciens registres à reliure fixe et à folios numérotés. C'est la meilleure preuve que le système des fiches présente toute sécurité.

La comptabilité des Sociétés de secours mutuels tenue conformément aux principes et aux cadres qui précèdent est une comptabilité à partie simple.

S'ensuit-il que l'on doive proscrire dans ces Sociétés la comptabilité à parties doubles? Evidemment non. C'est en raison des connaissances spéciales qu'exige cette dernière comptabilité qu'elle ne peut être appliquée à la grande masse des Mutualités. Mais partout où elle peut être adoptée, il n'y pas à hésiter, car c'est la seule comptabilité vraiment scientifique, donnant tous les contrôles indispensables et permettant, par le simple jeu des comptes, d'obtenir tous les renseignements statistiques que l'on veut. C'est aussi la seule comptabilité qui permette d'établir un bilan rigoureusement mathématique.

En principe, nous conseillons d'appliquer la comptabilité à parties doubles à toutes les Sociétés comprenant 1500 membres au moins et assez riches pour rétribuer le comptable dont les fonctions seraient indépendantes de celle de Trésorier. Il est de bonne administration de dédoubler les fonctions de Trésorier-Comptable toutes les fois qu'il est possible de le faire.

Le Livre de Caisse peut, d'ailleurs, être toujours tenu suivant le principe du modèle donné plus haut. Il facilitera le travail du comptable pour passer au Journal, par période de 5, 10, 15 jours ou par mois seulement, les opérations de la caisse.

En ce qui concerne les Sociétés de moins 1500 adhérents, l'un ou l'autre système de comptabilité peut être indifféremment employé, quoique le plus simple puisse suffire dans la plupart des cas et doive, par suite, être préféré.

Il paraît à peu près inutile de tenir une comptabilité à parties doubles pour les Sociétés ne comptant pas plus de 500 membres.

Mémoire présenté par M. Fabre, président de la Société La Catalane de Béziers

Tous les ans, dans le courant du mois de mars, les préfectures adressent aux Sociétés de secours mutuels des états assez complets, qui doivent faire connaître la situation exacte de la Société au 31 décembre de l'année écoulée.

Je crois qu'il est beaucoup de présidents qui sont fort embarrassés pour remplir ces états ; non pas que leur comptabilité soit mal tenue, non pas qu'ils manquent de dévouement, de zèle, mais parce que leur comptabilité n'est pas tenue d'une façon rationnelle ; elle est trop synthétique et pas assez analytique. Je m'explique. Dans la plupart des Sociétés, la comptabilité se réduit à un livre des versements mensuels ou trimestriels et à un compte tenu par *Doit et Avoir*, dans lequel on inscrit, au *Doit*, toutes les recettes, à l'*Avoir*, toutes les dépenses.

Sans doute, ce procédé, que j'appellerai primitif, permet d'éviter tout coulage, mais il ne permet pas de connaître d'une façon précise, mathématique, la provenance des recettes et la destination des dépenses sans se livrer à un travail de recherches minutieuses, à un triage entre les dépenses ; il ne permet pas à un président ou au trésorier de dresser, à toute époque de l'année et en moins d'une demi-heure, la situation-inventaire de la Société.

Je me permettrai de citer un passage d'un rapport que j'adressais, vers la fin de décembre 1898, à M. le Ministre de l'intérieur :

« Les Sociétés de secours mutuels, bien nombreuses déjà, ne le

» sont pas encore assez. Les bonnes volontés ne font pas défaut,
» mais les difficultés pour la constitution étouffent beaucoup d'élans
» généreux. Ces mêmes difficultés font quelquefois avorter des
» essais sérieux. J'ai été témoin de ces insuccès : des Sociétés qui
» ont mal débuté n'ont jamais pu être relevées. Aussi, je prends la
» liberté, M. le Ministre, de porter à votre connaissance quelques
» mesures qui me paraissent de nature à empêcher les hésitations
» des premiers moments et à assurer la bonne marche des Sociétés
» qui m'occupent.

» Ces Sociétés ne sont jamais légalement constituées que lorsque
» leurs statuts ont été approuvés par M. le Préfet du département
» dans lequel elles se créent. (Aujourd'hui, cette approbation est
» accordée par M. le Ministre.)

» Il me semble que, lorsque l'autorisation est demandée, la pré-
» fecture (le Ministère de l'intérieur présentement) devrait donner
» aux intéressés quelques indications générales sur le but des
» Sociétés, et le fonctionnement de leur comptabilité surtout.

» Le but est défini par leur dénomination même.

» Ces Sociétés comprennent des membres honoraires et des
» membres participants.

» Les membres honoraires sont un élément primordial pour la
» prospérité de la Société ; il importe d'en augmenter le nombre et
» de les conserver.

» Pour en augmenter le nombre, les moyens sont nombreux et
» si variés qu'ils dépendent de la nature même de chaque Société ;
» pour les conserver, le meilleur est, selon moi, de les intéresser à
» la Société, de leur faire connaître, chaque année, à peu près à la
» même époque, la situation financière et morale de la Société.
» Il est facile d'y arriver en leur envoyant un état de la situation.
» Il est bon, en outre, de les inviter à assister à la réunion générale
» dans laquelle le Conseil d'administration rend un compte détaillé
» de la gestion de toute l'année écoulée.

» La comptabilité me semble, sans qu'il puisse y avoir la moindre
» apparence de suspicion pour personne, devoir être tenue par le
» trésorier et le président. Et qu'on n'objecte pas que le rôle d'un
» président n'est pas d'être comptable. J'estime que le président
» doit savoir, à tout moment de l'année, quelle est la situation
» exacte, qu'il doit pouvoir donner cette situation à quiconque lui
» demande des éclaircissements. Cela n'oblige pas le président à
» être détenteur d'espèces ; il doit même ne l'être dans aucun cas.

» Jo me hâte d'ajouter que le président peut s'éclairer sans grand
» travail.

» J'ajouterai aussi que le système de comptabilité que je vais
» exposer est scientifique, mais simple; qu'il est analytique et
» synthétique.

» Il est analytique en ce qu'il fait connaître :

» 1° La situation de chaque sociétaire envers la Société ;

» 2° La provenance de toutes les recettes ;

» 3° L'objet de toutes les dépenses.

» Il est synthétique en ce qu'il permet de résumer à tout moment,
» dans un tableau, la situation-inventaire de la Société.

» Je vais exposer séparément la comptabilité du trésorier et celle
» du président ».

COMPTABILITÉ DU TRÉSORIER

» Le trésorier tient deux livres : un livre pour les versements
» mensuels ou trimestriels et un Grand-Livre.

» Dans le premier livre, il y a autant de colonnes que les membres
» participants font de versements : cotisations, livrets, insignes,
» amendes, frais généraux, lorsqu'on fait opérer un versement sup-
» plémentaire pour couvrir ces frais. En traçant la réglure sur deux
» pages du livre ouvert, on n'a pas à s'imposer un grand travail.

» Lorsque la Société fait bénéficier les sociétaires des secours
» médicaux et pharmaceutiques pour leurs familles, moyennant un
» versement supplémentaire, on peut ajouter deux colonnes de
» plus, une pour les femmes, une autre pour les enfants, ou, ce qui
» est préférable, porter le versement sur un autre tableau, établi
» suivant les mêmes principes.

» Le jour du versement, sur un état en tout pareil au livre dont
» je viens de parler, mais ne contenant la réglure que pour un mois,
» le trésorier inscrit les noms des sociétaires qui paient et ressort
» dans les colonnes les sommes payées. Cet état, dont les verse-
» ments sont reportés sur le livre précédent, est certifié exact, signé
» par le trésorier et remis au président, qui fait savoir quelles sont
» les rentrées d'espèces et quels sont les sociétaires qui effectuent
» le plus régulièrement leurs versements. D'ailleurs, ces états
» restent dans les archives et servent à faire le contrôle. Un état
» analogue est donné pour les versements pour femmes et enfants.

» Dans le Grand-Livre, le trésorier ouvre autant de comptes qu'il
» y a de nature de recettes et de nature de dépenses.

» Ces comptes qui figureront dans la situation inventaire sont,
» pour les dépenses :

       Mobilier,
       Malades (indemnité en argent),
       Médecins,
       Pharmaciens,
       Frais généraux, etc.

» Les comptes des recettes seront :

       Cotisation des membres honoraires,
       Cotisation des membres participants,
       Droits d'entrée,
       Livrets,
       Insignes,
       Amendes,
       Dons ou subventions,
       Intérêts,
       Versements pour les femmes des sociétaires,
       Versements pour les enfants des sociétaires, etc.

» Il y a enfin le compte Caisse et le compte Caisse d'épargne ou
» Caisse des dépôts et consignations.

» Le compte Caisse contiendra à son débit toutes les espèces per-
» çues par la Société ; à son crédit, toutes les sommes payées ou
» versées à la Caisse des dépôts, soit en compte courant disponi-
» ble, soit en fonds commun ; la différence du *Doit* et de l'*Avoir*
» fera connaître l'argent que le trésorier a dans sa caisse particu-
» lière.

» Les comptes Caisse d'Epargne ou Caisse des dépôts et consi-
» gnations portent, au débit, les sommes versées par la Société et,
» au crédit, les sommes que la Société aurait retirées.

» Les présidents des Sociétés mutuelles auraient, je crois, grand
» intérêt à demander aux sociétaires de vouloir bien verser, chaque
» mois, une somme supplémentaire de dix centimes pour couvrir
» les frais généraux. Ce versement permet de n'employer les coti-
» sations que pour les secours. En outre, comme les frais de pre-
» mier établissement sont toujours assez élevés et comme, d'autre
» part, la somme provenant du versement supplémentaire n'est
» presque jamais complètement absorbée, on arrive ainsi, au bout
» de plusieurs années, à avoir amorti ces frais de premier établis-

» sement ; le compte Frais Généraux, débiteur au début, peut être
» balancé à la longue et devenir même créditeur..

COMPTABILITÉ DU PRÉSIDENT

« Le président ouvre, sur un registre particulier, un compte uni-
» que, sous la dénomination de :

Société de secours mutuels La •••

« Ce compte est tenu par *Doit* et par *Avoir*.

« Au *Doit*, figurent toutes les entrées d'espèces, à l'*Avoir*, toutes
» les sorties. Comme les versements effectués à la Caisse d'épargne
» ou à la Caisse des dépôts ne sont pas des dépenses, le président
» peut, soit inscrire le mouvement dans la colonne du *Doit* sans
» ressortir les sommes dans la colonne des sommes, soit les inscrire
» dans le côté de l'*Avoir*, à l'encre rouge, en ressortant alors les
» sommes dans les colonnes ; dans le dernier cas, la différence
» entre le *Doit* et l'*Avoir* fait connaître le montant des espèces que
» le trésorier a en caisse ; dans le premier cette différence repré-
» sente l'*Avoir* total de la Société. La deuxième façon de procéder
» est plus scientifique.

« Comme toutes les dépenses doivent être autorisées par le prési
» dent, toute sortie d'espèces est inscrite, au moment même où il
» l'autorise et avant même que le trésorier ait payé ; comme aussi
» le président, par les états qui lui sont fournis après chaque verse-
» ment, connaît toutes les recettes et les inscrit aussitôt sur son
» livre, il peut, grâce à son seul compte global, connaître la situa-
» tion financière absolument exacte de sa Société, et, par tant,
» exercer un contrôle efficace.

« J'ajouterai que toutes les pièces justificatives d'entrée et de
» sortie d'espèces doivent rester en possession du trésorier seul, ou
» du président seul.

« La Société doit avoir également un registre à souches pour les
» bulletins de maladie et pour les retraits d'espèces. Les modèles
» varient.

« Il importe que toute Société de secours mutuels ait la plus
» grande confiance dans ses administrateurs ; une comptabilité
» claire et rationnelle, se contrôlant elle-même, répond à cette
» nécessité absolue.

« Le système de comptabilité que j'expose permettra, au com-
» mencement de chaque année, de remplir, avec une exactitude
» mathématique, les états demandés par la Préfecture, et cela en
» moins d'une demi-heure, je l'ai déjà dit.

« Avant de terminer j'ajouterai que tous les membres partici-
» pants doivent connaître la situation financière, non pas une fois
» l'an, mais toutes les fois qu'on les réunit, car ils sont jaloux de
» savoir ce que devient leur argent; sans surcroît de travail, il m'est
» possible de le faire tous les mois, en affichant un état dans la
» salle des réunions ».

Une telle comptabilité va exiger, croira t-on peut-être, beaucoup
de travail et des connaissances spéciales. Coûterait-elle du travail,
on ne devrait pas hésiter à l'adopter, si elle est claire et donne tous
les renseignements désirables.

Mais cette comptabilité n'est pas pénible à tenir, elle n'exige que
de la bonne volonté et je serais reconnaissant à tous les présidents
d'en faire une étude attentive.

Une remarque avant de finir : les états mensuels fournis par le
trésorier pourraient devenir ennuyeux à faire si avec un polycopie
on ne pouvait en tirer plusieurs exemplaires, la quantité nécessaire
pour une année et plus même.

Pour rendre mes explications concrètes, palpables, je vais établir la comptabilité pour une Société de 50 membres participants,
versant 1 franc de cotisation mensuelle et dix centimes pour les
frais généraux, et de 15 membres honoraires payant 15 francs l'an
chacun.

La Société a été constituée à la date du 1er janvier, le nombre
des membres est resté le même pendant toute l'année. Les Sociétaires sont autorisés à obtenir les secours médicaux et pharmaceutiques pour leurs femmes moyennant 0,50 par mois, et pour leurs
enfants moyennant 0,25. Les livrets coûtent 0,40, les insignes 0,50.

On a fait faire 500 livrets qui ont coûté 25 centimes chacun et
acheté 100 insignes à 0,30 chacun.

La Société inflige des amendes de 0,50 centimes.

Je porterai en bloc les recettes et les dépenses des onze premiers
mois et détaillerai celles du mois de décembre, pour lequel elles se
décomposent ainsi :

RECETTES

50 francs de cotisations, plus 12 francs de cotisations en retard de novembre ;

17 francs de versements pour les femmes ;

15 francs de versements pour les enfants ;

7 francs d'intérêts des sommes déposées à la Caisse des dépôts ;

1 fr. 50 d'amendes ;

6 fr. 20 versement supplémentaire de 0 fr. 10 pour les frais généraux.

DÉPENSES

190 francs pour 95 visites à 2 francs ;

170 francs payés au pharmacien ;

0 fr. 45 pour ports de lettres ;

23 francs pour 23 jours de maladie ;

MOUVEMENT D'ESPÈCES

100 francs déposés à la Caisse des dépôts et consignations.

Nota. — Pour les Sociétés qui se constituent un fonds commun pour retraites, on aurait deux comptes :

Caisse des dépôts et consignations (fonds disponible) ;

Caisse des dépôts et consignations (fonds commun de retraite) ;

Lorsque les retraites commenceraient à être distribuées on ouvrirait un compte personnel à chaque retraité, intitulé :

« M. A... retraité du 19... »

Si enfin les Sociétés constituaient la retraite par livret individuel, on pourrait créer le compte :

« Livrets individuels pour la retraite ».

Dans ce cas, il serait indispensable de tenir un cahier avec deux colonnes, trois même, intitulées :

1. Cotisation du sociétaire,
2. Part de la Société,
3. Part de ressources diverses.

Si même les versements effectués par la Société le sont à capital aliéné au profit des sociétaires, dans la comptabilité générale on ne devrait faire figurer que le compte :

« Versements de la Société sur les livrets individuels à capital aliéné ».

Si, enfin, la Société n'effectuait pas de versements sur les livrets individuels, il suffirait de tenir le cahier du genre du premier type, avec les colonnes 1 et 3, la Caisse des retraites étant alors bien distincte de celle de secours et pouvant, au besoin, être tenue par une autre personne que le trésorier.

Joseph FABRE,
Président de la Catalane.

LISTE ALPHABÉTIQUE

DES DÉLÉGUÉS ET NOTABILITÉS

AYANT PRIS PART AUX TRAVAUX DU CONGRÈS

A

MM.

Abadie.
Abric.
Accadiès (Némorin).
Adam (François).
Ader.
Affre (Emile).
Agret.
Ain.
Alliès (Henri).
Allègre.
Allair.
Alliés.
Alméras (J.).
Alméras.
Albagnac (Mme).
Arbens (Mme Vve).
Albagnac (G.).
Albagnac (Louis).
Allier (F.).
Allier (Paul).
Albiez (Joseph d').
Alavail (Elie).
Alabert (Abdon).
Aldebert (Aristide).
Allaite.
Alieu (François).
Alquié (Jean).

MM.

Alquié (L.).
Amargier.
Au... (Edouard).
Amiel.
Amiel (André).
Amouroux.
Amouroux (Jean).
André (Joseph).
André (Emile).
Andrieux.
Antherrieu (Achille).
Antherrieu (Anatole).
Antherrieu (Barthélemy)
Anquetil.
Arano.
Arbainz.
Arbousset.
Arcangel.
Ardisson.
Argeliès (Achille).
Arnaud (M. le Préfet).
Arnaud (E.).
Arpens (Séraphin).
Arquance (Gervais).
Arqué (Paul).
Arquet (Joseph).
Arrival.
Artaud.
Astier (François).

MM.

Astolfi.
Aubanel (Henri).
Aubanel-Brignolle.
Aubaressy.
Aubeleau.
Audibert (Ernest).
Audoye.
Augé (Pierre).
Augé (Maurice).
Augier (François).
Augier (Edmond).
Audran.
Aureau.
Auverny (Eugène).
Auzel.
Auterny (Etienne
Auzeil (Gustave).
Aymes (Cartorin).
Aymes (François).
Azaïs (Roger).
Avinens (P.).
Armand (Julien).

B

Bachalle.
Baille (Théophile).
Baills.
Balmigères (Georges).

MM.

Barber.
Barber fils.
Banal.
Baudran.
Barascud.
Barbe (Jean).
Barbusse.
Barthélemy.
Bareil.
Baron.
Bastide (F.).
Bassaget (Abel).
Baumel (A.).
Baumel (Léopold).
Baumes.
Baille (Théophile).
Barès (Eugène).
Bardy (Charles).
Barafort (François).
Bay.
Bayle (Charles).
Beaulac.
Beaufort (Joseph).
Belliol (I.).
Belliol.
Belliol (Fernand).
Belugou.
Beffre (Guillaume).
Beaufils (Aldéric).
Bénech (Jean).
Bénech (Louis).
Bénézet (Joseph).
Bénézech (Alfred).
Bénézech (Georges).
Bénézech (J.), député.
Beneausse.
Benel (J.).
Besnil (E.).
Bénistant.
Benoit (Adolphe).
Benoit-Germain.
Benoit (Marius).
Bérard.
Berger.
Bergés-Dounous.
Bernadon (Joseph).
Bernard (Ins. d'Acad).

MM.

Bernard (Edouard).
Bertranon.
Bessède.
Biau-Langlois.
Bicherolle (C.).
Bicherolle (Camille).
Biche (Etienne).
Bimond.
Binet (Jules).
Bisset (de Cette).
Blanc (Jacques).
Blanc (Foucher).
Blanchet (Mme).
Blanchet (Henri).
Blanchal.
Blaquière.
Blayac (P.).
Bletton C S. M.
Bobo.
Boher.
Boissier (Michel).
Boissier (Soulier).
Boissier (S.).
Boissier.
Bonnal.
Bonnaricq (Charles).
Bonnariq (Paul).
Bonnaricq (François).
Bonnet (Fernand).
Bonnet (Louis).
Bonnet (A.).
Bonnevie.
Bonnier.
Bonnes (J.-C.).
Boucaud (Léon).
Bosc.
Bosch.
Boudousquier (Louis).
Bouchaud.
Bouchet (Ferdinand).
Bouchède.
Boudet (P.).
Boulet (Frédéric).
Boulouys.
Bourguet (Raoul).
Bourrat (J.), député.
Bourry.

MM.

Bousquet (J.).
Bousquet (Paul).
Boutet (Pierre).
Bouvel.
Bouvet (P.).
Bouys (Gabriel).
Bouvet.
Bouscaren.
Bourély (Victor).
Boucoiran (Gaston).
Bord (Philippe).
Bort (Philippe).
Boysrayon.
Brassens (Daniel).
Brachet (Victor).
Brazès.
Bressy.
Brénas.
Brénier.
Bret (Paul).
Brégon (Jean).
Brissac.
Brouilhet.
Brouillet (abbé).
Brousse (Joseph).
Briol (Joseph).
Bru (G.).
Broumet.
Brunel Jules.
Brunel (Paul).
Brunat (E.).
Brunel (Tamon).
Brun (Louis).
Buffaud.
Bulis (Joseph).
Bureau.
Burnand (A.).
Buffa (Adolphe).
Bution (Joseph).
Boudousquier.
Baunes (de).

C

Cabanes (A.).
Cabanes.
Cabirou.

MM.

Cabrol.
Cabanon.
Cadenat.
Cairoche.
Cahuzac (Baptiste).
Caladou (Pierre).
Calmel (Alexis).
Calmon (docteur).
Calvet.
Calvet (Siffrein).
Calvié.
Caloni.
Cambefort (Gabriel).
Campagne.
Campanon-Rey.
Caminade (Louis).
Cambres.
Cambus.
Campredon (P.).
Canaby.
Carayon.
Carboncill (docteur).
Carlats.
Carles (sous-préfet).
Cartoux.
Carbonnel (Raymond).
Cardes.
Cartoux.
Cartier (Henri).
Cardère.
Caryons.
Casamajor (N.) (de).
Castel (Edouard).
Castelnau (Jules).
Castelnau (Edmond).
Castelnau (Georges).
Castan (Dr).
Castan.
Casta (sous-préfet).
Castels (M. le doyen).
Castan (Joseph).
Castillon (F.).
Caucanas (H.).
Causse-Raynaud.
Cauvy (Charles).
Cauquil (Louis).
Caviale (François).

MM.

Cavé. C. S. M.
Cavalier (Eliacin).
Cazan (J.).
Cazelles (L.).
Cazals.
Chaix.
Chabert.
Chalvet (Léopold).
Chapel (Adrien).
Chapel (Alfred).
Chamayou.
Charasse.
Charras.
Chauffournier.
Chastan.
Chastenet.
Chetz.
Chauvet (Horace).
Christol (Médard).
Christol (Ernest).
Cesso (C.).
Chauliac (Célestin).
Coll.
Colard.
Colombier (G.).
Combalat-Roche.
Combes (Henri).
Combecal.
Combescure.
Combres.
Comet.
Comps.
Condomine (J.).
Connillière (Zacharie).
Coffle (Gabriel).
Coquinet.
Corbeil (Clément).
Cornillier, avocat.
Cordillac (Antoine).
Coste (Antonin).
Coste (Pascal).
Coste (Arthur).
Cottignies, proc. génér.
Coulombe.
Coulondre (Casimir).
Coudougnan.
Couderc.

MM.

Coulon (Louis).
Coulon (F.).
Coulazou (J.).
Coulazou.
Coumoul (A.).
Court (Gustave).
Courtade (Jean).
Cournon.
Cousin (Elie).
Crémieux.
Crassous.
Cros (Charles).
Cros (Guillaume).
Combes.
Crouzet (Pierre).
Cure (Léonce).
Cutzach (André).
Curtel.
Cudin (Paul).
Christol (Ernest).
Comissou.
Cirqué.

D

Deschanel (Président).
Doladour.
Danjou (Antonin).
Darquier (Paul). C.S.M.
Dalia (A.).
Daudet.
Daumas.
Dauteroche.
Dauterive.
Debœuf.
Deloux.
Delprat (A.).
Delmas.
Delprat (Alcide).
Delmas. C. S. M.
Delmas (Paul).
Delpech.
Delporte.
Delpuech (Léopold).
Deltour (François).
Denamiel (Louis).
Denamiel (François).

MM.

Delmont.
Demissy (Emile).
Denjean.
Dehan.
Dérard
Deschanel, architecte.
Déthieux.
Devot.
Devèze.
Deville.
Déroudilhe (Louis).
Désaga.
Deyber.
Déandréis, sénateur.
Dhombre.
Dieu (Adrien).
Dodu, insp. d'Académie.
Domergue.
Doumergue (Louis).
Drumez (Charles).
Dubarry (Joseph).
Dubourdieu.
Duch (David).
Ducros (Albert).
Ducros (Ernest).
Dumas (César).
Dumas (J.-B.).
Dumas (Paul).
Dumas (Edmond).
Dupin (F.).
Dupin (Noël).
Dupin (Numa).
Dupin (Edmond).
Dupré.
Dupontheil, secr.-gén.
Dufaud.
Dupuy.
Durand.
Durios (Albert).
Dussol (Jules).
Duval (Guillaume).
Duval (Aimé), A. ✿
Durand (l'abbé).
Dizier.
Dur-Laborde.

E

MM.

Echerolles (Des).
Eldin (Auguste).
Elloy.
Encontre (Louis).
Epinay (d').
Escay.
Escudié.
Escarguel.
Esclapié.
Esclavy.
Espinaut (Louis).
Esquirol (A.).
Estival.
Estoul (Jules).
Estournel (Marius).
Etienne.
Euzet (Louis).

F

Faure-Biguet, général.
Fiole.
Falière.
Fabre (Paulin).
Fabre (Jules).
Fabre (Etienne).
Fabre (Jacques).
Fabre (Joseph).
Fabre (Jean).
Fabre (Léon).
Fabregoulle.
Fage (Jean).
Fage (L.).
Falguières (Paul).
Farines (Jean).
Fauquier.
Faurat (Elie).
Faure (P.).
Fédière (Jules).
Fédière (Adrien).
Feissel (Ferdinand).
Fermaud (V.).
Ferdinand (Henri).
Ferraud.
Ferrier (Zéphirin).
Fillières (J.).

MM.

Filhon (Charles).
Fesquet (Jules).
Feuillières (Henri).
Flaissier (Félix).
Flory (Maurice).
Florant (Paul).
Fluay.
Fogles (J.).
Fondacci.
Fonzes (Léon).
Fonzes (Paulin).
Fons (Férréol).
Fourcade (Jean).
Fourmaud (E.).
Fourestier (Pierre).
Fournier.
Fournier (Alfred).
Fournier (Max).
Fournière (Elie).
Fourès.
Forestier.
Fort.
Foissac (Jean).
Foissac (Jacques).
Foissac (Pierre).
Fraissé (G.).
Frédéric (Jean).
Frichet.
Fulchrand (P.).
Figeand.
Fiole (Auguste).
Frat.
Fraïsse.
Freycines.

G

Gachon.
Gachon (A.).
Gachon (Jean).
Galinier (François).
Galot.
Galtier, sénateur.
Galzin (Pierre).
Gariel.
Gasc (César).
Gasc (Louis).

MM.

Gastin (L.).
Gary (E.).
Gauffre (André).
Gaussargues.
Gayraud.
Gaysset (Antoine).
Gayta.
Gazin.
Gellinet.
Gely (A.).
Gely.
Gely (J.).
Gelly (Louis).
Geniez (J.).
Geniez (E.).
Gellinet, sous-préfet.
Gérald, chef de cabinet.
Gendre (Louis).
Géraudon (Christophe).
Gibert.
Gineste (Bernard).
Gineste (A.).
Gineste (J.).
Ginoulhac,
Giral (Henri).
Girou (docteur).
Gitureau (Joseph).
Giudicelli.
Giusti.
Gleyzes (François).
Goirand (Joseph).
Goiron.
Gos.
Gousty (Albert).
Gréze.
Grand (Jules).
Granier.
Grané (Antoine).
Granel.
Grados (Jules).
Gras (Jacques).
Grasset (Auguste).
Grasset (M.).
Grenier.
Grimaud (abbé).
Griscelli.
Gros.

MM.

Guibal.
Guibert.
Guichard (Fulcrand).
Guiche (Pierre).
Guilhem (Abel).
Guilhaumon (P.).
Guibert (André),
Guéry, commandant.
Guiral (Paulin).
Guiral (Louis).
Guiral (J.).
Guilharmet.
Guiraud (J.).
Guiraud (F.).
Guiral (Favier).
Guiraud.
Guizard.
Gyoux (docteur). C.S.M.
Grignard.
Gustave.
Gastein.
Gabriel (Jacques).
Guéraud.
Gasterie.

H

Hardion.
Hanin.
Hébrard (Jean).
Hérail.
Hérail (Gabriel).
Héraud (René).
Héraud (Michel).
Hitte.
Hikel Fritz.
Honoré (André).
Hortala.
Hortolès, docteur.
Huriaux (J.).

I

Imbert (Philippe).
Imbert (Armand).

J

Jaulmes (Albin).

MM.

Jacques (Gabriel).
Jacques (H.).
Jallois (Paul).
Jamais (Joseph).
Jamet (Joseph).
Jamet (Paul).
Jarre (Paul),
Jeanney.
Jean.
Jeanjean (René).
Jeanjean (Henri).
Jeantet (Pierre).
Jolivet.
Joly (Antoine).
Joly (Ferdinand).
Jonquet (Jean).
Jonquières.
Jonquières (H.).
Jonquières-Assiscle.
Joué (Augustin).
Joussaint (Émile).
Jouillié (Charles).
Journé (Félix).
Joufort (Léopold).
Jouve.
Julian (Armand).
Julian (J.).
Julian (Pierre).
Jullien.

K

Krüger-Truchaud.

L

Lacroix (Mme).
Lardat (Émile).
Laborie (Raymond).
Lacroix (L.).
Lacombe (Louis).
Laguerre
Lafferre, député.
Lafont.
Lafont (Jacques).
Lafont (Joseph).
Laissac (Alexandre).
Laissac (Victor).

MM.

Lambijou.
Lannes (Adrien).
Lamouroux.
Lapeyronnie.
Lardat (Joseph).
Larrue-Bertrand.
Latapy (G.).
Lauge (Paul).
Laurent (Auguste).
Laurent-Castelet (de).
Launes (Louis).
Lauze (Alfred).
Lauze (Antoine).
Labuze.
Laval (A.).
Laval (Jean).
Lavinaud.
Lavit (Jules).
Lecoq.
Lefèvre (Jules.
Léger (François).
Lepetit.
Leraud.
Leenhardt (Pierre).
Leenhardt-Pomier.
Leenhardt (Charles).
Lhuillier.
Lichtenstein.
Lignon (Louis).
Linbrol.
Limbron (J.-B.).
Litrol (Adolphe).
Lombard.
Loudet (Pierre).
Luquin (G.).
Louits.
Louvier (Henri).
Labhron.

M

Mabilleau (Léopold).
Machaud (Louis).
Madouy.
Mage (Jacques).
Maltre (Albert).
Maistre (Jules).

MM.

Malavialle.
Mathet.
Malet (J.).
Mallet (Louis).
Malbec.
Marc-Bazille.
Marchal.
Mariani.
Marinesque (Léon).
Marmande.
Marquis (P.).
Marquis (Antoine).
Marquis (Louis).
Marquiès.
Mars.
Marteau (Joseph).
Martin (D.).
Martinenq.
Marty (F.).
Martin.
Mary (Jules).
Mary (Alexandre).
Martin (Joseph).
Marquet.
Marly.
Mandrou.
Mathet (Adrien).
Marcourel.
Mas (Auguste).
Mas-Temple.
Matte (Louis).
Maurin (L.).
Maurensac.
Maurel (Joseph).
Maurel (Marcelin).
Maury (Camille).
Maux.
Mavil (Louis).
Mazoyer (L.).
Maximin.
Mazel (Habert).
Mazel (Georges).
Mézy.
Médard (Christol).
Méjean.
Méouly.
Méritan (Firmin).

MM.

Menaud.
Ménard (Clément).
Mercié (René).
Merle.
Mermet (Albert).
Mestre (J.).
Messine (H.).
Messine (Jules).
Milhaud (Gustave).
Milhaud (François).
Milhaud (Gaston).
Mistral (André).
Molinier.
Miquel (Marius).
Molines (J.).
Monéry (Angély).
Moulins.
Montaud.
Montagne (Jean).
Menneveux (Auguste).
Mormand (Elie).
Moulnac.
Mouly (Léon).
Mouné.
Mourgues (N.).
Mourgues.
Montade (Louis).
Michaudet.
Mouly (Gustave).
Maigron-Bourrély.
Mellet-Feuillet.
Meynard.
Meynier de Salinelles.
Morensac.

N

Nat (Jean).
Navas (Etienne).
Navit (Louis).
Nègre (Louis).
Nertir (Jules).
Ney (Jean).
Neyrand.
Niquet.
Nogué (E.).
Noguès (J.).

MM.

Noguet.
Nœtinger.
Naudin.
Normand.

O

Olombel.
Orsatelli.

P

Panis.
Pailloux (François).
Paganc.
Palisse.
Pams (Eugène).
Pancol.
Panisse.
Paparin (Antoine).
Parahy.
Pargoire.
Parguel (E.).
Partenet.
Pasquet (Louis).
Pasquet (Mathieu).
Poulalion (V.).
Peissi (Charles).
Pélissier (Gustave).
Petit.
Pelat.
Perrilier.
Peyraudel.
Pépin (Isidore)
Perréal, sénateur.
Perrin (Jules).
Peyre (Mathieu).
Peyron.
Peyron (François).
Peyron (Louis).
Peyrière Jules.
Peyronnet.
Perrette.
Pezet, docteur.
Pigeaire (Joseph).
Pinquier (Charles).
Piquet (Jules).
Pivot.
Plancham.

MM.

Planes.
Philip (Emile).
Philipp.
Philippe (Marius).
Poggioli.
Poujol (Marius).
Poujol (Fulcrand).
Poujol.
Pomier-Leyrargues.
Pouget (Pascal).
Poulalion (Alphonse), de
   Montbazin.
Poulalion, de Gigean.
Pouquet (Jules).
Pons (A.).
Pons (Emile).
Pongy (Frédéric).
Polge.
Porpuelo (Louis).
Portier.
Portes (François).
Pradal (Ph.).
Portet (Raymond).
Pradel (Pierre).
Pradelle (Pierre).
Pratx.
Pratx (Joseph).
Prévost.
Privat.
Prunaç (Numa).
Puich.
Puig.
Pujet.
Py (J.).
Py (Léon).
Py (Théodore).
Payan (Casimir).

Q

Quilici.
Quès (Louis).
Quet.

R

Rabbazani (R.-A.).
Ramond.
Radondy.

MM.

Rapaille.
Randon (G.).
Ravier (Théophile).
Ravel.
Reynaud (Henri).
Raynaud (Antonin).
Revial.
Reboul (J.).
Reboul (Paul).
Reversat (Justin).
Recordon (Maurice).
Reboul (Camille).
Reboul (Victor).
Refasse.
Reissent.
Ressiguier (Léon).
Reverty.
Revial (Séraphin).
Reynaud.
Rey-Guillard.
Reynes.
Reynes (Maurice).
Rieutort (Louis).
Ricard (J.).
Ricardon (A.).
Ricardon.
Richard (Jacques).
Richer.
Rigail (Charles).
Rigal (Maurice).
Rivals, député.
Rivals (Jules).
Ripouill (J.).
Rocchisani.
Roca (Jean de).
Robert (Joseph).
Robinet.
Robert-Sijas.
Rocque.
Roche (Etienne).
Roger (Arthur).
Roques.
Roos.
Rott-Zimmer.
Rouanet (L.).
Rouanet (Camille).
Rouanet (Déodat).

MM.

Rouché.
Rougeiron.
Rouquier.
Rous (J.).
Rouques.
Rouquet.
Roussel (Achille).
Roussel (M.).
Roussel (Victor).
Rousset (Gérome).
Roussof (Sophie).
Rouvier.
Rouville (Ad. de).
Roux (Isidore).
Roux (Joseph).
Roux (Etienne).
Rousset.
Rouveyrollis.
Rouvière-Huc.
Rouvière (F.).
Rouzaud.
Rul.
Rudin (Paul).
Rouquet (Jean).
Ronajenon.
Rancurel.

S

Salide.
Salis, député.
Sad.
Sabarthez (Clodion).
Sabde.
Sabatier (Alfred).
Sabatier (Charles).
Sage (J.).
Sahut.
Sahut (Paul).
Saint-Sauvaire.
Saint-Pierre (Frédéric).
Salle (J.).
Salès (Gratien).
Salès.
Salles.
Salomon.
Saltet (Gustave).

MM.

Saltet (Auguste).
Saltet (Edouard).
Salvat (Henri).
Salze.
Salaget (Henri).
Salager (Pierre).
Sambussy.
Sar (Albert).
Sarran.
Sarmet (G.).
Sarraute.
Sarrus (Paul).
Sauvain (François).
Sauvain (S.).
Sauvain (J.-F.).
Séguy (J.).
Sébastien (Charles).
Séguier (Pierre).
Sèbe (Adolphe).
Sentenac-Chanoine.
Sérane (E.).
Serre (Célestin).
Serrou (Louis).
Servonain (F.).
Serres (Léon).
Serres (Julien).
Séquier.
Sévérac (Léon).
Séguret.
Sénescail.
Serre.
Serres (Georges).
Seyne (Jean).
Scheydt.
Siau (François).
Sicard (Dieudonné).
Sclé (A.).
Silhol (Joseph).
Siméon (Martin).
Sol (Emmanuel).
Sol (Michel).
Sol (Pierre).
Sol (Eugène).
Soler.
Sors (Narcisse).
Solleilland.
Soucaille.

MM.

Soulatges.
Soulié (François).
Soulié (Louis).
Stokes.
Sudres.

T

Tanières (André).
Tartin.
Tardif.
Teillard (L.).
Teisseire (J.).
Teissié-Solier.
Teule (François).
Theule (A.).
Teule (François).
Thalamas.
Thomas.
Thomas (J.).
Thorès (Henri).
Thubert (J.).
Tinière (J.).
Tissié (Alphonse).
Tixeire (Eugène).
Topenot (François).
Torquebiau.
Tougères (J.-M.).
Toureille.
Tournier (Henri).
Trappe.
Trémonillères.
Trenchat (Lucien).
Treillet.
Travers.
Trinquier (Jean).

V

Valadier (Bertrand).
Valaselgomey.
Valat (Louis).
Valette (Jean).
Valette (Auguste).
Vailhé (Charles).
Védrines.
Valéry.

MM.

Vascard.
Vassal (Albert).
Védrines.
Verdier (Charles).
Verdier (Jean).
Vernhes (Paul).
Verdeille (Marius).
Vialette, docteur.
Vialettes (A.).
Vialla (Jules).
Vianès.
Vidal (Marius).
Vidal (Adrien).
Vieillot.

MM.

Vieu (Paulin).
Vigneau.
Vignau-Tastu.
Vilar (Léon).
Villard.
Villaret.
Villaret (Emile).
Villaret-Masseport.
Villeneuve (Léon).
Villemejeanne.
Vissey.
Vinas.
Viallettes (H.).
Vigouroux (Paul).

MM.

Vernière (Michel), maire de Montpellier.
Vernièré (Joseph).
Voulon.

W

Warnery (Charles).

Y

Yon, insp. d'Académie.

Z

Zuccarelli.

ETAT SOMMAIRE DES RECETTES ET DES DÉPENSES

1° Recettes

Subvention du Conseil municipal de Montpellier. .	4.000 »
Subvention du Conseil général de l'Hérault. . . .	500 »
Versements divers des Sociétés, des membres honoraires et des délégués.	6.808 15
Produits divers.	82 20
Total.	11.390 35

2° Dépenses

Impressions diverses.	1.270 92
Insignes	109 55
Frais de poste et d'expédition.	709 08
Appointements des employés du Secrétariat et fournitures de bureau.	443 95
Transports divers	230 70
Dépenses pour la musique et punch Lapierre . . .	171 »
Eclairage et chauffage.	54 50
Frais de recouvrement.	5 05
Vin d'honneur au foyer du Théâtre.	760 85
Banquet et organisation du local du banquet. . .	6.613 35
Gratifications aux employés	365 10
Locations diverses	25 »
Dépenses pour ornementations et fleurs	160 »
Total.	10.919 05

Balance

1° Recettes	11.390 35
2° Dépenses	10.919 05
Reste en caisse. . . .	471 30

Nota. — Ce reliquat contribuera à faire face aux dépenses d'impression du compte rendu.

TABLE DES MATIÈRES

PREMIÈRE PARTIE

DEUXIÈME PARTIE

COMPTE RENDU DES TRAVAUX

Montpellier.— Imp. G. Firmin et Montane, rue Ferdinand-Fabre.— Téléphone.